何新 / 文选

诸子的真相

何新——著

中国出版集团

现代出版社

图书在版编目（CIP）数据

诸子的真相 / 何新著 . -- 北京 : 现代出版社，2019.1
（何新文选）
ISBN 978-7-5143-7504-6

Ⅰ. ①诸… Ⅱ. ①何… Ⅲ. ①国学—研究 Ⅳ. ① Z126.27

中国版本图书馆 CIP 数据核字 (2018) 第 256686 号

诸子的真相（何新文选）

作　　者：何　新
责任编辑：张　霆　哈　曼
出版发行：现代出版社
通信地址：北京市安定门外安华里 504 号
邮政编码：100011
电　　话：010-64267325　64245264（传真）
网　　址：www.1980xd.com
电子邮箱：xiandai@vip.sina.com
印　　刷：三河市宏盛印务有限公司

开　　本：710mm×1000mm　1/16
印　　张：23.25　　　　　　　　字　　数：321 千
版　　次：2019 年 1 月第 1 版　　印　　次：2019 年 1 月第 1 次印刷
书　　号：ISBN 978-7-5143-7504-6
定　　价：58.00 元

　　"何新解密中国文化三部曲"（《诸神的世界》《诸子的真相》《中国文明的密码》）汇编了何新先生早期迄于晚近的一系列国学研究之学术成果。内容包括神话学研究、文史考释、古天文历法学、经学、孔学、诸子学及中国上古史诸领域之研究。

　　何新先生于古学之研究，视野宽阔远大，涉猎多种学科。所涉所考，皆钩沉稽隐、遍探故实，而征引宏博，议论发微极为深入。其主要研究方法，则以训诂为主，包括文字、音韵等方面的大量知识，同时涉及了甲骨文、金文、神话学、考古学、古天文学、古历法学、古典哲学、中国上古史等难度较高之领域。

　　何新先生凭借深湛学术功力，对千年以来困扰无数学者的未解之谜，基本予以破译，使人有豁然解悟之快意。同时，作者以训诂方法打通古语今语之异，古音与今音相推，雅言与俗语互参，本义与新义转相阐发，再经典雅流畅之文体翻译之，有起古人于冢下之神奇，读之如有见古人之貌、聆古人之语的亲切感。中国文化之古老传统与脉络，通过故纸堆的勤奋梳理和细密甄别，于兹乃彰然可寻。

　　何新先生的古学研究，打破了 20 世纪下半叶以来经学研究长期因循守旧的局面，结束了传统经学门户壁立、零散不整、难成系统的平庸状态，突破了传统的以经说经、蹈袭旧论而基本在经籍之范围打圈子的陈旧模式，大大开拓了国学研究的宽广道路，展示了小学训诂这门古老传统学术深厚而强之生命力，使人领略到伟大华夏文明非凡的历史魅力。

　　综览此三卷，作者以小学为术，问大道之学，灵活运用人类学、文化学、宗教学、神话学、语言学、考古学、天文学、地理学、历法学、哲学、文学、历史学等多种人文学术成果，打通了经学与史学之道脉，既有切合古义而独具风格的白话翻译，又有征引宏博、逻辑严密的朴学考证和分析。作者涉猎驰骋于经、史、文、哲之间，做到既复原经典文本之古义，又借此推考上古中国社会之历史。在方法上，则既有对传统学术的有机吸收和继承，又从更为宏大的角度革新了经学研究之旧法。

【还原真实的孔子】

为孔子正名

孔子号称"中国古代第一圣人"。但实际情况是：几千年来，《左传》以及《史记·孔子世家》，没有几个人能真正读懂、读通。所以孔子生平中的一些基本事情，始终没有被搞清楚。

我在我的《孔子年谱长编》中考证指出，孔子的生平事状表明，孔子毕生不是一个脑残学者，不是一个迂腐的书呆子，也不是所谓的教书匠。这全是后世他的敌人或者愚蠢的读书人对他的栽赃或者误解。历史中真实的孔子，是一个智商、情商都极高的超人。

孔子的确很博学，而且他学以致用，并非为学术而学术的傻子。事实上，历史中的孔子，之所以名震当世，是因为他是一位卓越的改革家、政治家和军事家。

作为军事家，孔子生前既以成功的实战，也以兵学而知名（所以一些国君不断向他请教军事问题，如卫灵公）。孔子指挥过胜利的实战，即鲁国击败叛乱的季武台之战。其门下弟子如冉求、子夏都知兵，而再传弟子吴起则是战国初期最著名的战神。

许多人以为孔子是一个伪君子、伪道德家。其实"三纲五常"是汉人董仲舒的创造（为伪君子朱熹所光大），与孔子学说没有多大关系。

孔子本人并不恪守纲常。他编著的《诗经》风流倜傥，诗篇中有偷情也有野合，春情荡漾。他声称"诗无邪"，其实那是他的幽默——诗中多多藏邪。

在私生活中，他与妻子离婚，几乎接受南子的勾引，庄子曾打趣他见到南国美少女就与之调情。孔子是一个非常有人味的人，而不是那种道貌岸然的伪正人君子。

在政治上，孔子多次试图与造反作乱者结盟。

而且孔子离经叛道的这些事迹，一一见诸信史及百家言。但许多大讲孔子的人，却似乎全然无视，把这些都看作是离经叛道不可置信之言。而他们所塑造的那个道貌岸然的孔子，才是一个混蛋孔子，是早已被"五四运动"所推翻的陈腐偶像孔子——想重新再塑造也是不可能的！什么心灵鸡汤，笑话而已！

几千年来关于孔子的一个最大笑话，就是流传甚广的一种胡说八道，认为孔子的脑壳像一个水盆，周边高中间下凹，也就是个残疾脑壳云云。原因是一个"圩"字自王肃以下被误读了千年。还有什么从土里挖出一只活羊（坟羊）来找孔子之类胡说八道的谰言，许多人竟然也都相信。

诸如此类的谬说流传上千年，至今仍然被某些讲坛人物津津乐道，真是脑壳也长了个大水盆。由此可见，中国古代历史和古典学术虽然深不可测，然而世俗所谓"国学"以及所流行宣讲的，大部分都是垃圾与糟粕！

我认为，概而言之，孔子何以伟大而且颠扑不破？是因为以下原因：

——孔子是一个对中国历史产生了无比巨大影响的社团的创始者和组织者。而这个社团其实是有意识形态、有政治纲领、有组织系统的原始政党——儒党。

【附注：东汉末年的党锢事件、明末的东林党事件，都是儒家结党造成的著名政治历史事件。】

——孔子创造的儒家这个社团，传承两千年历久不衰，汇聚了中国历史上历代最优秀的知识精英和政治精英。他们都以他为旗帜和领袖。

——孔子是一个卓越的政治家、改革家、军事家，他曾经发动政治改革，曾经指挥过作战，而且取胜。

——孔子是一个伟大的学者、学问家，他为后世保存传承了上古以来的华夏书面文明。孔子是他那个时代时最具智慧并且最博学的人。

——孔子晚年从事教育工作，但是仍然通过对学生的影响而间接介入于时代政治。他组织了一个分层级的会员团体，直到他死后，这个团体仍然代代相传。

——孔子是一个人格高尚的人，具有纯洁的情操、博大的胸怀、仁爱的情感。

【附录】

孔子的简明生平

孔子（前552—前479年），中国春秋末期伟大的政治家、改革家、军事家、思想家和教育家，儒家政治社团的创始人。

孔子名丘，字仲尼，春秋后期的鲁国人，先祖为殷商贵族。孔子生于鲁襄公二十一年（前552年，一说为前551年）。

孔子出身卑贱，是被遗弃于主流社会之外的一个贵族的私生子。童年失父，早年丧母。母亲死后，被埋在野死之所（乱葬岗子）。但当他知道父亲的贵族墓地后，就掘出母亲而与父亲合葬。

孔子年轻时曾为鲁国贵族季氏做家臣，干过许多下贱的行业，做过"仓庾吏"（管理仓廪）与"乘田"（放牧牛羊的），后来做过管理工程的小司空。他曾说："吾少也贱，故多能鄙事。"

孔子身材高大，有"长人"的别号，而且据《淮南子》的记载，他精于体育和武术。

后来孔子离开鲁国而游学四方，流浪飘零近十年。此十年间，孔子交往了各国贤人，曾经拜师老子和子产。他从周朝的都城洛阳收集到一批古代文化典籍进行研究，终于成就伟器。他一生学无常师，好学不厌。孔子曾自我评价说："圣者吾不能，学不已而教无倦也。"

这些文化典籍，主要即五经"诗经、易经、礼经、尚书、春秋"，以及现在已经失传的古乐经谱。

孔子"三十而立"，三十岁开始授徒讲学。

春秋时，众多私学创设，不但打破了"学在官府"的传统，而且实际上，这些社团也都是干预政治的社团（所以子产不毁乡校）。

孔子组织的儒者社团，成员包括各种精英人物以至三教九流人物。儒者并非一个单纯的学术社团，而是一个具有政治目标、意识形态以及完备组织体系的政党性团体。

春秋时期，天下四分五裂，列国争战。鲁国处于四战之地，委曲求存依附于晋、齐、楚、吴等大国。在内政方面，鲁国自宣公以后，国君失去权威，政权操纵在以季氏为首的三家贵族（即"三桓"——季氏、孟氏、叔孙氏三家）手中。

鲁昭公初年，"三桓"瓜分了鲁君的财政和军权，后来又驱逐鲁昭公，迫其流亡至死。

但是，三桓家族自己的家内实权，则又被掌控着三家领地、农奴和税赋的一些强悍的家臣（即阳虎、公山不狃、侯犯、公敛处父等人）所控制，从而形成了"公室失政，政出私门，权在家臣""君不君，臣不臣，父不父，子不子"的局面。

孔子的社团，正是在这种乱世中发展起来的，其政治影响力日益增大。于是齐国、鲁国、卫国以及楚国的许多政治势力，都曾经试图争取孔子的支持，或者建议与孔子联手做事。孔子也秘密地与阳虎、赵简子、佛肸等野心家交往，试图推动社会的变局。在齐国时，齐景公准备赐给孔子一块领地，但是被国相晏子所阻止。

鲁定公九年（前501年），鲁定公任命孔子为中都宰，这一年孔子五十一岁，开始从政。"政行一年，四方则之"。鲁定公遂擢升孔子任鲁国司寇（总检察官）。

鲁定公十年（前500年），齐国邀约鲁君到齐鲁边境的郏谷举行盟会，意在使鲁国成为齐国的附属国。鲁君命孔子作为鲁国司礼官出席盟会，且作为司仪主持仪式。

事前，孔子认为"有文事者必有武备，有武事者必有文备"，预先部署军队有所防范。

齐景公想利用此会，以武力劫持鲁国君臣。结果这一图谋在会盟时被孔子粉碎。郏谷盟会后，孔子还运用影响力迫使齐国归还已侵占多年的郓、谨、龟阴三处鲁国邑田。

鲁定公十二年（前498年），鲁定公命孔子出任代理国相（当时鲁国国相是季氏所世袭）。任相后，孔子立即发动一系列政治改革，总目标是以"克己复礼"的名义加强鲁君地位，削弱三桓家族的势力。孔子以乱法为名，诛杀了反对其改革政令的精英人物少正卯。

为加强鲁君地位，孔子命弟子子路和子羔推行"堕三都"的计划。为反对孔子这一计划，季氏家臣公山不狃发动叛乱，率军攻击都城曲阜。叛军势头强大，把国君和季氏围困在季氏家中的武子台上。孔子亲自指挥鲁军平乱，击败了公山不狃的叛军。

其后，季氏的费邑与叔孙氏的后邑的高城都被拆毁。

但孟孙氏的家臣公敛处父，拒绝拆毁孟家领地成邑的城墙。孟孙氏也在暗中支持。鲁定公亲自率军前往攻城，围之不克。于是齐国派军队出动压到边境上，准备支援孟氏。外来威胁迫使鲁君不得不退军。

自从孔子任国相后，所推行的一系列集中君权、强国强军的新政，使东邻齐国感到恐慌。

由于担心鲁国强大会威胁齐国利益，齐君派人赠送好马和美女给鲁定公与季桓子，表示修好，要求鲁国驱逐孔子。季氏答应了齐国的要求。鲁定公得到礼物后，即终日宴乐，不上朝听政，不再信用孔子。

每年的国家大祭后，按礼制应当把祭肉分赠给国中的贵族。但在季氏授意下，唯独不给孔子馈送。孔子明白自己已经失败，遂带领弟子颜回、子路、子贡、冉求等数百人离开鲁国这个"父母之邦"，开始了长达十四年之久的流离生涯。这一年孔子五十五岁。

孔子先来到卫国，受到卫灵公的礼遇。孔子在卫国会见了卫灵公的宠姬，即当时著名的迷情美女南子。这次会见引起弟子子路和许多后世人的猜疑。

但是，卫灵公盛情接待孔子，绝不是由于仰慕他的学问，而只是想利用他的政治和军事才能，帮助自己控制已经分崩离析的内政。但是孔子却拒绝与卫灵公全面合作，特别是不愿在军事方面与他合作。后来卫国爆发内乱，孔子就离开了卫国。

此后孔子还去过陈国、曹国、宋国、郑国等许多小国。

宋国大司马桓魋认为孔子是一种政治威胁，想杀孔子，孔子逃离宋国。

其后，孔子多次往返在陈、蔡、卫、楚之间，屡次遭逢变乱，有时狼狈得"惶惶如丧家之犬"。这时，有远大抱负、试图效法先人一飞冲天的楚昭王邀请孔子去楚国，准备重用他。

由于对孔子及其社团（诸弟子）的政治力量深为恐惧，陈、蔡贵族阻止他去楚国，把孔子及弟子们围困在陈、蔡边境。饥寒交迫、绝粮七日，这是孔子平生遭遇的最大一次危机，他的党团差一点就解体。最终，他们得到楚兵的援救，得以解脱。

到楚国后，楚昭王准备赐给孔子一块领地，但是，惧怕孔子及其社团政治力量的贵族权臣予以阻挠。卫灵公死后，卫灵公的孙子继位，命人邀请孔子回来。孔子又回到了卫国。

鲁哀公十一年（前484年），齐军侵略鲁国，兵临曲阜城下。

战前，鲁国国相季康子派人与孔子联络，请求孔子的社团给予帮助。孔子派弟子子贡出使诸国为鲁国求援，又派擅长军事的弟子冉求回国帮助鲁军作战。

这一年春季，齐鲁两军在曲阜郊外展开大战。冉求率领鲁军战胜齐军。

战胜后，季康子问冉求何以如此善战知兵，冉求答是学之于孔子。于是季康子派人以鲁君名义迎聘孔子。孔子遂回到鲁国，时年孔子六十八岁。

孔子走后，把子路留在卫国，出任卫国蒲邑大夫。不久卫国内乱，晋国干预，子路作为受孔子之托留守在卫国护持年幼的卫国君王的人，为保护卫君，在一次血战中被叛军杀死。

孔子归鲁后，鲁人尊之为"国老"。

孔子晚年退出政治活动，致力于整理研究古代华夏文献和教育子弟。他的许多弟子后来在各国成为著名政治家。例如子夏，在孔子死后教学于魏国，魏君文侯是其弟子，建立了著名的西河学派。魏国是战国初期最早发动改革、富国强兵的国家。

鲁哀公十六年（前479年），孔子在曲阜去世。

从孔子一生活动看，他绝对不是一介书生或文人，而是一个卓越的政治家、改革家、军事家、思想家。

孔子之所以伟大，以此而已！可笑古今千年以来，中国知识界可以说完全误读了孔夫子！

【何新按：现代被洗过脑、头脑简单的人经常人云亦云地嘲笑孔子，说他惶惶如丧家之犬，是统治者的奴才。他们不过是以自己的奴才地位想象历史人物而已。】

其实在历史中，孔子是中国历代皇朝的神主。自刘邦以下，历朝历代皇帝（不论汉族还是异族）很少有不祭祀孔子，不对孔子的牌位俯首下跪、参拜如仪的。

孔子是统治者们的奴才吗？当然不是！孔子是中国历史中唯一一位真正的无冕之皇帝，即所谓"素王"——以一介布衣而为草根无冕之王。这种现象，是中国历史中不可思议的一个奇迹！

你所不知道的青年孔子

【导读】

孔子贫穷、勇敢、智慧、幽默，能收服黑道人物，善于理财经商。

"孔门"是一个抱有救世宗旨的政治社团。

一、子曰："吾少也贱"

各种史料记载均表明，孔子的少年、青年时代"贫且贱"。

孔子自己也曾经自述说："我幼年生于贫贱，不得不自谋生活，所以会做许多下等人才做的事，而士君子就不可能去做这么多事。"

孔子幼年家境贫贱，所以他很早就领悟了人生及世态。

据儒家经传，周代极为重视贵族子弟的培养和教育，建立了成熟的学官制度。周礼规定：贵族子弟八岁入小学，十五岁入大学。但是少年孔子却没有入这种贵族之学的资格。

孔子成年以后曾回忆说："吾十有五而志于学。"所谓"志于学"，就是有志向往学习。但由此可见，在十五岁以前，孔子没有机会接受当时贵族子弟必经的成为"君子"的正式启蒙教育。

事实上，如果说孔子"十五志学"仅仅是向往于学习，那么直到十七岁后，孔子才发愤苦学和外出游学。将这种励志过程同孔子的出身联系起来，可以看出如下的因果关系：孔子幼年无父，少年丧母，十七岁时由于出身微贱而遭受鲁国贵族季氏的管家阳虎的羞辱。于是孔子明白了自己虽似乎有贵族之血脉，但身为私生子并没有作为贵族嫡脉子弟的"士君子"的资格，出身血统也不能得到贵族社会的承认。此后，孔子立志要自我修养，学习本领。孔子曾经说自己"三十而立"，也就是到三十岁乃学有所成，形成独立的人格。

《史记》说孔子身材高大，"长九尺有六寸，人皆谓之'长人'而异之"。荀子说："仲尼之状，面若蒙魌。"（《荀子·非相》）可知孔子之头颅特大，有如戴着面具。

总之，孔子仪容魁伟，相貌与众不同。那么世俗所传鞠躬佝偻、谦和平庸之孔子像，盖多失真矣！

二、"多能鄙事"

孔子在少年及青年时期，为谋生计，曾从事过多种卑贱的职业——即所谓"鄙事"或"贱事"，以至备受社会的侮辱和歧视。所以成年后的孔子曾对弟子们这样说："吾少也贱，故多能鄙事。"

此语中所谓"贱"，就是指社会身份的卑贱。所谓"能"，有耐受之义，也有技巧之义——多技曰"能"，善忍曰"能"。所谓"鄙事"即卑贱之事。

孔子还曾经说自己"吾不试，故艺"。《说文》："试，用也。"《诗经·小雅》："私人之子，百僚是试。"《传》："试，仕也，职事也。"艺者，才艺也。这话的意思以今语解之即："我因为未被起用当官，所以有多种才艺。"试通仕，即当官。

由先秦两汉留下的许多传说资料看，孔子确乎有多种谋生应变的本领（"艺"）。传说孔子平生的生活别具一格，既能享受珍馐美食——"食不厌精，脍不厌细"，也能忍受清贫生活——"饭疏食，饮水"，吃粗粮、喝凉水，而且"乐在其中"。如果困乏了，孔子可以弯起胳膊当枕头入睡。《礼记》说孔子的爱犬死了，按当时的习俗，至少也应该找一张旧车伞盖把狗的尸体包裹埋掉，可是孔子很贫穷，没有车，连一张旧伞盖也没有，只好用一条破席子卷着把死狗埋掉。

由于自幼从事体力劳动，孔子锻炼得力气很大，据说能用双手折断城门的门闩。孔子奔跑起来速度很快，据说能追上狡兔。但孔子却并不以自己的力气大作为炫耀之资——"孔子之劲，能拒国门之关，而不肯以力闻。"（《列子·说符》）

孔子青年时代曾经为贵族季氏管理粮仓和牧场，所以懂得牛羊之习性——也就是说孔子少小时候可能做过牧童。传说孔子"善御"——善于驾御马车，会使用弓箭等武器，也会弹奏各种乐器。孔子箭术很精，曾演射于矍相之圃（地在今山东曲阜孔庙西侧），"观者甚众，如堵墙"。（《礼记·射义》）

孔子故乡的达巷党人曾讽刺孔子说："大哉孔子，博学而无所成名。"意谓：大而无当的孔子，号称博学却没有一术精通成名。孔子听说以后，对他的弟子说："吾何执（执，艺也）？执御乎，执射乎？吾执御矣。"意思就是，究竟什么是我所擅长的呢？驾车还是射箭？我认为我善于驾车。

此外，孔子精通乐理，善鼓琴，而且知音律。据说孔子甚至能从妇女的哀哭声中会意，协拍出曲调的格律。

三、圣人无常师

从十五岁至三十岁这十五年间，即孔子的整个青年时代，正是他学习知识、培育理想以及形成人格的重要时期。可惜，史料中有关这段时间里孔子事迹的记载，却近乎空白。我们只能根据前人留下的若干片段记述，对此作出一些推测。

孔子自言，他是从十五岁起，开始励志自学。后世说孔子学无常师。他自己也说：其师无所不在——"三人行，必有我师焉"。这实际意味着，孔子毕生都坚持着励志自学，博采多师，自我修养。

卫国大夫公孙朝曾经问子贡："孔子究竟自哪里从学？"

子贡回答："文武之道并没有丧失。因此，高明者自能习得大道，不高明者也能学习小道。孔子在哪里学习？难道非要有专门的老师吗？"公孙朝是卫国的高门贵族，他提出这个问题颇有挑衅性。而子贡的回答十分智巧——"大道自在，无所不能学"。但其实这只是一种遁词。既然大道自在，人人都可以通过自学而领悟文武之道，那么你子贡又何必拜孔子为师呢？

事实上，孔子平生曾参拜过许多私淑之师，见诸文献的如郯子、子产、老聃、孟苏夔、苌弘、靖叔（乐）、师襄子等，皆为当世之达人，是当时贵族阶级中的佼佼才俊及有德者。

据《史记·孔子世家》说："孔子之所严事：于周则老子，于卫蘧伯玉，于齐晏平仲，于楚老莱子，于郑子产，于鲁孟公绰。数称臧平仲、柳下惠、铜鞮伯华、介山子然贤，孔子皆后之，不并世。"又说孔子："学礼于老子，学乐于苌弘，学琴于师襄子。"

然而，有一点是重要的：孔子并不是贵族出身，所以孔子少年时没有资格进入当时各国为贵族子弟（"国子"们）所专设的国立学校——即所谓"社宫""泮宫""辟雍"。孔子一生，主要都是依靠刻苦自学而转益多师，最终成为一位大学问家的。

四、丰富的人生体验

孔子年轻时是一个非常社会化的人物，而不是一个只会向隅苦读的书呆子。这种经历和阅历，使他成年后能应对三教九流，甚至能同社会上的无赖之徒、乃至各种小流氓打交道。实际上，孔门学团诸弟子的社会来源和成分是颇为复杂的。

楚人东郭子思曾问子贡说："你们孔门内三教九流之徒都有。为什么孔子什么人都肯收留呢？"

子贡回答："木匠门前多杂木，名医门前多病人，智者身边多愚氓（眯）。"

孔子听说这个问答后回应说："我以大道教诲天下，什么样的人都不拒绝，所以人员自然很杂啊！"

当时有一位著名的江湖大盗颜涿聚（是子路之妻兄）横行于鲁卫之间，孔子也曾经收之于门下而作为弟子。

孔子一生曾经历各种艰难困苦的环境，仍然经常保持着乐观心态和坚强的人格力量。这种耐受力显然都是从他早年的艰苦生涯中磨炼形成的。

孔子认为做人必须具有原则，这个原则一是"仁"，二是"义"。根据孔子对"仁"的诠释，"仁"的原则就是利人、爱人、助人。而"义"者，仪（表）也。义的原则就是仗义，坚守准则——要敢于承担责任。

【据孟子诠释："义者，宜也。"所谓"宜"，即"应然"，即"当然"。略

相类于德国近代哲人康德所谓"道德理想"之"责任感"。"义",就是坚守准则、承担责任。】

孔子认为,若违背仁与义的原则而贪求富贵,还不如一无所有地系身于清风白云。

从《论语》《礼记》《说苑》的记述中可以看到,孔子对于人生甘苦具有极其深刻的感悟和体验。孔子留下了许多警句格言,后来成为历千百年而不朽、至今仍家喻户晓的至理名言。例如:

——"一死一生,乃知交情。一贫一富,乃知交态。一贵一贱,交情乃见。一浮一没,交情乃出。"

——"良药苦口利于病,忠言逆耳利于行"云云(均见《说苑》)。

这些格言警句的提炼,显然与孔子复杂丰富的人生经历有关。

孔子晚年曾说:"先知道礼乐的是野人。后知道礼乐的是君子。如果讲实用,则我追随野人。"("先进于礼乐野人也。后进于礼乐君子也。如用之,则吾从先进。")这一段话两千年来未得到经学家们的正确读解。只有了解孔子之上述贫贱的出身背景,我们才能理解孔子何以以"后进礼乐"来贬抑"君子",反而愿意追随有"实用"价值、"先进于礼乐"的"野人"。

【附注:杨伯峻《论语译注》译此为:"先学习礼乐而后做官的是未曾有过爵禄的一般人,先有了官位而后学习礼乐的是卿大夫的子弟。如果要我选用人才,我主张选用先学习礼乐的人。"杨氏译文乃本清人刘宝楠《论语正义》之说略有取舍。说多曲解,不可据。孔疏曰:"先进、后进,谓仕先后辈也。礼乐因世损益,后进与礼乐,俱得时之中,斯君子矣;先进有古风,斯野人也。"则略可参证。】

五、孔子称管仲拯救了华夏

管仲是齐桓公的国相，是春秋时最杰出有为的政治家及思想家。以今日的观点观察之，管仲实际也是一位政治改革家。

管仲，名夷吾，颖上（今安徽阜阳东南）人。管仲出身卑微，曾经经过商，而商人是当时贵族所看不起的贱业。年轻时，管仲曾三次求仕为吏，都被官府拒于门外，认为他不具备仕的资格。管仲曾三次被征役去打仗，但他都临阵脱逃，因此管仲被当时的人们看不起。

管仲有一个朋友，是齐国宗室贵族鲍氏家族的公子鲍叔牙。鲍叔牙是公子小白的家臣，他知道管仲很有本领。

齐国国君死后，公子小白与其异母兄公子纠争夺君位的继承权。结果是公子小白获胜，即位即齐桓公。而在争夺王位的这场政争中，管仲是公子纠一方的人。公子纠试图发动反对齐桓公的政变失败，支持公子纠的管仲也被囚禁。

于是，鲍叔牙营救管仲，而且将他推荐给齐桓公。齐桓公释放管仲，起用管仲担任齐国之国相。管仲执政后，对齐国内政进行了一系列重大改革。管仲在内政上削弱贵族，将公社井田土地划分于私家，承包给农民。

西周晚期，中国周边大陆地区发生持续性的旱灾，导致北方、西北及东北草原的荒漠化，草原地区的游牧民族戎狄东迁南进于中原，压迫周王朝以及中原地区的华夏各国。

周幽王时，周王朝在戎狄的压迫下，不得不放弃都城长安而东迁洛阳，建立东周。

春秋四百年间，蛮戎夷狄大规模入侵中原，当时其人数及军事力量都强大于华夏诸国。自东迁以后，周王室本身已经没有军事能力率领诸侯对抗北方戎狄和南方蛮族（包括楚、越民族）的入侵。

在这种严峻的外部形势下，管仲最重大的国策，就是扶助齐桓公打出了"尊王攘夷"的旗号。所谓尊王，即尊周天子，借周天子号令联合统领华夏列国；所谓攘夷，就是率领华夏族联合起来抵御周边蛮族及夷狄的入侵。

在管仲的辅佐下，齐桓公组织率领华夏族联盟，存卫救邢，伐戎拒楚，打退了进逼威胁中原的夷狄蛮戎，使中原华夏族各国免于被夷狄游牧民族所蹂躏。

因此孔子高度评价齐桓公、管仲的"尊王攘夷"政策——微管仲，吾其被发左衽矣。若不是有管仲，我们现在都要披头散发改穿蛮族的服装了。

孔子曾经批评齐桓公有"不仁"之行，但他认为那只是私德之小节。而"管仲相桓公，霸诸侯，一匡天下，民到于今受其赐"——这才是政治之大节。

孔子以同样的历史观念评价管仲。

子贡曾经与孔子论史，子贡认为管仲不是好人，因为他背叛了旧主人公子纠，又反过来辅佐旧主人的仇人齐桓公。

孔子回答说："正是由于管仲辅佐齐桓公，使齐国称霸于诸侯，挽救了天下，使我们至今受其恩惠。如果不是由于管仲，我们现在可能都披散头发、前襟左掩（指穿夷狄之服），成为夷狄之属民了。"

孔子在评论管仲时还阐述了他关于"仁"作为政治价值的独特见解。

孔子批评管仲富拟公室，筑"三归之台，塞门，反坫"。他认为，根据周礼，这些都是诸侯才享有的待遇，而管仲却僭越了。所以孔子说，管仲不知"礼"。"若"管仲知礼，孰不知礼？"但是，孔子却说管仲知"仁"，管仲是"仁人"。

司马光在《资治通鉴》中就此评论说，孔子之所谓"仁"，是一个极其重大的价值观念。对门人子路、冉求、公西赤以及令尹子文、陈文子等一时贤达，孔子都不曾称许其为"仁"。只把"仁"的评价授予管仲——这就是因为管仲辅佐了齐桓公，救援了生民百姓。

孔子对管仲的这种评价，许多弟子们感到不理解。子贡就曾经与孔子辩论说："管仲不能算仁者吧？他做了不少坏事！"（"管仲非仁者与？桓公杀公子纠，不能死，又相之。"）

但是孔子回答说："如果连管仲这样的政治家都不能算仁者，那么世间还有谁能算仁者呢？因为管仲施政大济天下苍生，救万民于水火，为生民立命！他的大仁是千秋万代的楷模！"

六、孔子反对世袭世亲制度

西周之宗法制，是一种世亲制。官爵父子相承，并且只能传给嫡长子，出身贵族而非嫡长子的庶子没有官爵之继承权。

东周以后，社会上非出身贵族嫡系的庶子人数大量增多，他们要求在政治上与贵族中的嫡长子们分享权力。由此发生了"用贤"与"世亲"的政治之争。

在孔子就此与齐景公的谈话中，实际反映出"选贤制"（禅让的本质）与世亲世贵的"世袭制"（即家天下、私天下）两种制度的对立。反映出用贤与世官制的对立，即庶民民主观念与贵族世袭体制的对立。

七、智者乐水，仁者乐山

在青年时代的浪游生涯中，孔子曾登临齐鲁之境的雄伟山岳——作为五岳之首的泰山。

泰山雄伟拔起于华北平原之上，东临沧海，北饮黄河。

泰山在上古被视为天山、圣山——昆仑山（详见何新《诸神的起源》）。泰山地区是黄河流域华夏古文化的重要发祥地之一。泰山古称岱岳、太岳，被尊为"五岳之首"。传说自神农时代即以泰山为神山——东部的"昆仑"（通天之山）。《史记集解》记："天高不可及，于泰山上立封禅而祭之，冀近神灵也。"古代中土帝王登基之初，多来泰山举行封禅（祭祀社坛）的大典，昭告天地。先秦时期有七十二位君主到泰山封禅。泰岳主峰海拔1600米，故"孔子登泰山而小鲁"。

事实上，孔子一生对自然山水之美一直都有极深刻的感悟。他曾说："智者乐水，仁者乐山。"曾经有弟子问孔子："为什么智者喜欢看水？"孔子答："水顺缘地势而行进，遇高则止、向低而流，好像水有智慧会进行选择。水流动中，不会遗漏任何缝隙，好像智慧的无所不通。那么水啊，不正是智慧的象征吗？"

弟子又问："那为什么说仁者喜欢看山？"孔子答："山体是那么博大，包容着草木千万种。大山让各种不同的飞鸟、走兽都生育于其间。那么山啊，不正是仁善者的象征吗？"

有一次孔子游泰山时，遇到一位名叫荣启期的隐士。这是一位老人，年事已高，孤独行走于野外，穿着鹿皮衣服，边走边敲打着乐器吟唱，一副悠闲快乐的样子。

孔子好奇而问："老先生您这么大年纪了，怎么还这么快乐啊？"——难道您不知道自己已经面临死亡吗？

老人回答说："天生万物，唯贵于人。而我能做人，这难道不是快乐之事吗？男女有别，以男为贵，而我作为男人，这不也是快乐之事吗？"

老人又说："不知有多少婴儿，生下来还没见到太阳、月亮就已死在襁褓之中。而我今已行年九十五，却仍然健康地生活着，这不是第三件快乐之事吗？

"我很贫穷。但人生下来本来就一无所有，贫穷不是正常之事吗？每个人总有一天会死，死亡是一切人生命的终结之点。我以守常之道而自然走向归宿，有什么理由不感到快乐呢？"

老人的话使孔子受到感悟，孔子感叹地说："您讲得真好，做人就应该活得像您这么快乐啊！"

八、用智慧收服子路

在年轻时代的这次漫游期间，孔子一个重大收获是收服了他最重要的一位门徒——子路。

孔子一生招收了数千名弟子，其中上百位人物因有名望或建立功业而传世，然而其弟子中最著名者则当数子路、颜回、子贡、子夏、冉有、曾参等十数人。而从年轻时代到晚年几乎追随相伴孔子一生的，则唯有子路。

子路，或作季路（子、季通），名仲由，史书中无记其姓氏（仲是排行），表明其出身非显贵之族。传说子路原是卫、鲁边境卞邑的一个"野人"，后人即以其地望为氏，所以或称曰卞氏。春秋时所谓"野人"，有横行狂野之义，也有出身夷野（夷狄之族）之义。

子路之妻兄弟名颜涿聚，是一位横行于卫、鲁、齐之间的著名侠盗（后来也师从于孔子）。

子路比孔子小九岁，在孔子诸弟子中，年龄应属于较大的。子路认识孔子时二十来岁，当时孔子也仅三十岁左右。

子路出身似非华族。春秋时，山东半岛乃是华夷多种文化及不同种族杂居之地。其中有姜姓夷（羌族之莱、黎分支），又有山戎、羽夷及燕狄诸异族。

《史记》说："子路性鄙。"鄙，古音通"强"，强悍也。《史记》又说子路"好勇力，志伉直"，即好勇斗狠，喜欢使用暴力，性格强悍执拗。

据《史记》描写：年轻的子路穿戴着夷狄之人的奇装异服，把公鸡毛插在头上，身着猪皮制作的古怪衣裤——当时这都是非华夏族的"夷人"之装束。

孔子是在旅途中与子路偶然相遇的。子路看不起孔子，于是就找碴儿欺负（"陵暴"）孔子。但是孔子巧妙地设下了一些圈套，最终以智慧征服了子路。

究竟孔子是如何驯服子路的？史无详记。但是，据说在子路年轻时，他所崇拜的人是当时齐国一位著名的大力士、勇士孟贲。

孟贲，春秋时齐国之武士，以勇力著称。据说其猛力能同时搏倒两只斗牛。还有传说谓："孟贲，古之勇士。水行不避蛟龙，陆行不避豺狼。发怒吐气，声喝动天！"

而在《淮南子》中有一段记述谓孔子曾与勇士孟贲比武。孟贲竟走捷步如飞，快得超过野兔，而孔子却巧妙地胜过了他。孟贲与孔子较量力道，他用尽蛮力也打不开城门，而孔子却用计谋使紧闭的城门关锁折断。这次比武的结局使孟贲羞愧难当。

有理由把上面这两个故事联系起来。可能正是由于孔子与孟贲的比武折服子路，于是子路服气，乃改装易服，甘愿追随孔子成为门徒，向其学习智慧。

子路喜爱剑术，经常佩负一柄长剑。而孔子则不以为然，要子路摘掉。子路不同意，说："腰佩长剑，何其雄哉！"

孔子说："长剑之雄，不过只敌数人。剑术不如学术，因为唯学术之利，方能贯穿千万人之心。"于是子路领悟，表示："敬而受教！"

后来《史记·项羽本纪》记项羽不愿学剑，愿学兵法为"万人敌"，与此故事则如出一辙。

九、"上士杀人用笔头"

但是事情多有反复。据汉人刘向《说苑》记，子路跟随孔子后不久，大概忍受不了孔子的许多束缚，失去了往日横行草野的自由。子路后悔，想摆脱孔子，甚至想杀死孔子。

于是流传有这样一个故事：

在浪游的旅途中，一天，孔子命子路去山泉汲水，子路途中遇到一只老虎。子路力大，倒提虎尾，杀死了老虎。他将死虎的虎尾扭下，揣在怀里，提水回来见孔子，告诉孔子自己的遭遇和杀死老虎的事。

但孔子对他说，这样杀死老虎并不算很高明。这话令子路非常不高兴，以至怀疑孔子是明知山涧处有虎，还让他去打水；又不让他杀死老虎，也许其实是要害自己。

于是子路就问孔子："那么你认为该怎样杀老虎才算高明？"（"上士杀虎如之何？"）

孔子说："上流之士杀虎，必须斩断虎头。"

子路又问："那么中流之士该怎样杀老虎？"（"中士杀虎如之何？"）

孔子说："中士杀虎提虎耳。"

子路再问："那么下流之士该怎样杀老虎？"（"下士杀虎如之何？"）

孔子嘲弄说："下士杀虎捉虎尾。"

这话大概气坏了子路。于是，子路将虎尾丢向远处，偷偷捡起一块礌石（大石头）自言自语："夫子知虎在水边，而使我取水，是欲杀我也！"

子路回来又问孔子："那么您可知道上士是怎样杀人的吗？"（"上士杀人如之何？"）

孔子说："上士杀人用笔头。"（"上士杀人用笔端。"）

子路又问："那么中士杀人如之何？"

孔子说："中士杀人用嘴巴。"（"中士杀人用语言。"）

子路再问："那么下士杀人如之何？"

孔子说："笨蛋杀人才用大石头。"（"下士杀人用礌石。"）

子路被孔子说破心事，便将礌石抛向山涧，转身向孔子施礼谢罪。

孔子笑了，称赞子路勇于改错，"闻过则喜"："错，就不要怕改。"（"过，则勿惮改。"）

十、孔子认为德行须以利益为基础

关于孔子与这位颇具个性魅力的弟子子路，还流传着许多有趣的逸事。表明在孔子与这位学生之间，实在有一种特别深厚的友情交流关系。

例如，有一天，天是晴日，孔子要出门，让子路备齐雨具。出门后，果然遭遇了大雨。子路问孔子，夫子何以知道今天将会下雨？孔子告诉他，昨夜有乌云将月亮和毕星连在一起。

过了几天，子路在晚上看天象，月亮和毕星又被乌云连在一起了。而第二天孔子正好要出门，于是子路就为他备齐雨具。但出门时，孔子却说不需要带，后来天果然并没有下雨。于是子路感到困惑，请教孔子。

孔子回答："那一天，毕星是在月亮的阴侧，所以第二天会有雨。而昨夜，毕星是在月亮的阳侧，所以虽然也有乌云，却不会下雨。"

事实上，孔子也许是想使子路明白，同样的道理，要视乎不同的具体情境才能成为有效验的真理。

另有一则逸事是，有一天，子路穿了一身新衣服来见孔子。孔子说："子路啊，你怎么这么骄傲啊？看长江之水，从源头上最初流出，好像还浮不起一个小酒杯。等它流到入海口，没有大船，就别想横渡。为何如此？不就是因为不断有新的水流汇入到江中吗？而你穿着这么亮丽的衣服、神情骄傲，天下还有谁敢与你做朋友呢？”

于是，子路回去换了衣服，谦卑地来见孔子。

孔子说：“仲由，你记住！我要告诫你：出言应谨慎而不可轻发议论，行动应谨慎而不可轻于表现。扬扬得意，乃是小人之态！”

“君子对知道的事就说知道，不知道的事就说不知道，言语要诚实。能做的事说能做，不能做的事就说不能，行为要诚实。像盗跖那种人，虽然名望很大，但君子不会尊重他，因为他的行为不循于礼义啊！所以君子不侥幸而行事，不取巧而言说，不虚伪以求名，正如《诗经》所说：‘不争竞也不怯懦，不骄傲也不卑微’，一切都要做到恰如其分！”

盗跖是当时啸聚山林横行于东方的一位著名大盗。孔子特地向子路提及他，劝子路不要效仿他，可能因为子路本来是很崇拜盗跖的。

子路的水性很好。有一次，子路跳入河中，救起一位落水者。那个人为报答救命之恩而赠送一头牛感谢子路，子路却不想收。孔子说：“收下吧，给他人做个榜样——做了好事会有好的回报，这样，鲁国人以后就都会乐于助人！”

有趣的是，若干年后，子贡也救助了一个人，那人赠金酬谢，但子贡拒绝了他。孔子知道后说：“这样很不好。因为助人却没有利益，以后就不会有人愿意主动助人了。”

这两则逸事表明，虽然孔子说过“君子喻于义，小人喻于利”，但是孔子并非一个空讲道德的伪君子或者道德绝对主义者，他也是深深懂得实际利益对于人类行为具有的诱导作用的。

子路虽然刚强粗鲁，但却是一个心地十分坦率直爽的人。他后来追随孔子近四十年，成为孔子身边一位最忠诚的卫士，也是孔子最亲近的友人、兄弟和门徒。子路几乎一生追随孔子。孔子曾感叹道：

“衣衫褴褛立于达官贵人的珠光宝气之中而能不亢不卑、坦然自处、依然故我，无欲无求所以也无所畏惧——这就是子路！这就是即便面对千万人也敢于特立独行、我行我素的子路。”

十一、观海美东夷

孔子浪游中途经泰山，还曾经遭遇这样一件事：

在深山中行进时，一个妇人悲痛的哭声，引起了孔子注意。他从车上站起来，扶着车栏仔细听，命子路停车下去看一看。子路在山坳中看到一个妇人在一座新坟前哭祭。子路问她何人去世，家里发生了什么不幸的事情。妇人悲切地说，墓里埋葬的是她年轻的儿子。她家从远方迁居此地，但此山有凶猛的老虎，以前她公公被老虎咬死，后来丈夫也被老虎咬死，现在她的儿子又死于虎口。

子路问："那为什么你们不离开这里呢？"

妇人说："因为只有这深山老林中，才没有官府的苛捐杂税啊！"

子路回来把妇人的话告知孔子。孔子心绪久久不能平静，对弟子们说："你们要记住这件事，苛政凶猛过于老虎啊！"

在浪游的旅途中，孔子还曾遇到过一个有趣的捕雀人。孔子发现他捕到的都是一些黄口小雀，就问他："为什么你只抓黄口小雀，却不抓大雀？"

捕雀人回答说："大雀易惊而难被抓，黄口小雀贪饵而容易被诱惑。"

孔子又问："那么难道始终抓不着大雀吗？"

捕雀人答："若是黄口小雀跟从大雀，就都不易被抓。若是大雀跟着黄口小雀，那它就好抓了。"

孔子听后对子路说："君子好比黄雀。如果跟错了人，也会身陷罗网的。"（"君子慎所从。不得其人，则有罗网之患。"）

在齐国游历时，孔子曾前往海滨，眺望东海。面对苍茫无际的海洋，孔子赞叹说："沧海何以能大？是因为它身居于下位啊！"（"大哉河海乎，下之也！"）

孔子在胶东半岛上隔海遥望海对面的"东夷"（朝鲜）。殷商王朝亡国后，商朝的王子箕子逃亡到朝鲜，许多贵族中的贤者也追随箕子前去，所以当时人们都说"东夷多君子"。

孔子眺望远方，说："我也想到九夷去住。"

有弟子说："听说那里很穷！"

孔子说："只要有君子住在那里，穷不穷又有什么关系？"

孔子还说："如果在中国不得志，我宁愿乘船漂流于海外，那时只有子路仍会跟随我吧！"

子路很高兴，扬扬自得。于是孔子揶揄他说：

"可惜子路你虽然很蛮勇，却没有别的本事！"

十二、私学的兴起

在经历了四五年的浪游之后，鲁昭公二十四年（前518年）前后，三十四岁的孔子回到了鲁国。

孔子三十岁左右即已经开始立学收徒。清末章太炎以来有一种看法以为，唯孔子首创"私学"，从而打破"学在官府"的传统，"变畴人世官之学而及平民，此风气实孔子开之。"

其实，私人讲学之风气，并非始创于孔子，至少在春秋中后期，私人授徒已成风气。这种风气发生的社会基础，是西周以来，贵族世袭制度之外，各国有自民间举胥吏用为下层文官之制度。国人中处于庶子身份的年轻人，通过这种举荐可以走入仕途。对于士族子弟，西周各国原本有官学、公学进行教育（这种官学即"学宫""辟雍"）。

东周以后，王政衰微，官学在各国衰落，社会中有学识的士人遂招徒讲学，培养势力，于是各国有所谓"私学"的兴起。

晋国大夫叔向，门下弟子众多，因其势力强大，以至于已投拜其他人门下做弟子者，许多也改投到叔向之门下。

郑执政大夫子产，年轻时曾经从师多人。任郑国相之后，他去见老师时，仍和其他同门按年纪排座次，传为一时美谈。

又据《吕氏春秋·离谓》：郑国的大夫邓析收徒学打官司，只要交纳一定财物作报酬，就可以到他那里学习。"与民之有狱者约：大狱一衣，小狱襦袴。""民之献衣襦袴而学讼者，不可胜数。"

孔子时鲁人有王骀，是个刑徒，因犯罪被砍掉一只脚，但是追随他的信徒众多——"从之游者，与仲尼相若""与夫子中分鲁"。

因此，孔子的学生常季问孔子："王骀是个被砍去了一只脚的人，而在鲁国跟从他学习的人却和先生的弟子相当。他站着不能给人教诲，坐着不能议论大事；弟子们却空怀而来，学满而归。难道确有不用言表的教导，身残体秽内心世界也能达到成熟的境界吗？他是个什么样的人呢？"

孔子回答说："王骀先生是一位圣人，我的学识和品行其实都不如他，只是还没有机会前去向他请教罢了。但我都愿意把他当成老师，何况学识和品行不如我孔丘的人呢！何止鲁国，我将引领天下的人向他学习。"

后来战国时代兴起诸子百家，百家争鸣，春秋时代的私人讲学风气实已开其先河。

十三、授徒讲学建立儒党

孔子是一个杰出的组织者。大约从三十五岁到五十岁这十五年的困顿生涯中，孔子以惊人之少的社会资源，竟奇迹般地聚集了一大批与他同样不得志、无背景的年轻人追随于他，从而组织起了一个被后世人称为"儒党"的社团。

孔子创学之初是没有名分的。只是在昭公二十四年以后，孔子才被鲁公任命而具有了宗社师儒的正式名分。孔子自周归鲁后门徒增多，可能与这一任命有关。因为此时孔子作为鲁宗社之胥相，已经有官禄可食，也有正式名分可以传习礼教，聚徒讲学。《周礼》中的宗社司祭兼职就是学官，负责教授贵族子弟书写、计算及礼仪制度；而宗社中的社田，其收租正可以养育这些入籍的子弟。

孔子讲学的目的，是培养"士君子"，也就是培养未来的从政者、政治家、演说家（言语者）、外交家和祭司（胥相）——"学而优则仕"。

孔子门下的这个学团，绝不是一种简单的收而教之、教而别之的收费性学校，而实际是一个具有政治宗旨（"克己复礼，令天下归仁"）、共同的价值观念（仁、义）、共同的理想和追求，且有严密的系统和组织，甚至具有某种人身隶属性（"一日拜师，终身为父"），人数颇为众多，而且有内部层级划分（领袖七十二，所谓七十二贤人，总人数三千）的雏形政党组织。

在孔子死后，他的许多弟子自立门户，也纷纷在各地招徒讲学，于是形成了战国时代诸子百家争鸣之势。

十四、孔子为"君子"之称号赋予新意义

孔子对学生的教育重点，在于培养学生的主体意识。孔子之教，在社会制度方面，是兴礼主义，以礼齐民即以伦理为教化。在个人方面，是倡导君子人格主义。孔子建树了以"君子"之道为规范的人格理想。孔子认为这种完美人格的建立依赖于君子的自我修养。后来，这种儒家的人格主义在曾参和孟轲的学说中得到了更充分的阐扬。

孔子学团中所招收的，主要是当时的贵族学宫中所拒收的庶子。

所谓庶子，别称即"竖子"。竖子在战国秦汉时代已成为一个骂人语，其意义略相当于"小人""野人"或者"杂种"。

依据宗法制度，多数出身于贵族之家的庶子得不到爵位和资产的继承权，所以庶子无恒产。孔子曾经说：无恒产则无恒心。所以宗法贵族嫡脉们视自己为"君子"——君贵之子，却视诸庶子——"竖子"为"游士"（即"氓"，无业无归者曰氓，今语所谓"流氓"），而甚为鄙视。

但是孔子却针锋相对地提出了被赋予一种新的道德含义的词语——"君子"。

在周文化中，"君子"本来专指君之子——贵族之嫡脉，是一种尊贵的社会身份——唯有公侯贵族子弟方可以称为"公子"或者"君子"。然而孔子之所谓"君子"，则不是特指身份和出身，而是指学养和道德。

在孔子看来，无论任何人——即使出身于小人、野人，身份是"庶子"或者"竖子"，也有教无类。只要其修养有德，则这种人也可以成为"彬彬君子"。孔子使"君子"成为一种道德人格的美称，换句话说，单凭血缘关系、宗嫡身份并不能保证贵公子们成为"君子"、成为"士人"。

《论语·宪问》篇中，有这样一段对话：

子路问：什么人能成为君子？

孔子说：只要严肃地修身。（"修己以敬"）

子路说：这就够了吗？（"如斯而已乎？"）

孔子说：不但修养自身，还要关怀他人。（"修己以安人"）

子路问：这就够了吗？（"如斯而已乎？"）

孔子说：不但修养自身，而且能安抚好老百姓。只要能做到这样，就可以超越像尧舜那样的圣人了。（"修己以安百姓。修己以安百姓，尧舜其犹病诸？"）

换句话说，士君子就是怀抱远大理想的志士仁人，他们不但修持自身而具有美德，而且能治国安天下。因之在孔子的理念中，"士君子"之道体现着一种具有至善美德的人格理想。曾子后来曾这样阐述这一理想："士不可以不弘毅。任重而道远！仁以为己任，不亦重乎？死而后已，不亦远乎？"（《泰伯》）

我所重新认知的孔子

坊间讲述孔子生平之书甚多，但多为面貌相近因袭之作。对于孔子生平之了解，莫不沿袭20世纪初构建之旧说，视孔子为一不得志且不识时务之私塾先生而已。民国遗老硕儒如钱穆，所著《先秦诸子系年》堪称力作，但所著《孔子传》则舛谬殊多。

余著《孔子传》而对孔子之新认知，可概括为以下：

一、孔子不是先秦诸子之一子，而与老氏同为诸子之大宗师。盖战国后出现之墨、法、名、兵及术数阴阳等百家学皆可溯源于孔氏，这是孔子所以伟大以及高于先秦诸子，而于两千年间高处圣者地位之原因。

二、孔学在汉武帝后分道为"今文"经学与"古文"经学两端。两家倾轧势同水火，缠斗数百年，直到唐初才逐渐融合。其所争论的实质，绝不仅是关于"五经"文字、版本诠释之歧义，更是由于所据利益集团及政治立场之分野。

盖所谓"今文派"实乃庶子之学。崇"今文"者，主张学为政用，政治大一统，攘夷狄，尊君权，抑贵民，选贤良，废世袭——乃以今变古之改革派。今文学派认为孔子是所谓"素王"，是"托古改制"之"革命家"。其政术在孔门秘传言教之"微言大义"中，故以其秘传学说（所谓"家法"）为圣教。

而"古文派"则是世家贵族之学。崇"古文"者，主张学、政两别为异途，政治行封建，和夷狄，尊世家，优贵民，不尚贤，世官世禄——乃以古非今之守旧派耳。古文学派认为孔子仅为一教师，所传乃周礼之古道。古文派以周公为最尊，主张彻底复古——法周公、崇周礼。古文学派的孔子是一个复古、守旧、尊贵族之礼的孔子。

故历史中实有两个不同面貌之孔子，一为今文派之"素王"（布衣之王者，即政治领袖），一为古文派之"师尊"。余窃以为，真实的孔子是两个孔子的合一。

春秋中后期，当时之主要大国几乎都相继发生了"庶子"（边缘贵族）篡夺"嫡子"（宗法贵族）之经济、政治权力的"庶子革命"。如晋国的赵简子、齐国的田氏、楚国的白公胜、鲁国的"三桓"及阳虎等。

由于孔子的主张是"克己复礼"，所以一般人们往往以为，孔子是一个保守派。其实，孔子作为一个私生子，其在四十岁以前，曾经是各国社会变革、"庶子革命"的积极支持者。在五十岁以后，才逐渐成为现存社会秩序（周礼）的维护者、保守派。

晚清廖平《今古学考》指出："孔子初年之言，古学所祖也。孔子晚年之言，今学所祖也。"廖平将孔子思想划为前后期，是对的。而且他认为孔子前期保守、后期革命。康有为受廖氏启发，作《孔子改制考》，亦谓孔子后期著述思想主张变法，即"托古改制"。

孔子思想确实包含着"变革"与"保守"的两个矛盾方面，也的确可以划分为前后政治主张不同的两个时期。但是，我以为这两个时期的分野与廖氏及康氏的主张恰恰相反。

盖孔子之早年出身微贱（所谓贵族出身实有伪托之嫌疑），其用世变法之理念后来乃为"今文经学"一派所传承。盖得其旨者，子夏、荀子及战国法家以及西汉董仲舒、刘彻，至于清代之龚自珍、廖平、康有为也。

孔子中年在鲁变法改革失败，其后因反对"三桓"贵族而被逐离鲁国流亡多年，颠沛流离；归国后，与三桓贵族妥协而被鲁君聘为"国老"，年事已高，政治态度乃取妥协模糊之术，慎言政治；教诲弟子注重修身人格及君子之仪，此即所谓"克己复礼"。其修身人格之学，则传之曾参、子思一派，战国后其最著名之传人即孟轲——于是而有所谓"曾、思、孟"一派的儒家人格伦理学派。

孔子是思想家，也是政治家、军事家。孔子尚武而知兵学，则为俗儒及世人所鲜知，亦为后世王者所有意掩盖。实际上，孔子曾指挥过实战（前498年曲阜武子台之战），且取得大胜。故当其流亡时，齐、卫、陈、楚君均曾问以兵事。而且其弟子冉求、子夏皆知兵事。冉求打了胜仗，自称其兵学受之于孔子。战国著名兵法家吴起乃出子夏之门下，而为孔门隔代弟子，传有《吴起兵法》，与《孙子兵学》并称"孙吴兵法"而传世。

韩非云孔子死后"儒分为八"。实则孔道之大端实传于子夏及曾参二流，成为孔门儒学中的法术（即后世所谓外儒内法）一派以及修身伦理人格主义一派，而其旁流则演变于战国时代的法、名、墨、兵、农诸子学术也。

《史记·孔子世家》勘误、诠释及补证

【何新按】

《孔子世家》，为司马迁《史记》纪传体中最长的一篇。其所述孔子言行，大抵以《论语》为主，而旁采博搜传说逸闻。但简文错乱，史料驳杂，字句错落脱衍，年代混乱。

兹广采先贤考证，加以董理，调整文序，删其芜错，依年代重新编次。略作分节，使其易读。

余对司马迁《孔子世家》勘误之原文，收在何新所著《孔学三书》中，已经出版。这里发表的是本文最新的修订版。

第一

【原文】

孔子生鲁昌平乡，（属）陬邑。

其先，宋人也，曰孔防叔。孔防叔生伯夏，伯夏生叔梁纥。

【译文】

孔子出生于鲁国昌平乡，（属）陬邑。

他的先祖是宋国人，名叫孔防叔。孔防叔生（孔）伯夏，（孔）伯夏生（孔）叔梁纥。

【何新按：陬又作邹。故《庄子·天下》称孔子为"邹（陬）鲁之士"。地在今山东曲阜县东南之陬城。孔子成年后迁居于曲阜之阙里。《汉书·梅福传》师古注："阙里，孔子旧里也。"】

【原文】

纥与颜氏女【祷于尼丘】，野合而生孔子。

【译文】

叔梁纥和颜氏的女子在尼丘敬神，在野外媾和，生下孔子。

　　【何新按：《史记》原文作："纥与颜氏女野合而生孔子。祷于尼丘，得孔子。"

　　崔适《史记探源》谓："当作'纥与颜氏女祷于尼丘，野合而生孔子'。
上下文错杂而衍'得孔子'三字云。"**】**

【原文】

鲁襄公二十二年而孔子生。

生而首上圩顶，故因名曰丘云，字仲尼，姓孔氏。

【译文】

　　鲁襄公二十二年，孔子出生。孔子生下来头顶中央隆起像丘陵，所以就取名
叫"丘"，取字叫"仲尼"（纪念尼丘），从父姓为孔氏。

　　【何新按：关于孔子生年有二说。《史记》谓生于襄公廿二年。而《公羊传》
《穀梁传》《孔氏家谱》俱云生于襄廿一年。《公羊传》曰："十一月庚子，孔
子生。"《穀梁传》曰："庚子，孔子生。"《春秋·鲁襄公廿一年》："冬，庚辰朔，
日有食之。"蒋伯潜以夏历推算周正，谓孔子应生于夏历八月二十七日。

　　原文："孔子生而首上圩顶。"自魏王肃《孔子家语》以下均误读"圩"字。
以为孔丘乃一残疾人，头顶中央下陷如坑也。其实，"圩"者，即邱，坟起之
地也。水边地之隆起曰圩岸，圩者，高隆也。故《康熙字典》有说堤坝曰"圩"。**】**

【原文】

丘生，而叔梁纥死。葬于防山，防山在鲁东。由是孔子疑其父墓处，母讳之也。

孔子为儿嬉戏，常陈俎豆，设礼容。

【译文】

孔丘生下来，叔梁纥就死了。孔纥葬在防山，防山在鲁曲阜城的东面。但孔子并不清楚父亲的墓地，因为孔母隐讳这件事（以野合无夫而孕为耻，故讳言孔父）。

孔子幼年时做游戏，经常陈列俎豆等各种礼器，演习祭祀上的礼仪动作。

【何新按：孔子是无父之孤儿，并且早年不知自己父亲是谁。《礼记·檀弓》："孔子少孤，不知其父墓。"郑玄注："孔子之父陬叔梁纥与颜氏女徵在野合而生孔子。徵在耻焉，不告。"

又按：儒者起源于祭司，祭司在《周礼》中亦称胥相。等级最低者即为人主持丧礼的小胥。孔子早年居住母族之里，其地多小胥及挽车夫。故孔子受影响而好演祭祀之礼也。】

【原文】

孔子母死，乃殡五父之衢，盖其身也。

"陬人挽父之母诲告孔子父墓，然后往合葬于防焉。"

【译文】

孔子母亲去世。他先将灵柩停放在五父之衢，草草遮盖住身子。

陬邑挽父的母亲告诉孔子其父的墓地。这之后孔子将母亲的灵柩送往防山与其父合葬。

【何新按：原文"身"作"慎"，当为身。读慎则难解。参看《礼记·檀弓》："孔子少孤，不知其父墓。（母）殡于五父之衢，人之见之者，皆以为葬其慎（身）也，盖殡也。问于陬曼（挽）父之母，然后得合葬于防焉。"文中所谓"葬其慎"，亦当为"葬其身"。

《礼记》此文有错乱，故自古失解。按殡前缺一"母"字。"孔母死后，殡于五父之衢"。旧注云："殡，浮厝也，临时草草埋土以复其身也，而人皆以为已葬。"

曼父，即挽父，司丧葬事牵引灵车者，"曼"假于"挽"。

孔子母亲死后，先草草葬于贱民野葬之地"五父之衢"。后来，孔子由挽之母的口中，才知道其生父是贵族孔纥，葬地在"防"（应为孔姓族墓地）。于是乃起母之厝，而迁移到防地与故父合葬。此乃一极其勇敢且惊世骇俗之举也。盖父曾参与孔纥葬事，故知其葬地。孔子曾祖是孔防叔，尝为防大夫。故防山乃孔氏之祖族之墓地。

五父之衢，旧无解。按，五通忤、通恶。父，夫也。忤父，即恶夫、恶人。《左传·哀公十一年》杜注："五父衢，鲁县东南道名也。"其地有野葬之区（乱葬之岗）。据《左传》，此地乃诅咒不祥之地。（详考见何新著《孔子年谱长编》）】

【原文】

孔子要经。

季氏飨士，孔子与往。阳虎绌曰："季氏飨士，非敢飨子也。"孔子由是退，孔子（时）年十七。

【译文】

母亲死后，孔子服丧，腰间系着麻带。

季氏宴请士人，孔子也前往。阳虎斥退孔子说："季氏宴请的是士人，并没邀请你啊。"孔子不得不退去，这时孔子年十七岁。

【何新按：要经，草绳，系于腰。王肃撰《孔子家语》则曲解改文以为"要经"，腰带经书而往，"嗜学之意"也。谬之可笑！古代用麻编制的丧带，在头上为首经，在腰为腰经。

阳虎，孟孙氏之庶子也，时为季氏家宰臣。

绌，音通驱，驱也，驱赶。】

【原文】

是岁，季武子卒，平子代立。

【译文】

这一年，季武子死了，季平子继位。

【何新按：《春秋·昭七年》："冬十一月，季孙宿卒。"昭七年时，孔子年十七（或十八）。】

【原文】

孔子贫且贱。及长，尝为季氏史（事）。（为委吏）料量平。尝为司职吏，而畜繁息（殖），由是为（季氏）司空。

已而去鲁，斥于齐，逐于宋、卫，困于陈、蔡之间。由是反（返）鲁。

【译文】

孔子家境贫寒，又地位低下。等到长大成人，曾经为季氏做事。管理仓庾，准确公平。又曾做过畜牧小吏，使牧养的牲畜繁殖增多。由此升任季氏家的司空。

后来他离开鲁国，在齐国待不下去，又被宋人、卫人所驱逐，在陈国、蔡国也受困，于是又返回了鲁国。

【何新按：季氏史，史，使也，亦通事。又史、吏同源字。使、事，即服事、执事、侍事之小吏也。

孟子云孔子曾经为季氏家的委吏。《孟子·万章》："孔子尝为委（庾）吏矣，曰会计当而已矣。尝为乘田矣，曰牛羊茁壮长而已矣。"

但此"委吏"字自古失解。按，委古音读 yī，（古文尾巴称"曳巴"）。委吏即庾吏，仓庾小吏也。庾，积谷之地曰庾。赵岐《孟子注》："委吏，主委积仓库之吏。"但是周礼职官无见"委吏"一名，但有仓庾守。委吏，庾吏，即仓庾守也，秦汉以下则称"庾司""庾曹"。

司职吏，司职即司事。畜牧微职，不著官名也。孔子青年时已见用于季氏为其家小臣。

司空，即司工，主管工役、工程、工事也。据《周礼》，各国皆有司空，贵族私家亦有司空。孔子此时所任司空，乃季氏私家之司空，非鲁国朝廷之司空也。

"去鲁，斥于齐，逐于宋、卫，困于陈、蔡。"盖孔子一生多次去鲁出游，这是孔子年轻时代第一次周游列国也。但此云被驱逐于宋、卫，受困于陈、蔡，则似与其后来的遭遇混淆。】

【原文】

孔子长九尺有六寸，人皆谓之"长人"而异之。（鲁复善待，由是反鲁。）

【译文】

孔子身高九尺六寸，人们都称他为"长人"而感到奇异。

【何新按：孔子幼时微贱，无姓氏，俗名"东家丘"。清儒俞樾说："孔子幼年名'兵'，名'长'。"

此句有赘文："鲁复善待，由是反鲁"，疑是注文混入正文。】

第二

【原文】

孔子学鼓琴师襄子，十日不进。师襄子曰："可以益矣。"孔子曰："丘已习其曲矣，未得其数也。"

有间，曰："已习其数，可以益矣。"孔子曰："丘未得其志也。"

有间，曰："已习其志，可以益矣。"孔子曰："丘未得其为人也。"

有间，若有所穆然深思焉，有所怡然高望而远志焉，曰："丘得其为人，黯然而黑，几然而长，眼如望羊，如王四国，非文王其谁能为此也？"

师襄子辟席再拜，曰："（师）盖云《文王操》也。"

【译文】

（母亲死后，）孔子曾经向卫国的乐师襄子学习弹琴，学了十天仍止步不进。师襄子说："你已经可以学习新的内容了。"孔子说："我刚熟习这曲子，但还没有掌握演奏的技巧。"

过了一段时间，师襄子说："你已经熟习演奏的技巧，可以继续学新的了。"孔子说："我还没有领会曲中的旨趣。"

过了一段时间，师襄子说："你已经领会其中的旨趣，可以继续学新的了。"孔子说："我还不能理解乐曲的作者啊。"

过了一段时间，孔子默然沉思，心旷神怡，高瞻远望而意志升华。他说："我理解乐曲的作者了，这个人皮肤深黑，体形颀长，眼睛深邃远望，如同四方之王者，若不是周文王还有谁能撰作这首乐曲呢！"

师襄子离开座席连行两次拜礼，说："您演奏的这首乐曲正是《文王操》啊！"

【何新按：据《礼记·檀弓》："孔子既祥，五日弹琴而不成声，十日而成笙歌。"祥者，母丧后三年除服也。故孔子学琴应在母丧三年之后，即第一次游历各国时。师襄子，卫国之乐师也，也或谓鲁国之乐师。

《世家》原文记述孔子学琴，系之于孔子被放逐入卫之后，似误。】

【原文】

是时也，晋平公淫，六卿擅权，东伐诸侯。楚灵王兵强，陵轹中国。齐大而近于鲁，鲁小弱，附于楚则晋怒；附于晋则楚来伐；不备于齐，齐师侵鲁。

【译文】

这个时代，晋国六家贵卿篡夺国政，向东扩张兼并。楚国军事强大，经常侵犯中原。齐国强大而与鲁国相邻，鲁国国小力弱。如果亲近楚国，晋国就不高兴；

如果亲近晋国，楚国就来攻打。若不防备齐国，齐国又会来入侵。

【原文】

鲁昭公之二十年，而孔子盖年三十矣。

齐景公与晏婴来适鲁。景公问孔子曰："昔秦穆公国小处僻，其霸何也？"

对曰："秦，国虽小，其志大；处虽僻，行中正；身举五羖，爵之大夫，起累绁之中，与语三日，授之以政；以此取之，虽王可也，其霸小矣。"

景公说（悦）。

【译文】

鲁昭公二十年（前522年），这时孔子大约三十岁了。

齐景公带晏婴来到鲁国，景公问孔子说："从前秦穆公时，秦国很小而又处于偏僻之地，（后来）竟然能称霸于诸侯，这是什么原因？"

孔子回答说："秦国虽小，志向却很远大；所处地方虽然偏僻，但施政却符合正义。秦穆公亲自拔擢奴隶百里奚，授给他大夫的官爵，把他从囚禁中解放出来，与他一连谈了三天的话，随后就把国政大权都交给他。用这种任贤的精神来治理国家，就算是称王于天下也是应当的，只当个霸主还算是小呢！"

景公听了很赞赏。

【何新按：据《史记·齐世家》记"景公与晏子狩鲁界，因入鲁，问礼孔子"，当即指此事。

但查《春秋》经传，此时期（鲁昭公之二十年）并无记载齐景公适鲁，正式访问鲁国之事。故齐君臣所狩猎之地，当在齐鲁边界也。】

【原文】

鲁大夫孟釐子病，不能襄礼。病且死，诫其嗣懿子曰："孔丘，圣人之后，灭于宋。其祖弗父何始有宋而嗣让厉公。及正考父佐戴、武、宣公，三命兹益恭，故鼎铭云：'一命而偻，再命而伛，三命而俯，循墙而走，亦莫敢余侮。饘于是，粥于是，以糊余口。'其恭如是。吾闻圣人之后，虽不当世，必有达者。今孔丘年少好礼，其达者欤？吾即没，若必师之。"

及釐子卒，懿子与鲁人南宫敬叔往学礼焉。

【译文】

鲁国大夫孟釐子病危，没办法跟孔子学礼，临终前嘱咐嫡子孟懿子说："孔丘这个人，是圣人的后代，只是他的祖先已在宋国灭败。他的先祖弗父何本来应继位做宋国国君，却让位给弟弟宋厉公。他的另一个先祖正考父，曾辅佐宋戴公、宋武公、宋宣公三朝，三次升职后却一次比一次更谦卑。所以正考父鼎的铭文说：'第一次受命鞠躬而受，第二次受命弯腰而受，第三次受命时俯首而受。走路顺着墙根，从不欺侮人。只要有点面糊、有点粥，能糊口就是了。'他就是这样的恭敬和节俭。我听说圣人的后代，虽不一定显达于当世，后代也必定会有显达的人出现。如今孔子年少而好礼，他莫非就是将显达的人吗？我死以后，你一定要拜他为师。"

孟釐子死后，孟懿子和（其庶弟）鲁国人南宫敬叔便前往孔子处学礼。

【何新按：《史记索隐》："釐音僖"。孟釐子，名仲孙貜，即孟僖子，乃三桓家族中孟氏的家长。其长子即孟懿子，名何忌。次子亦庶子即南宫敬叔。

杜预《左传注》曰："南宫敬叔（说）、何忌（孟懿子），皆釐子之子。"但《仲尼弟子传》中无记孟懿子。《论语·为政》篇孔子语樊迟，曰"孟孙问孝于我"，孟孙即孟懿子。虽尝向孔子问礼，似未尝著籍为弟子也。而《左传》杜预注则谓南宫敬叔名说，非孟僖子之子。

蒋建侯说："孔子弟子有南宫绍，字子容者，即《论语·先进》篇所称'三复白圭'，孔子以其兄之子南容。"《礼记·檀弓》言："南宫绍之妻之姑之丧，孔子诲之。"或曰南宫绍，乃孟釐子之庶子也。

《左传》昭公七年记："三月，公如楚，郑伯劳于师之梁，孟僖子为介，不能相仪；及楚，不能答郊劳。""九月，公至自楚。孟僖子病不能襄礼，乃讲学之，苟能礼者从之。及其将死也，召其大夫曰：'礼，人之干也；无礼，无以立。吾闻将有达者曰孔丘，圣人之后也，而灭于宋。其祖弗父何以有宋而授厉公。及正考父……（略同《孔子世家》）臧孙纥有言，曰：'圣人有明德者，若不当世，其后将有达人。今其将在孔丘乎？我若获殁，必嘱说与何忌于夫子，使事之而学礼焉，以定其位。'故孟懿子与南宫敬叔师事仲尼。"

据《史记》记孟釐子卒于昭公二十四年，而《左传》记其将死之言则于昭公七年。

昭公七年，即公元前535年，是年孔子才十七岁。故《孔子世家》称"孔子年十七岁""懿子及南宫敬叔往学礼焉"。

但孟僖子实际卒于鲁昭公二十四年二月。《左传·昭公七年》在记孟僖子生病时，连带叙述了他死时的话。太史公未做细查，以为孟氏学礼之事也发生在昭公七年，孔子十七岁时。

实际上，昭公七年，孟懿子及南宫敬叔尚未出生，孔子年仅十七岁。故孟僖子向其学礼并托孤之事根本不可能（详细考证见崔述《〈史记〉言懿子、敬叔学礼于孔子年十七时之谬》《洙泗考信录》卷一）。以至梁玉绳《史记志疑》："此是史公疏误处。"】

【原文】

鲁南宫敬叔言鲁君曰："请与孔子适周。"

鲁君与之一乘车，两马，一竖子俱。适周问礼，盖见老子云。

辞去，而老子送之曰：吾闻富贵者送人以财，仁人者送人以言。吾不能富贵，窃仁人之号，送子以言，曰："聪明深察而近于死者，好议人者也。博辩广大危其身者，发人之恶者也。为人子者毋以有己，为人臣者毋以有己。"

孔子自周反于鲁，弟子稍益进焉。

【译文】

南宫敬叔对鲁昭公说："请让我跟随孔子前往周京洛邑。"

鲁昭公给他们一辆车、两匹马，还有一名童仆同行。前往周京洛邑询问周礼，去拜会老子。

孔子告辞时，老子对他说："我听说富贵之人以财物相赠，仁义之人以言语来相赠。我非富贵，窃有仁人之名，就用几句话赠你：'聪慧明察反会濒临死亡，是因为好议论他人。博学善辩会危及自身，是因为发人隐私。做人儿子就不能多考虑自己，做人臣子就不能多考虑身家。'"

孔子从周京洛邑返回鲁国，投奔他门下的弟子逐渐增多。

【何新补记：据《史记·老子列传》：孔子适周，将问礼于老子。老子曰："子所言者，其人与骨皆已朽矣，独其言在耳。且君子得其时则驾（而行），不得其时则蓬累（蔺蔻）而行。

吾闻之，良贾深藏若虚，君子盛德，容貌若愚。去子之骄气与多欲，态色与淫志，是皆无益于子之身。吾所以告子，若是而已。"

孔子去，谓弟子曰："鸟，吾知其能飞。鱼，吾知其能游。兽，吾知其能走。走者可以为网，游者可以为纶，飞者可以为矰。至于龙吾不能知，其乘风云而上天。吾今日见老子，其犹龙邪。"】

【何新按：孔子适周见老子事，并见《老庄申韩传》，可知确有其事。

《庄子·天道》：孔子欲西（观）藏书于周室。子路谋曰："由闻周之徵藏史有老聃者，免而归居，夫子欲（观）藏书，则试往因焉。"孔子曰："善。"往见老聃，而老聃不许。

以上殆同一事而传闻异辞者。《世家》"盖见老子云"，"盖"者，疑词；"云"者，传说云尔。

《晏子春秋·杂上》曰："晏子送曾子曰：'君子赠人以轩，不若以言。'"《说苑·杂言》曰："子路将行，辞于仲尼。仲尼曰：'赠汝以车乎？以言乎？'子路曰：'请以言。'"其语式皆与老子赠孔子言相似。

至于孔子适周问礼之年，自古歧说颇多。约举如下：

（一）在昭公七年，孔子年十七时。《索隐》曰："孔子适周，岂访礼之时，即在十七耶？孔子见老聃云：'甚矣道之难行也。'此非十七岁人语，乃仕后之言耳。"梁玉绳《史记志疑》曰："敬叔生于昭十一年，当昭七年，孔子十七时，不但敬叔未从游，且未生也。"

（二）在昭公二十四年，孔子年三十四时。阎若璩《先圣生卒年月考》曰："《曾子问》孔子曰：'昔者吾从老聃助葬于巷党，及殡，日有食之。'唯昭公二十四年夏五月乙未朔，日有食之，见《春秋》；此即孔子从老聃问礼时也。若昭二十年、定九年，皆不日食。昭七年虽日食，亦恰入食限，而敬叔尚未从孔子游，何由适周？"

梁玉绳冯登府《解春集》曰："春秋，昭公世凡七日食。不止二十四年。且二十四年二月，孟僖子卒，五月日食，此时僖子甫葬，敬叔方在虞祭卒哭之时，焉能与孔子适周？"

《史记志疑》亦曰："若昭二十四年，孔子三十四岁时，不但僖子方卒，敬叔未能出门从师，且生才十四岁，恐亦未能见于君，未能至周，而明年昭公即逊于齐，安所得鲁君而请之？"

崔述《洙泗考信录》亦言："敬叔是年方有父丧，且生于昭十二年，至是仅十三岁，未能远行，敬叔岂无车马，何以必待鲁君与之"云云。

冯、梁、崔三氏驳之，皆以敬叔为孟僖子之子，因疑其年不相及，值父丧不能远行耳。或曰南宫敬叔即南宫绾，字子容者，未必孟僖子之子也。

（三）在定公九年，孔子年五十一时。《史记志疑》曰："盖适周问礼，不知何年。……此本阙疑之事。必欲求其年，则《庄子》有五十一之说，庶几近之。"按《庄子·天运》曰："孔子行年五十有一而未闻道，乃南之沛，见老聃。"此梁氏所本。然《庄子》明云"南之沛"，不云"西适周"，非一事也。

孔子自言："吾十有五而志于学，三十而立。"（见《论语·学而》）

昭公七年，十七岁时，志学未久也。

定公九年，五十一岁时，则学已达成矣。一失之太早，一失之太迟，皆不可信。

故孔子入周初次问礼求教于老子之时，当在昭公二十四年，孟釐子卒后，孔子三十四岁前后。

后来孔子流亡入楚国，又见过老子。但那位老子，也许还是这位老子，也许是老氏家族的另一位老子——老莱子。】

山东嘉祥齐山出土"孔子见老子"画像石拓片：孔子和老子宽衣博带，相对躬身而揖，年长的老子手持曲杖，孔子手捧贽雁为见面礼（《仪礼·士相见礼》载："士大夫相见以雁"），孔、老两人身后各有弟子跟随。孔、老之间绘有一小童，面向孔子而立，手持一类似推车的玩具，应为七岁便为孔子师的神童项橐。

陕西靖边老坟梁汉墓出土的"孔子见老子"壁画，居左的老子手拄曲杖，孔、老之间亦绘有持玩具的小童项橐。

第三

【原文】

孔子年三十五，季平子与郈昭伯以斗鸡故，得罪鲁昭公。

昭公率师击平子。平子与孟孙氏、叔孙氏三家共攻昭公。

昭公师败，奔于齐。齐处昭公于郓邑（乾侯）。其后顷之，鲁乱。

【译文】

孔子三十五岁那年，季平子和郈昭伯因为斗鸡的争攘而得罪了鲁昭公。

鲁昭公率领军队攻击季平子。季平子和孟孙氏、叔孙氏三家联合攻打鲁昭公。

昭公的军队战败，他逃奔到齐国。齐景公把昭公安置在（齐鲁边境上的小邑）郓邑。此后不久，鲁国因无君而大乱。

> 【何新按：孔子三十五岁时，昭公二十五年也，鲁国发生政变。（此次政变即"斗鸡"之变，详见《左传》）
>
> 原文作乾侯，地在今河北成安县。误，当作郓邑。
>
> 《史记志疑》引余有丁考证曰："乾侯，晋地，乃晋以处昭公者。齐处公于郓，非乾侯也。"盖昭公逃亡，先赴齐，处于郓邑。后不安于齐，又奔晋，处乾侯。
>
> 又据《左传》："昭公二十五年九月，鲁公奔齐先次于阳州；齐侯见之于野井。十二月，齐侯取鲁郓邑，以处昭公。翌年，昭公居郓。"
>
> "二十八年，昭公如晋，晋处晋鲁界之乾侯。自此之后，昭公常往来郓与乾侯二地。三十三年十二月，薨于乾侯。"】

【原文】

孔子适齐，为高昭子家臣，欲以通乎景公。

与齐太师语乐，闻《韶》音，学之。三月不知肉味，齐人称之。

【译文】

孔子此时也去了齐国，在齐大夫高昭子家任家臣，打算借此而与齐景公交往。

孔子与齐国太师讨论音乐，听到乐队演奏《韶》乐，观摩学习。沉醉在其中，竟然三个月忘记了食肉的滋味，齐国人因此而称道孔子。

【原文】

景公问政孔子。孔子曰："君君，臣臣，父父，子子。"

景公曰："善哉！信如君不君，臣不臣，父不父，子不子，虽有粟，吾岂得而食诸！"

他日又复问政于孔子，孔子曰："政在节财。"景公说（悦），将欲以尼谿田封孔子。

【译文】

齐景公问孔子该如何治国。孔子说："国君要像国君，臣下要像臣下，父亲要像父亲，儿子要像儿子。"

景公说："讲得好！如果国君不像国君，臣下不像臣下，父亲不像父亲，儿子不像儿子，纵然有食物，我又怎么吃得到呢！"

过了几天，齐景公又向孔子询问为政之道，孔子说："为政之首要是节惜财物。"齐景公很高兴，准备把尼谿的土地封给孔子（作为禄田）。

【原文】

晏婴进曰："夫儒者，滑稽而不可轨法；倨傲自顺，不可以为下；崇丧遂哀，破产厚葬，不可以为俗；游说乞贷，不可以为国。自大贤之息，周室既衰，礼乐缺有间。今孔子盛容饰，繁登降之礼，趋详之节，累世不能殚其学，当年不能究其礼。君欲用之以移齐俗？非所以先细民也。"

【译文】

晏婴进言说："这些儒者能言善辩却不懂法度；高傲自大、自以为是，不愿屈居人下；崇尚丧礼尽情致哀，破费财产厚葬死人，这不是好的习俗。他们四处周游寄人篱下，不能靠此辈来治理国家。自从圣君贤相去世，周朝王室衰落以后，礼乐残缺已有很长时间了。如今孔子盛装打扮，烦琐地规定尊卑上下的礼仪、举手投足的节度，学上几代也不能穷尽其中的学问，成年累月也学不完他的礼仪。难道国君真打算用他这一套来改变齐国的习俗吗？这恐怕不是引导小民百姓的好办法。"

【原文】

后景公敬见孔子，不问其礼。

异日，景公止（致）孔子曰：奉子以季氏，吾不能。以季、孟之间待之。

齐大夫欲害孔子。孔子闻之，景公曰："吾老矣，弗能用也。"孔子遂行，反乎鲁。

【译文】

此后，齐景公仍恭敬地接待孔子，但不再向他请教有关礼乐制度的事。

有一天，齐景公对孔子说："按照鲁国对待季氏上卿的规格来接待你，我做不到。"齐国接待孔子的礼仪按照鲁国季氏和孟氏的俸禄之间的标准。

有齐国大夫要谋害孔子。孔子听说了，而齐景公却说："我已经老了，不能重用你了。"于是孔子离开齐国，返回鲁国。

第四

【原文】

孔子年四十二，鲁昭公卒于乾侯，定公立。

定公立五年，夏，季平子卒，桓子嗣立。

【译文】

孔子四十二岁那年，鲁昭公死在乾侯，鲁定公即位。

鲁定公在位的第五年夏天，季平子去世，季桓子继位。

【何新按：季桓子，名季孙斯。旧读"孔子年四十二"连上文"返乎鲁"读，故《历聘纪年》谓孔子自三十五岁至四十二岁在齐凡七年，四十二岁始返鲁。谬！

《礼记·檀弓》记："吴季札适齐，反（鲁），其长子死，葬于嬴、博之间，孔子往观。此事发生在昭公二十七年。嬴博其地在鲁,孔子盖自鲁往观吴季札。则昭公二十七年,孔子已反鲁。"

孟子尝言,"孔子未尝有所终三年淹也"。即言孔子很少在一国淹留三年以上。故江永谓孔子在齐不过只住了一年。】

【原文】

季桓子穿井得土缶,中若羊,问仲尼,云"得狗"。

仲尼曰:"以丘所闻,羊也。丘闻之,木石之怪夔、罔阆,水之怪龙、罔象,土之怪坟羊。"

【译文】

季桓子家掘井时掘得一个像缶器的洞,里面有个像羊的东西,告诉孔子却说"像一只狗"。

孔子说:"据我所闻见,应当是'羊'。我听说,山林中的怪物是'夔'和'魍魉',水中的怪物是龙和'罔象',泥土中的怪物是'坟羊'。"

【何新按:《孔子世家》在此记录二事,以证孔子见闻广博:一、季桓子问坟羊;二、吴使者问防风。前事见《国语》,后一事又见《孔子家语·辨物解》。但是,后一则故事应发生于吴伐越即鲁定公时期,非在此时也。

土缶者,土穴内空如缶也。土中羊,即所谓坟羊,即商羊,即蜥蜴,即土(鼍)鳄也。鳄鱼亦有异名曰"土狗""土龙"。(详考见何新著《龙:神话与真相》)】

【原文】

桓子嬖臣曰仲梁怀,与阳虎有隙。阳虎欲逐怀,公山不狃止之。其秋,怀益骄,阳虎执怀。桓子怒,阳虎因囚桓子,与盟而释之。

阳虎由此益轻季氏。季氏亦僭于公室,陪臣执国政,是以鲁自大夫以下皆僭离于正道。

【译文】

季桓子有一个宠臣叫仲梁怀，和阳虎一向有宿怨。阳虎想驱逐仲梁怀，被公山不狃阻止。那年秋季，仲梁怀更加骄横，于是阳虎抓捕了仲梁怀。季桓子为此发怒，阳虎就囚禁季桓子，和他订立了让阳虎管事的盟约后才释放他。

阳虎从此看不起季氏。而季氏则早已僭越礼法，凌驾于鲁君公室之上。从此以后，家臣们执掌国政，鲁国从大夫以下全都僭越礼法、偏离正道。

【何新按： 此事详见《左传·定公五年》。"阳虎"，《论语》记为"阳货"，虎、货音通。《孟子》中"阳虎""阳货"互见，皆为一人。《墨子·非儒》曰"阳货乱乎鲁"，亦即阳虎也。公山不狃，《论语》记作"公山弗扰"。**】**

【原文】

故孔子不仕，退而修诗、书、礼、乐。

弟子弥众，至自远方，莫不受业焉。

【译文】

这时孔子不做官，隐居在家中整理《诗》《书》《礼》《乐》。

他的弟子日渐众多，纷纷自远方而来，无不是为了向孔子认真学习受教。

【何新补记：《论语·阳货》："阳货欲见孔子，孔子不见，归孔子豚。孔子时其亡也，而往拜之，遇诸涂。谓孔子曰：'来！予与尔言。'曰：'怀其宝而迷其邦，可谓仁乎？'曰：'不可。''好从事而亟失时，可谓知乎？'曰'不可。''日月逝矣，岁不我与！'孔子曰：'诺，吾将仕矣。'"**】**

【原文】

定公八年，公山不狃不得意于季氏，因阳虎为乱。欲废三桓之嫡，更立其庶孽阳虎素所善者。

遂执季桓子。桓子诈之，得脱。

定公九年，阳虎不胜，奔于齐。

是时孔子年五十。

【译文】

鲁定公八年，公山不狃在季氏手下不得志，借助阳虎作乱。准备废黜季孙氏、叔孙氏、孟孙氏三家的嫡系继承人，另立阳虎平素所亲善的其他庶支。

于是首先抓捕了季桓子。季桓子用计骗过阳虎，才得以脱身。

鲁定公九年，阳虎与季氏交战没有取胜，逃奔到齐国。

这时孔子已五十岁了。

【何新按：阳虎之乱，事详见《左传·定公八年》。大略曰："初，季寤、公鉏极、公山不狃，皆不得志于季氏。叔孙辄无宠于叔孙氏，叔仲志不得志于鲁，故五人因阳虎。阳虎欲去三桓，以季寤更季氏，以叔孙辄更叔孙氏，己更孟氏。冬十月，作乱。阳虎败。"

公山不狃之叛，《左传》记述之甚详。定公十二年夏，孔子为鲁司寇，与闻国政，欲堕三家之都。公山不狃为费宰，乃以费叛，攻定公。孔子命申句须、乐颀伐而败之。公山不狃奔齐。是公山之叛，是因反对孔子之堕费城也。】

【原文】

公山不狃以费畔季氏，使人召孔子。

孔子循道弥久，温温无所试，莫能己用，曰："盖周文武起丰镐而王，今费虽小，傥庶几乎！"欲往。

子路不说，止孔子。孔子曰："夫召我者岂徒哉？如用我，其为东周乎！"然亦卒不行。

【译文】

公山不狃占据费邑背叛季氏，让人来召请孔子。

孔子遵循周道修行已很久，受压抑难以施展，也没人任用自己。他说："周文王、周武王起于丰、镐之地而称王天下，如今费邑虽然小，但也许会有希望吧！"打算前往。

子路不高兴，阻止孔子去。孔子说："他们来召请我，难道是没有原因的吗？如果任用我，我将在东方复兴周道！"然而最终还是没有成行。

【何新按：此事亦见于《论语·阳货》："公山不狃以费叛季氏，使人召孔子。孔子循道弥久，温温无所试，莫能己用，曰：'盖周文武起丰镐而王。今费虽小，倘庶几乎？'欲往。子路不悦，止孔子。孔子曰：'夫召我者，而岂徒哉？如有用我者，吾其为东周乎？'然亦卒不行。"**】**

第五

【原文】

其后，定公以孔子为中都宰。一年，四方皆则之。由中都宰为（大）司寇。

【译文】

不久后，鲁定公任命孔子为中都宰。经过一年的时间（治理有成效），四方各邑都来效法他。孔子遂由中都宰升任大司寇。

【何新按：杨方晃："时桓子为政，言于定公，以为中都宰。（见《孔子家语·相鲁》）。中都即今东平州汶上县也。"

中都，鲁邑，故城在今山东省汶上县西。狄子奇《孔子编年》谓孔子定公九年为中都宰，十二年为司寇。《世家》原文云孔子由中都宰升任司空，又升任大司寇。皆有误。

按前文孔子曾为季氏之家臣"司空"，未曾任为鲁之司空也。鲁之司空，

乃孟孙氏的世官，时为孟懿子所任。】

【原文】

定公十年春，及齐平。

夏，齐大夫黎鉏言于景公曰："鲁用孔丘，其势危齐。"

乃使使告鲁为好会，会于夹谷。

【译文】

鲁定公十年春季，鲁国与齐国讲和修好。

夏季，齐国大夫黎鉏对齐景公说："鲁国任用孔丘，将会危及齐国。"

于是齐国派出使者邀请鲁定公举行友好会见，约定在边境的夹谷相会。

【原文】

鲁定公且以乘车好往。

孔子摄相事，曰："臣闻有文事者必有武备，有武事者必有文备。古者诸侯出疆，必具官以从。请具左右司马。"定公曰："诺。"具左右司马。

【译文】

鲁定公准备乘坐车辆友好前往。

孔子兼任此次盟会司仪之事，说："臣下听说有文事的话必须有武备，有武事也必须有文备。古代诸侯走出自己的疆界，必定配备文武官员作为随从。请配备左、右司马。"鲁定公说："对。"就配备了左、右司马同行。

【原文】

会齐侯夹谷，为坛位，土阶三等，以会遇之礼相见，揖让而登。

【译文】

（鲁君）到夹谷会见齐景公。在那里建筑盟坛排定席位，修造土台三层，按诸侯间会遇之礼相见，鲁定公与齐景公互相作揖，谦让而登坛。

【原文】

献酬之礼毕，齐有司趋而进曰："请奏四方之乐。"

景公曰："诺。"于是旍旄羽被，矛戟剑拨鼓噪而至。

【译文】

宴饮献酬之礼完毕后，齐国官吏小步疾走，进来说："请求演奏外邦的舞乐。"

齐景公说："好。"于是莱夷的乐人打着旌旗，挥舞着羽毛、彩缯，手持矛戟剑盾，击鼓呼叫着到来。

【原文】

孔子趋而进，历阶而登，不尽一等，举袂而言曰："吾两君为好会，夷狄之乐何为于此！请命有司！"

有司却之，不去，则左右视晏子与景公。

景公心怍，麾而去之。

【译文】

孔子快步上前，跨越台阶直登上台，离坛顶还差一级台阶时，就挥起长袖进言说："我们两国的君主举行友好盟会，夷狄的舞乐为何在此！请命令主管官员下令撤走！"

主管官员阻拦孔子，不想让夷人退去。鲁君左右人（卫士）一起注视着晏子和齐景公。

齐景公心虚了，挥手让他们退下。

【原文】

有顷，齐有司趋而进曰："请奏宫中之乐。"景公曰："诺。"优倡侏儒为戏而前。

孔子趋而进，历阶而登，不尽一等，曰："匹夫而荧惑诸侯者，罪当诛！请命有司！"有司加法焉，手足异处。

【译文】

过了一会儿，齐国的官吏又小步疾走，进来说："请求演奏齐宫中的乐舞。"齐景公说："好。"一群艺人侏儒便嬉笑着上前。

孔子又快步趋进，登历台阶而上台顶，离坛上还有一级台阶时，说："小人无礼而蛊惑诸侯的，罪该诛杀！请命令官员执行！"于是（鲁国）卫士动手，侏儒们被斩而手足分离。

【原文】

景公惧而动，知义不若。归而大恐。

告其群臣曰："鲁以君子之道辅其君，而子独以夷狄之道教寡人，使得罪于鲁君，为之奈何？"

【译文】

齐景公恐惧而震动，知道自己所行不合礼仪。回国后大为惊恐。

齐景公告诉群臣说："鲁国孔子用君子之道辅佐他们的君主，而你们只用夷狄之道来教唆我，使我得罪了鲁君，如何挽回？"

【原文】

有司进而对曰："君子有过，则谢以质。小人有过，则谢以文。君若悼之，则谢以质。"

于是齐侯乃归所侵鲁之郓、汶阳、龟阴之田以谢过。

【译文】

有关官员上前回答说："君子有了过错，就用实际行动来道歉。小人有了过错，则用花言巧语来道歉。国君倘若真的对此感到悔恨，就用实际行动去道歉。"

于是齐景公便归还过去所侵占鲁国的郓、汶阳、龟阴之田来认错道歉。

【何新按：夹谷会事并见《左传》《谷梁传》。夹谷，《谷梁传》作颊郏，在今山东省莱芜县境内。

《春秋经》："定公十年三月，鲁及齐平。故为此会以结好。"

《左传》言犁弥（黎鉏）谋使莱人于会上，以兵劫鲁侯。《谷梁传》言此会上齐人鼓噪而起，欲以执鲁君。又言罢会后，齐人使优施舞于鲁君之幕下，孔子使司马行法。

《春秋经》记"齐归郓、谨、龟阴田。"郓、谨、龟阴，皆在汶水之阳。"昭公二十五年，齐侯取鲁郓邑。"

《史记志疑》谓"汶阳"二字当移置"郓"字之上,"郓"字下又脱一"谨"字。】

【原文】

定公十三年夏,孔子言于定公曰:"臣无藏甲,大夫毋百雉之城。"

使仲由为季氏宰,将堕三都。

于是叔孙氏先堕郈,季氏将堕费。

【译文】

鲁定公十三年夏季,孔子对鲁定公说:"臣子不应有私藏的武器,大夫不应拥有周长超过三百丈的城邑。"

就派子路(仲由)做季氏的管家,要拆毁季孙氏、叔孙氏、孟孙氏三家采邑(叔氏之郈邑、季氏之费邑、孟氏之成邑)的城墙。

叔孙氏首先拆毁了郈城,季孙氏将要拆毁费城。

【何新按:服虔曰:"三都,三家之邑也。"王肃曰:"高丈长丈曰堵,三堵曰雉。"此事《春秋》经传皆记在定公十二年,《世家》记为十三年,似误。

三都,三家之都邑也。郈又作邱,在今山东省东平县南;费,在今山东省费城县;成又作郕,在今山东省宁阳县东北。】

【原文】

公山不狃、叔孙辄率费人袭鲁。

公与三子入于季氏之宫,登武子之台。

费人攻之,弗克,矢(入)及公侧。

孔子命申句须、乐颀下伐之,费人北。

国人追之,败诸姑蔑。

【译文】

于是费城守臣公山不狃和叔孙辄率领费邑人袭击鲁国国都(曲阜)。

鲁定公和季孙斯、叔孙州仇、仲孙何忌逃入季氏宫府，登上季武子台。

费邑人自下攻台，攻不下来，但射上去的箭已落到了鲁公的身边。

孔子命令弟子申句须、乐颀冲下台反击，费邑人战败逃跑。

鲁军乘势追击，在姑蔑打败了叛军。

【何新按："入及公侧"，《史记探原》谓"入"乃"矢"之误，当作"矢及公侧。"服虔曰："申句须、乐颀，鲁大夫。"马融则谓系孔子弟子。姑蔑，在今山东省泗水县东。】

【原文】

二子奔齐，遂堕费。

将堕成。公敛处父谓孟孙曰："堕成，齐人必至于北门。且成，孟氏之保鄣，无成是无孟氏也。我将弗堕。"

十二月，公围成，弗克。

【译文】

公山不狃、叔孙辄二人逃奔齐国，于是拆毁了费城。

接着准备拆毁孟氏的成邑。邑宰公敛处父对孟孙说："一旦拆毁成邑，齐国军队就能直接到达国都北门。况且成邑是孟氏的根据地，没有成邑也就没有了孟氏。我不能拆城。"

十二月，鲁定公亲自领兵包围成邑，但没有攻克。

第六

【原文】

定公十四年，孔子年五十六，由大司寇行摄相事，有喜色。

门人曰："闻君子祸至不惧，福至不喜。"

孔子曰："有是言也。不曰乐其以贵下人乎？"

于是诛鲁大夫乱政者少正卯。

【译文】

鲁定公十四年，孔子五十六岁，由大司寇代理国相事务，面有喜色。

门人们说："听说君子祸患降临不畏惧，福瑞到来不喜悦。"

孔子说："是有这样的话。但是连手下的人都沾了福气，难道还不应高兴吗？"

孔子诛杀了鲁国扰乱政事的大夫少正卯。

　　【何新按：清人毛奇龄谓"春秋各国无以'相'名官者。"其说武断而孤陋寡闻也。

　　《史记·楚世家》楚昭公十六年记："孔子相鲁。"

　　《史记·仲尼弟子列传》记：子贡"常相鲁卫"。季桓子将死，命其子曰：我死后，你必为"相"。（"我死，若必相鲁。"）皆可证鲁早有"国相"。

　　相，即"臣"之同源字。臣古音"监"，相古音"见"，可通转。相为司祭之名，亦为宰事之名，商周皆早有之。

　　关于诛少正卯事，并见《孔子家语·始诛解》《荀子·宥坐》《淮南子·氾论训》《说苑·指武》等。但少正卯其人，不见于《春秋》经传及《论语》《孟子》《礼记》诸书，故后人有疑之。（朱熹及王若虚《五经辨惑》，尤侗《看鉴偶评》，以为无此事。）

　　实际上，少正即小正，小正者，农政之官名。农官卯，即小正卯、少正卯。

　　孔子宣布少正卯罪状，曰"心达而险，言伪而辩，行僻而坚，记丑而博，顺非而泽"。且谓少正卯讲学于鲁，弟子亦受惑趋之，孔子之门"三盈三虚"。**】**

【原文】

与闻国政三月，粥羔豚者弗饰贾；男女行者别于涂；涂不拾遗。四方之客至乎邑者不求有司，皆予之以归。

【译文】

孔子治理鲁国国政三个月，卖羊羔猪豚的不随意抬价；男女行路分道而走；遗留在路上的东西没人捡拾；从四方来到城邑的客人不必设专人通关卡，如同回到了家。

【何新按：粥，读鬻，即卖也。】

【原文】

齐人闻而惧，曰："孔子为政必霸，霸则吾地近焉，我之为先并矣。盍致地焉？"

黎鉏曰："请先尝沮之；沮之而不可则致地，庸迟乎！"

【译文】

齐国人闻悉鲁国的情况后感到恐惧，说："若孔子当政的话，鲁国肯定将能称霸。鲁国称霸而我齐国与之为近邻，我齐国就会首先被其兼并。要么赶紧献送土地给他吧！"

黎鉏说："让我们尝试设法阻止孔子当政。如果阻止不成再献土地，难道还迟吗？"

【何新按："致地"，即归还历年侵占之鲁国田土。】

【原文】

于是选齐国中女子好者八十人，皆衣文衣而舞康乐，文马三十驷，遗鲁君。

陈女乐文马于鲁城南高门外。季桓子微服往观再三，将受，乃语鲁君为周道游，往观终日，怠于政事。

【译文】

于是齐人挑选齐国国中美女八十人，全都穿上华丽服装而跳艳舞，连同健美的马一百二十匹（三十驷，每驷四匹），馈赠给鲁国国君。

齐人将盛装的女乐和骏马陈列在鲁国都城南面的高门外。季桓子换上便衣前往观看多次，准备接受，就约了鲁公一齐巡游，观看了一整天，为此而不处理政事。

【何新补记：《论语》："公伯寮愬子路于季孙。子服景伯以告，曰：夫子固有惑志于公伯寮，吾力犹能肆诸市朝。"

子曰："道之将行也与，命也！道之将废也与，命也！公伯寮其如命何？"】

【何新按：公伯寮，姓公伯，名寮，字子周，季氏家臣。《史记·仲尼弟子列传》及马融注，都说他也是孔子的弟子，寮字或作僚。

子服景伯，孔安国注："鲁大夫子服何忌"。《论语》邢疏引《左传》哀公十二年杜注："景伯名何，不名何忌。"程树德《论语集释》引说："景伯是孟孙之族庶支。"

愬通诉，即告密也。马融注："愬，谮也。""夫子固有惑志于公伯寮，吾力犹能肆诸市朝。"郑玄注："吾势能辨子路之无罪于季孙，使之诛伯寮而肆也。有罪既刑，陈其尸，曰肆也。"

《公羊传·定公十二年》曰："孔子行乎季孙，三月不违。"定公十二年夏，孔子堕郈及费邑，即"行乎季孙"之时，唯仅"三月"。

则失意于季氏当在定公十二年秋冬之间。孔子所以能行乎季孙者，以子路为季氏宰，为桓子所信任也。故愬子路于季孙，即离间孔子。季桓子有惑于公伯寮，则子路已被谮而见疏矣。孔子之所以不得不离去，当与此事有关，故补于此。】

【原文】

桓子卒受齐女乐，三日不听政。

子路曰："夫子可以行矣。"

孔子曰："鲁今且郊，如致膰乎大夫，则吾犹可以止。"

（补：秋，天王使石尚来归脤。）

郊，又不致膰俎于大夫。

孔子遂行，宿乎屯。

而师己送，曰："夫子则非罪。"

孔子曰："吾歌可夫？"

歌曰："彼妇之口，可以出走；彼妇之谒，可以死败。盖优哉游哉，维以卒岁"！

【译文】

季桓子在接受了齐国的女乐后，三天不上朝过问国事。

子路说："夫子该离开鲁国了。"

孔子说："鲁国现在要举行郊祀，如果仍把馈赠大夫的祭肉送给我的话，就还可以留下。"

（定公十四年）秋，周天子派尚大夫石尚来赠送祭肉。

鲁国举行郊祀后，也没给孔子家馈送祭肉。

于是孔子出走，住宿在边境的屯邑。

大夫师己前来相送，说："您并没有犯什么过错。"

孔子说："听我唱首歌可以吗？"

就唱道："那些妇人的嘴啊，可以让人出走；那些妇人的话啊，可以叫人身死名败。不如悠闲自在吧，聊以消磨时光！"

【何新按："宿乎屯"，屯，鲁之邑名。《史记集解》曰："屯在鲁之东南。"

《孟子·万章下》：孔子去鲁，曰："迟迟吾行也，去父母国之道也。"

《论语·微子》："齐人归女乐，季桓子受之。三日不朝，孔子行。"

《孟子·告子》："孔子为鲁司寇，不用，从而祭，膰肉不至，不脱冕而行。不知者以为为肉也，其知者以为为无礼也。"】

【原文】

师己反，桓子曰："孔子有（亦）何言？"师己以实告。

桓子喟然叹曰："夫子罪我以群婢故也夫！"

【译文】

师己返回国都，季桓子问："孔子说了什么？"师己以实情相告。

季桓子喟然叹息说："夫子是为那群女奴而怪罪我啊！"

【何新按：《史记·十二诸侯年表》及《史记·鲁世家》说孔子去鲁在定公十二年。《史记·卫世家》则记在卫灵公三十八年，即定公十三年。《史记·孔子世家》则谓在定公十四年。**】**

第七

【原文】

孔子遂适卫，主于子路妻兄颜浊邹家。

卫灵公问孔子："居鲁得禄几何？"对曰："奉粟六万。"卫人亦致粟六万。

居顷之，或谮孔子于卫灵公。灵公使公孙余假一出一入。

孔子恐获罪焉，居十月，去卫。

【译文】

孔子于是去到卫国，寄居在子路的妻兄颜浊邹家。

卫灵公问孔子："你在鲁国的俸禄是多少？"孔子回答说："我的俸禄是粮谷年六万石。"于是卫国也致送粮谷六万石。

过了不久，有人向卫灵公说孔子的坏话。卫灵公就派大夫公孙余假跟踪孔子的出入。

孔子害怕得祸，居住了十个月后，离开卫国。

【何新按：《孟子·万章》曰："孔子于卫主颜雠由。"颜雠由，即颜浊邹。

《春秋》僖三十一年："卫迁于帝丘。"昭十七年："卫，颛顼之虚也，故为帝丘。"《汉书·地理志》："濮阳，古帝丘，颛顼虚。春秋时为卫都。"地在今河南濮阳。

孔子以鲁定公十二年秋冬或十三年春间去鲁适卫。居卫仅十个月，则其离卫当在鲁定公十三年底。

《孟子·万章》言"孔子于卫灵公，际可之仕也。"故"迎之致敬以有礼，则就之；礼貌衰，则去之。"（《告子》）】

【原文】

将适陈，过匡。

颜高（刻）为仆，以其策指之曰："昔吾入此，由彼缺也。"匡人闻之，以为鲁之阳虎。

孔子状类阳虎，阳虎尝暴匡人。匡人于是遂止孔子，拘焉五日。

颜渊后，孔子曰："吾以女为死矣！"

颜渊曰："子在，回何敢死？"

【译文】

孔子打算前往陈国，经过匡邑。

颜高为孔子驾车，他举起鞭子指着匡邑，说："当年我曾随鲁军进入此地，就是从那个缺口。"匡人听说，以为是鲁国的阳虎又来了。

孔子长得很像阳虎，而阳虎曾经入侵过匡邑。于是匡人阻拦住孔子一行，围困了他们五天。

颜渊落在后面，追上来后，孔子说："我还以为你死了。"

颜渊说："您还健在，我怎么敢先死！"

【何新按：匡邑在今河北省长垣县西南。

原文作颜刻。但《史记·仲尼弟子传》谓颜刻少孔子五十岁。孔子以鲁定公十三年去卫，年五十五，则此年颜刻仅五岁，岂能从游执辔驾车耶？

崔述《史记探原》谓"颜刻"当为"颜高"之误。《左传·定公八年》曰："颜高之弓六钧。"能用强弓，有臂力，当即此人。】

【原文】

匡人拘孔子，益急，弟子惧。

孔子曰："文王既没，文不在兹乎？天之将丧斯文也，后死者不得与于斯文也。天之未丧斯文也，匡人其如予何！"

【译文】

匡人追杀孔子，情况非常危急，弟子们都很恐惧。

孔子说："周文王死后，周朝的文明不是只有我了解吗？若上天打算毁灭这种文明，后来人便不能再传承这种文明。若上天不想毁灭这种文明，匡人又能把我怎么样！"

> 【何新按：匡本属郑邑。《庄子·秋水》曰："孔子游于匡，宋人围之数匝。"则此时匡当为宋地。据此匡似当在郑宋之间矣。
>
> 崔述疑"畏匡"即宋司马桓魋嗾匡人阻挡孔子。《论语·述而》记孔子曰："天生德于予，桓魋其如予何！"与此云："匡人其如予何！"二语若相似。】

【原文】

孔子使从者为宁武子臣于卫，然后得去。

去即过蒲。月余，反乎卫。

灵公夫人有南子者，使人谓孔子曰："四方之君子不辱，欲与寡君为兄弟者，必见寡小君。寡小君愿见。"

孔子辞谢，不得已而见之。

【译文】

孔子有弟子在卫国给宁武子做家臣的赶来救助，这样孔子才得脱险。

孔子离开匡邑后随即经过蒲邑。一个多月后，孔子又返回卫国了。

卫灵公的爱姬叫南子，她派人来对孔子说："四方来卫国的君子如果不以为辱没，而想与我们国君结为兄弟的，都要求见我们夫人。我们夫人今天希望见到你。"

孔子婉言为谢，后来不得已，而不得不去拜会南子。

【何新按：《盐铁论》："孔子适卫，因嬖臣弥子瑕以见卫夫人。子瑕，佞臣也，夫子因之，非正也。"则南子的使者应即卫灵公的嬖臣（南宠）弥子瑕（也是南子的情人）。】

【原文】

夫人在绤帷中。孔子入门，北面稽首。

夫人自帷中再拜，环佩玉声璆然。

孔子曰："吾乡为弗见，见之礼答焉。"

子路不说。

孔子矢之曰："予所不者，天厌之！天厌之！"

【译文】

夫人坐在细葛帷帐之中。孔子进门，面朝北行稽首之礼。

夫人从帷帐中回拜，身上的佩玉叮咚作响。

孔子出来后说："我并不想见她，但既然去见便要以礼相答。"

子路为此很不高兴。

孔子就起誓说："如果我不是所说的那样，就让上天处罚我！上天处罚我！"

【何新按：厌非厌恶，读为镇厌之厌，处罚也。孔子见南子，子路不悦。（孔子矢之曰云云，见《论语·雍也》）】

【原文】

居卫月余。灵公与夫人同车，宦者雍渠参乘，出。使孔子为次乘，招摇过市之。

孔子曰："吾未见好德如好色者也。"于是丑之，去卫，过曹。

【译文】

孔子在卫国又住了个把月。有一天，卫灵公和夫人同乘一辆车出行，宦官雍渠坐于车右驾车。让孔子的车随从在后，大摇大摆地经过市街。

孔子说："我怎么总见不到爱好美德超过爱好女色的人啊？"他以此事为耻辱，就离开卫国，准备去曹国。

【何新按："吾未见好德如好色者也"句，见《论语·子罕》。宦者雍渠，《孟子》记为"痈疽"。】

第八

【原文】

过蒲。

会公叔氏以蒲畔，蒲人止孔子。

弟子有公良孺者，以私车五乘从孔子。

其为人长贤，有勇力，谓曰："吾昔从夫子遇难于匡，今又遇难于此，命也已。吾与夫子再罹难，宁斗而死！"

斗甚疾。蒲人惧，谓孔子曰："苟毋适卫，吾出子。"

与之盟，出孔子东门。

孔子遂适卫。

子贡曰："盟可负邪？"

孔子曰："要盟也，神不听。"

【译文】

中途路过蒲邑。

这时卫国大夫公孙叔占据蒲邑反叛卫国，蒲邑人要扣留孔子。

有个叫公良孺的弟子，带着五辆自己家的车随从孔子。

他身材高大，有勇气和力量，对孔子说："我昔日曾经跟随您在匡邑遭遇危难，如今又在这里遭遇危难，这是命啊！我若与您再次受困，宁可战斗而死。"

双方格斗非常激烈。蒲邑人怕了，就对孔子说："如果你们答应不返回卫国，就放你们过去。"

于是孔子和他们订立了盟约，蒲邑人放孔子通过蒲城的东门。

离开蒲邑，孔子一行立即直接返回卫都。

子贡说："刚才订立的盟誓不算数啦？"

孔子说："这是违心订立的盟约，神灵是不会听信的。"

【何新按：公叔氏，即卫公子公叔戍。《左传》记："公叔戍以蒲叛，其事在定公十四年正月。"

蒲邑，是卫晋边界卫国之大邑。古称蒲坂，传说为舜之故都也。地在今山西隰县，即古之西河。春秋时为卫之蒲邑，子路曾为此邑宰。所谓"西河"者，西界黄河，故称西河。此地春秋战国时，乃卫、晋、秦、楚四国之交界处。

《读史方舆纪要》："蒲州控据关汉，山川要会。春秋时，乃河东秦晋争衡要地。自古天下有事，争雄于河山之会者，未有不以河东为噤喉者也。其邑附近即中条山，亦名雷首山。又有首阳山，山下有雷泽，即舜所渔处。其水南流入黄河。又有历山，即舜及炎帝所耕处。炎帝称历山氏。黄河经蒲坂南，所谓'河曲'也，经雷首山西，折入芮城县界。黄河上有风陵渡、蒲津关，又有孟门龙门壶口之天险，乃晋陕间之喉吭也。渡河向北即赵城，乃赵简子采邑也。"】

【原文】

卫灵公闻孔子来，喜，郊迎。

问曰："蒲可伐乎？"对曰："可。"

灵公曰："吾大夫以为不可。今蒲，卫之所以待晋、楚也，以卫伐之，无乃不可乎？"

孔子曰："其男子有死之志，妇人有保西河之志。吾所伐者不过四五人。"

灵公曰："善。"然不伐蒲。

灵公老，怠于政，不用孔子。

孔子喟然叹曰："苟有用我者，期月而已，三年有成。"

孔子行。

【译文】

卫灵公听说孔子一行又回来了，很高兴，亲自到郊外迎接。

见面就问："蒲邑可以攻打吗？"孔子回答说："可以。"

卫灵公问："我的大夫们都说不可以。这蒲邑，是卫国用以防御晋国、楚国的屏障，如果只用卫军攻蒲，恐怕攻不下吧？"

孔子说："那里的男人有不怕死的念头，女人有为卫国守西河的意志。我们所要讨伐的叛乱者其实只是区区四五个人。"

卫灵公说："哦，那很好。"但还是没有去攻打蒲邑。

卫灵公已年老，懒于理政，不能任用孔子。

孔子叹息说："如果有人用我的话，一两年就可以有成效。三年的话就会大见成效。"

孔子又离开了卫国。

【原文】

孔子既不得用于卫，将西见赵简子。至于河，而闻窦鸣犊、舜华之死也，临河而叹曰："美哉水，洋洋乎！丘之不济此，命也夫！"

子贡趋而进曰："敢问何谓也？"

孔子曰："窦鸣犊、舜华，晋国之贤大夫也。赵简子未得志之时，须此两人而后从政。及其已得志，杀之乃从政。丘闻之也，刳胎杀夭，则麒麟不至郊；竭泽涸鱼，则蛟龙不合阴阳；覆巢毁卵，则凤凰不翔。何则？君子讳伤其类也。夫鸟兽之于不义也，尚知辟之，而况乎丘哉！"

【译文】

孔子在卫国得不到任用，想西行去见赵简子。到黄河边，听说晋大夫窦鸣犊、舜华被赵简子杀死了，他面对黄河感叹道："壮美啊，大河之水，浩浩荡荡！但我却不能渡过，这是命啊！"

子贡上前说："请问这是为什么？"

孔子说："窦鸣犊、舜华，都是晋国的贤大夫。赵简子没有得志掌权的时候，曾依靠这两人而取得政权。等到他得志掌权，就杀了这两人。我听说：剖腹取胎、杀死幼兽，麒麟就不会来到原野；竭泽而渔，蛟龙就难以适应阴阳；捣毁巢窠打碎鸟蛋，凤凰就不会飞来。这是什么缘故呢？君子不忍见到伤害其同类啊。鸟兽对于不义之举尚且知道躲避，何况我孔丘呢？"

【何新按：孔子观河之地，或说应在今山西壶口，即古龙门。】

【何新补记：《韩诗外传》：孔子与子贡、子路、颜渊游于（西河）戎山之上。

孔子喟然叹曰："二三子各言尔志，予将览焉。由尔何如？"

对曰："得白羽如月，赤羽如日，击钟鼓者，上闻于天，下槊于地，使将而攻之，唯由为能。"孔子曰："勇士哉！赐尔何如？"

对曰："得素衣缟冠，使于两国之间，不持尺寸之兵，升斗之粮，使两国相亲如弟兄。"孔子曰："辩士哉！回尔何如？"

对曰："鲍鱼不与兰茝同筒而藏，桀纣不与尧舜同时而治。二子已言，回何言哉？"孔子曰："回有鄙之心。"

颜渊曰："愿得明王圣主为之相，使城郭不治，沟池不凿，阴阳和调，家给人足，铸库兵以为农器。"孔子曰："大士哉！由来，区区汝何攻？赐来，便便汝何使？愿得之冠为子宰焉。"】

【何新按：戎山，即古尧山，今称中条山，在蒲邑西河。】

第九

【原文】

（是岁，鲁定公卒。）及还息乎陬乡，作为《陬操》，以哀之。

【译文】

（这一年，鲁定公去世。）于是孔子返回（鲁国）住宿在陬乡，撰作了《陬操》的琴曲，表示哀悼。

【何新按：定公十五年，鲁定公死。《史记索隐》曰："此陬乡非鲁之陬邑。"然而曲阜孔府《孔子编年》谓此陬乡正鲁之陬邑，故曰"还息"。因陬邑乃为孔子之故里也。《庄子·让王》有"孔子再逐于鲁"之言，是孔子在鲁定公死后曾一度归鲁，不久而又被再次驱逐也。

此次孔子回国似欲参加定公丧礼。但未得准许入鲁都城。鲁哀公元年，孔子尚居陬。次年，乃又离开鲁国。】

【原文】

佛肸为中牟宰。

赵简子攻范、中行，伐中牟。佛肸畔，使人召孔子。

孔子欲往。子路曰："由闻诸夫子，'其身亲为不善者，君子不入也'。今佛肸亲以中牟畔，子欲往，如之何？"

孔子曰："有是言也：不曰坚乎，磨而不磷；不曰白乎，涅而不缁。吾岂匏瓜也哉，焉能系而不食？"

【译文】

佛肸（读西）做卫邑中牟城宰。

晋国的赵简子攻打范氏、中行氏，讨伐中牟。佛肸占据中牟，反叛卫国，并派人招请孔子。

孔子打算去。子路说："我听老师说过：'亲自做坏事的人身边，君子是不去的'。现在佛肸占据中牟叛主，您却想前去，这是为什么？"

孔子说："我是说过那句话。但我不是还说过：'坚硬的东西，是磨不薄的；洁白的东西，是染不黑的。'难道我是匏瓜吗？怎么可以只是挂着却不吃东西呢！"

【何新按：据《韩诗外传》，佛肸以中牟叛晋国，在孔子卒后五年。故《洙泗考信录》认为此记载不可信。但此乃佛肸叛卫国。

古中牟地在今河南郑州境，春秋时原属郑国，后并于卫，又并于晋。】

【原文】

孔子击磬。有荷蒉而过门者，曰："有心哉，击磬乎！硁硁乎？莫己知也夫而已矣！"

【译文】

孔子击奏石磬。有个扛着草筐从门口经过的人，说："有心事呀，这样敲击石磬的人！何必敲这么响啊？没人理解就认了吧！"

【何新补记：《论语·宪问》："子击磬于卫。有荷蒉而过孔氏之门者，曰：'有心哉，击磬乎！'既而曰：'鄙哉，硁硁乎！莫己知也，斯已而已矣！深则厉，浅则揭。'"】

第十

【原文】

而反乎卫，入主蘧伯玉家。

他日，灵公问兵阵。

孔子曰："俎豆之事，则尝闻之；军旅之事，未之学也。"

明日，与孔子语，见蜚雁，仰视之，色不在孔子。

孔子遂行，复如陈。

【译文】

孔子又回到卫国，住在卫大夫蘧伯玉的家邑中。

有一天，卫灵公向孔子询问用兵的阵法。

孔子说："关于礼器祭祀的事我了解，关于军旅作战的事，我没有学过。"

第二天，卫灵公再与孔子见面，当孔子讲话时，他却抬头看着天上的飞雁，神色心思不放在孔子身上。

于是孔子又一次上路，准备去陈国。

【何新按：问兵事，亦见《论语·卫灵公》。

《左传·哀公十一年》曰："孔文子将攻太叔戍，访于仲尼。仲尼曰：'胡簋之事，则尝学之矣；甲兵之事，未之闻也。'退，命驾而行。"其事其言，与此极相类，岂本为一事而传闻两歧乎？】

【原文】

（去卫，过曹。）孔子去曹适宋，与弟子习礼大树下。

宋司马桓魋欲杀孔子，拔其树，孔子去。

弟子曰："可以速矣。"孔子曰："天生德于予，桓魋其如予何！"

【译文】

孔子（离开卫国，路过曹国，）离开曹国又路过宋国，孔子和弟子们在大树下演习礼仪。

宋国司马桓魋想要杀死孔子，就派人来砍倒那些树，迫使孔子离开。

弟子们说："赶快走吧！"孔子却说："上天赐予了我美德，桓魋又能把我怎么样？"

【何新按：桓魋事，见《论语·述而》。

此事《史记·世家》记为在哀公元年。《史记·十二诸侯年表》及《史记·宋世家》则均记在哀公三年。

桓魋为宋国司马。】

【原文】

孔子适郑，与弟子相失，孔子独立郭东门。

郑人或谓子贡曰："东门有人，其颡似尧，其项类皋陶，其肩类子产，然自要以下不及禹三寸。累累若丧家之狗。"

子贡以实告孔子。孔子欣然笑曰："形状，未也。而谓似丧家之狗，然哉！然哉！"

【译文】

孔子前往郑国，途中和弟子失散，孔子独自站在外城的东门。

有个郑人对子贡说："东门下有个人，他的额头像唐尧，他的脖子像皋陶，他的肩头像子产，然而从腰以下比夏禹矮三寸。但是那瘦瘠疲惫的样子就好似一条丧家之犬。"

子贡见到孔子后如实告诉孔子。孔子欣然一笑说，"他说的那些大人物，我未必像。但说我现在像一条丧家之犬，说得是啊！说得是啊！"

第十一

【原文】

孔子遂至陈，主于司城贞子家。

【译文】

孔子于是来到陈国，寄居在司城官贞子家中。

【何新按：上文云去曹适宋，又适郑，而此云至陈。地理上郑北陈南，相距颇远。而宋与陈则相近，疑中间有缺断。

司城，职官名。《孟子·万章》曰："孔子不悦于鲁卫，遭宋桓司马，将要而杀之。是时孔子当阨。住司城贞子，为陈侯周臣。"但《史记·陈世家》记此时陈侯名越，非名周，而与《孟子》异。】

【原文】

岁余，吴王夫差伐陈，取三邑而去。赵鞅伐朝歌。楚围蔡，蔡迁于吴。吴败越王勾践会稽。

【译文】

过了一年多，吴王夫差来攻打陈国，夺取了三个城邑才退兵。这几年间，赵鞅攻打朝歌。楚国包围了蔡国，而蔡国要迁移到吴国。吴国则在会稽打败了越王勾践。

【何新按：晋赵鞅伐卫，围朝歌，在鲁定公十四年。

吴伐陈，败越堕会稽，楚围蔡，则均在鲁哀公元年。吴迁蔡在哀公二年。】

【原文】

吴伐越，堕会稽，得骨节专车。

吴使使问仲尼："骨何者最大？"

仲尼曰："禹致群神于会稽山，防风氏后至，禹杀而戮之，其节专车，此为大矣。"

吴客曰："谁为神？"

仲尼曰："山川之神足以纲纪天下，其守为神，社稷为公侯，皆属于王者。"

客曰："防风何守？"

仲尼曰："汪罔氏之君守封、禺之山，为釐姓。在虞、夏、商为汪罔，于周为长翟，今谓之大人。"

客曰："人长几何？"

仲尼曰："僬侥氏三尺，短之至也。长者不过十之，数之极也。"

于是吴客曰："善哉，圣人！"

【译文】

吴国攻打越国，把越国的都城会稽摧毁了。得到一节大骨头，有一辆车长。

吴国派使者来问孔子："什么骨头这么大？"

孔子说："大禹召集诸神到会稽山，防风氏迟到，大禹就把他杀死并陈尸示众。他的骨头一节就有一车长，这就是最大的骨头了。"

吴国使者又问："那些神灵又是谁呢？"

孔子说："山川的神灵造福天下，负责监守山川是神，守土地和谷物的是公侯，他们都是王者"。

吴使又问："防风氏是监守什么？"

孔子说："汪罔氏的君长监守封山和禺山一带的祭祀，是釐姓。在虞、夏、商三代叫汪罔，在周叫长翟，现在叫作大人。"

吴使问："他的身高有多少？"

孔子回答说："僬侥氏身高三尺，是最矮的了；长人三丈，是最高的了。"

吴国使者听了之后说："了不起呀，圣人！"

【何新按：此段原文错简，原来误置于孔子年四十二后。《史记志疑》谓当置"吴败越王勾践"后。准之。

圣者，即多知多闻也。《史记索隐》："会稽，山名，越之所都。"即今之绍兴。吴伐越在鲁哀元年。

《史记集解》引韦昭曰："群神谓主山川之君为群神之主，故谓之神也。""防风氏违命后至，故禹杀之。陈尸为戮。"又曰："山川之神足以纲纪天下，谓名山大川能兴云致雨以利天下也。""封，封山；禺，禺山：在吴郡永安县。"防风，釐姓。釐通黎。《孔子家语》云姓漆。

韦昭曰："僬侥，西南蛮之别名也。"按：《括地志》"在大秦国（北）（南）也"。

又按：据此，则定公末年、哀公初年，孔子不仅确曾返鲁，且吴伐越后

曾命使者载骨来询。】

【原文】

有隼集于陈廷而死，楛矢贯之，石砮，矢长尺有咫。陈湣公使使问仲尼。

仲尼曰："隼来远矣！此肃慎之矢也。昔武王克商，通道九夷百蛮，使各以其方贿来贡，使无忘职业。于是肃慎贡楛矢、石砮，长尺有咫。先王欲昭其令德，以肃慎矢分大姬，配虞胡公，而封诸陈。分同姓以珍玉，展亲；分异姓以远方职，使无忘服。故分陈以肃慎矢。"

试求之故府，果得之。

【译文】

有只隼落在陈宫庭院中而死去，被楛木箭杆穿透身子，箭镞是石制的，箭长一尺八寸。陈湣公派人询问孔子。

孔子说："隼所飞来的地方很远啊！这是肃慎人的箭。从前周武王攻灭商朝，打通与四方各个蛮夷部族的道路，让他们各自将那里的地方特产送来进贡，使之不忘记应尽的分内义务。于是肃慎人进贡楛木箭杆、石头箭镞，箭长一尺八寸。先王为了昭彰他们的美德，把肃慎进贡的箭分赐给长女大姬，又将大姬许配给虞胡公，而封虞胡公在陈。将珍宝玉器赏赐给同姓诸侯，是要加深亲族的关系；将远方献纳的贡品分赐给异姓诸侯，让他们不忘记义务。所以曾把肃慎人的箭赐给陈国。"

陈湣公派人到仓库中寻找，果真找到了这种箭。

【原文】

孔子居陈三岁，会晋、楚争强，更伐陈。

及吴侵陈，陈常被寇。

孔子曰："归与！归与！吾党之小子狂简，进取不忘其初。"

于是孔子去陈。

【译文】

孔子这次在陈国居住了三年。其间适逢晋国、楚国争霸，交替攻伐陈国。

吴国也侵犯陈国，陈国经常受到劫掠。

孔子说："回家！回家！我的党徒中这些年轻人志向远大又倔强，一直追求进取而没有忘记初衷。"

于是孔子离开了陈国。

【何新按：吴又伐陈，见《左传·哀公六年》。可见此次孔子居陈，时间应当较久，可能前后往往返返超过六年。《孟子》云孔子曾"为陈侯周臣"。《孟子》言，孔子于鲁为"行可之仕"，于卫灵公为"际可之仕"，于卫孝公为"公养之仕"，但不述及陈。

注意，孔子在这里称自己的学生为"吾党"，即"儒党"。孔子组织的儒者这个社团，并不单纯是一个学术团体，也是一个政治社团，实际是中国最早的政党。

"归与"之叹，见《论语·公冶长》《孟子·尽心》。又："归与，归与"，此话下文重见。

狂简即狂狷。《论语·子路》："子曰：不得中行而与之，必也狂狷乎。狂者进取，狷者有所不为也"。狷，倔强。】

第十二

【原文】

夏，卫灵公卒，立孙辄，是为卫出公。

六月，赵鞅内太子蒯聩于戚。阳虎使太子绖，八人衰绖，伪自卫迎者，哭而入，遂居焉。

冬，蔡迁于州来。

是岁鲁哀公三年，而孔子年六十矣。

齐助卫围戚，以卫太子蒯聩在故也。

这年夏季，卫灵公去世。卫人立卫灵公的孙子姬辄即位，这就是卫出公。

六月，晋国赵鞅将亡命在晋国的卫太子蒯聩（姬辄的父亲）送入卫国的戚邑。阳虎让太子身着孝服，又派八个人穿戴丧服，伪装成是从卫都前来迎接太子的，哭着进入戚邑，于是太子蒯聩就占据并居住在那里。

冬季，蔡人迁都到州来。

这一年是鲁哀公即位的第三年，而孔子年已六十了。

齐国帮助卫人围攻戚邑，因为卫太子蒯聩在那里。

【何新按：蒯聩，卫灵公之太子。"初，灵公为夫人南子召宋朝（南子之旧情人）。蒯聩过宋，闻野人唱"既定尔娄猪，盍归予艾豭"之歌嘲弄，耻之，欲杀南子。事败，出奔。"（见《左传·定公十四年》及《哀公二年》）

灵公卒，南子立蒯聩之子辄。赵鞅以范、中行氏故，怨卫，故收留庇护蒯聩。

《左传》记此曰："晋赵鞅纳卫太子于戚，宵迷。阳虎曰：'右河而南，必至焉。'使太子绖。……"

"蔡迁于州来"，即上文所云"蔡迁于吴"。州来，今安徽淮南凤台，也称下蔡。】

【原文】

夏，鲁桓釐庙燔，南宫敬叔救火。

孔子在陈，闻之，曰：灾必于桓釐庙乎？已而果然。

【译文】

这一年夏天，鲁桓公、釐公的庙堂发生火灾，南宫敬叔赶去救火。

孔子回到陈国听到鲁国失火的消息，说："火灾一定在桓公、釐公的庙堂吧？"果然如他所言。

【何新按：齐助卫围戚，鲁桓、僖庙灾，季桓子卒，三事《春秋》均记发生于哀公三年。】

【原文】

秋，季桓子病，辇而见鲁城，喟然叹曰："昔此国几兴矣，以吾获罪于孔子，故不兴也。"

顾谓其嗣康子曰："我即死，若必相鲁；（若）相鲁，必召仲尼。"

后数日，桓子卒，康子代立。

《春秋》：哀公三年秋七月丙子，季孙斯卒。

【译文】

这年秋季，季桓子病重，坐在辇车上巡望鲁都的城墙，深深地叹息道："当时这个国家就要振兴，后来因为我得罪了孔子，所以没有兴旺起来。"

回过头，他对他的继承人季康子说："如果我死了，你会成为鲁之国相；如果你担任鲁相的话，必须召回仲尼。"

几天后，季桓子去世，季康子继位。

【原文】

已葬，欲召仲尼。

公之鱼曰："昔吾先君用之不终，终为诸侯笑。今又用之，不能终，是再为诸侯笑。"

【译文】

把季桓子安葬完毕，季康子就打算召请孔子。

但大夫公之鱼说："往日我们的先君任用孔子有始无终，结果被诸侯所嗤笑。如今又要起用他，如再有始无终，就会更加被诸侯所嗤笑。"

【原文】

康子曰："则谁召而可？"

曰："必召冉求。"于是使使召冉求。

冉求将行，孔子曰："鲁人召求，非小用之，将大用之也。"

【译文】

季康子说："那么还能召请谁呢？"

公之鱼说："一定要召请冉求。"于是派出使者召请冉求。

冉求将要上路，孔子说："鲁人来召冉求你，恐怕不是要小用你，是要大用你啊。"

【何新按：冉求为季氏宰，事见《左传·哀公十一年》。】

【原文】

是日，孔子曰："归与归与！吾党之小子狂简，斐然成章，不知所以裁之。"

子赣知孔子思归，送冉求，因诚曰"即用，以孔子为招"云。

冉求既去，明年，孔子自陈迁于蔡。

【译文】

这一天，孔子说："回去吧！都回去吧！我党徒的年轻人抱负远大而又倔强，斐然而有章法，却不知该怎样约束自己。"

子赣知道孔子心里也想回国，他送冉求起程，就告诫说："倘若鲁国重用你，你务必要迎聘孔子。"

冉求离开陈国后，第二年，孔子自陈国迁居到蔡国。

第十三

【原文】

蔡昭公将如吴，吴召之也。

前昭公欺其臣迁州来，后将往。大夫惧复迁，公孙翩射杀昭公。楚侵蔡。

【译文】

蔡昭公迁都前往吴国，是应吴王之命而去的。

此以前蔡昭公欺骗他的大臣迁都至州来，这次又准备迁入吴国。贵族不愿再次迁都，大夫公孙翩就用箭射死了蔡昭公。楚军前去干预而进入蔡国。

【何新按：公孙翩射杀蔡昭公，见《春秋》及《左传·哀公四年》。"楚侵蔡"，即是年《左传》所云：楚人谋北方，叶公诸梁等"致蔡于负函"也。负函，或说即今河南信阳。】

【原文】

明年，孔子自蔡如叶。

叶公问政，孔子曰："政在来远附迩。"

他日，叶公问孔子于子路，子路不对。

孔子闻之，曰："由，尔何不对曰'其为人也，学道不倦，诲人不厌，发愤忘食，乐以忘忧，不知老之将至'云尔。"

【秋，齐景公卒。】

【译文】

第二年，孔子从蔡国前往楚国叶县。

叶公询问为政之道，孔子说："为政之道在于招徕远方贤人和安抚身边百姓。"

有一天，叶公向子路问孔子的为人，子路没有回答。

孔子听说后，说："仲由，你为什么不回答说：'他为人哪，学习大道不觉疲倦，教诲别人不觉厌烦，奋发努力废寝忘食，乐于求道而忘却了忧愁，也不知衰老即将到来。'"

（这年秋季，齐景公去世。）

【何新按：叶公，楚之叶令沈诸梁也。

齐景公卒，在哀公五年。《世家》误置于其前一年，此正之。

叶邑，楚地。此次入叶，是孔子初次入楚国。】

【原文】

去叶，反于蔡。

长沮、桀溺耦而耕，孔子以为隐者，使子路问津焉。

长沮曰："彼执舆者为谁？"子路曰："为孔丘。"

曰："是鲁孔丘与？"

曰："然。"曰："是知津矣。"

【译文】

孔子离开叶县，返回蔡国。

长沮、桀溺两人在路边并肩耦耕。孔子认为他们是隐士，派子路向他们询问渡口。

长沮说："那个手中拿着缰绳的人是谁？"

子路说："是孔丘。"长沮说："是鲁国的孔丘吗？"子路说："是。"

长沮说："这个人应当知道渡口在哪儿呀！"（双关语）

【原文】

桀溺谓子路曰："子为谁？"曰："为仲由。"

曰："子，孔丘之徒与？"曰："然。"

桀溺曰："悠悠者天下皆是也，而谁以易之？且与其从辟人之士，岂若从辟世之士哉！"

耰而不辍。

子路以告孔子，孔子怃然曰："鸟兽不可与同群。天下有道，丘不与易也。"

【译文】

桀溺对子路说："那你又是谁？"子路说："我是仲由。"

桀溺说："你，是孔丘的门徒吗？"子路说："是。"

桀溺说："浑浑噩噩，天下到处都已是这样，有谁还能改变这世道呢？与其跟从躲避坏人的士人，不如跟从我们这些避开这个世道的士人呢！"

两人说完就继续耕作。

子路回来把他们的话告诉孔子，孔子惆怅地说："鸟与兽不可能同居一群。若天下太平的话，我们也就不必着急改变这世道了。"

第十四

【原文】

他日，子路行，遇荷蓧丈人。

曰："子见夫子乎？"丈人曰："四体不勤，五谷不分，孰为夫子！"

植其杖而芸。

子路以告，孔子曰："隐者也。"

复往，则亡。

【译文】

还有一天，子路正行走，遇到一位肩扛锄具的老人。

子路问："你看到我的老师了吗？"老人说："四肢不会劳动，五谷也分不清，谁是你的老师！"

老人把他的拐杖竖置在一边而耘除田中的杂草。

子路把老人的话告诉孔子，孔子说："也是个隐士啊。"

子路再次前往，老人已经不在了。

【何新按：以上二事均见《论语·微子》。】

【原文】

孔子迁于蔡三岁，吴伐陈。

楚救陈，军于城父。

闻孔子在陈、蔡之间，楚使人聘孔子，孔子将往拜礼。

陈、蔡大夫谋曰："孔子贤者，所刺讥皆中诸侯之疾。今者久留陈蔡之间，诸大夫所设行皆非仲尼之意。今楚，大国也，来聘孔子。孔子用于楚，则陈、蔡用事大夫危矣。”

于是乃相与发徒役围孔子于野。

【译文】

孔子迁居到蔡国的第三年，吴国军队攻伐陈国。

楚国出兵援救陈国，驻扎在城父。

听说孔子在陈国、蔡国之间往来，楚昭王就派人去聘请孔子，孔子也准备前往拜见回礼。

陈国、蔡国的大夫谋划说：“孔子是个能人，他知道我们的底细，所讥刺抨击的都切中当今诸侯的要害。如今他长久滞留在陈国、蔡国之间，众大夫所作所为都违反仲尼的心意。而如今的楚国是大国，派人前来聘请孔子。倘若孔子在楚国被重用，我们这些在陈国、蔡国主事的大夫就危险了。”

于是，陈人和蔡人一起调发徒役将孔子一行围困在野外。

【何新按：孔子居蔡三年后，又欲入楚，此在赴叶会见叶公后为第二次也，而乃遇困于途中。】

第十五

【原文】

不得行，绝粮。从者病，莫能兴。孔子讲诵、弦歌不衰。

【译文】

孔子被围困无法行路，其间又断了粮食。随从的弟子疲惫不堪，饿得站不起来。但孔子仍讲习诵读，演奏歌唱，毫不间断。

【原文】

子路愠见曰：“君子亦有穷乎？”

孔子曰：“君子固穷，小人穷斯滥矣。”

【译文】

子路为此生气，而来见孔子说："君子难道会陷于这样的穷困吗？"

孔子说："君子遭遇穷困也不会动摇，小人一旦穷困就没什么不想干的了。"

【何新补记：《墨子·非儒》："孔丘穷于陈、蔡之间，藜羹不湛，十日。子路为亨（同烹）豚，孔丘不问肉之所由来而食之；褫人衣以沽酒，孔丘不问酒之所由来而饮之。"墨子这个记载似乎专针对上述的对话而讽刺孔子。】

【原文】

子贡色作。孔子曰："赐，尔以予为多学而识之者与？"曰："然。非与？"孔子曰："非也。予一以贯之。"

【译文】

子贡也不高兴。孔子说："赐啊，你认为我是个博学强记的人吗？"子贡说："是的。难道不是吗？"孔子说："不是啊！我只是始终坚持一种理想并将它贯串于平生。"

【原文】

孔子知弟子有愠心，乃召子路而问曰："诗云'匪兕匪虎，率彼旷野'。吾道非邪？吾何为于此？"

【译文】

孔子知道弟子们有怨恨之心，就召唤子路询问道："《诗》中说：'不是犀牛也不是老虎，却奔走在空旷的原野。'我们的信念难道错了吗？我们为什么沦落到这个地步？"

【原文】

子路曰："意者吾未仁耶？人之不我信也。意者吾未知耶？人之不我行也。"

孔子曰："有是乎！由，譬使仁者而必信，安有伯夷、叔齐？使知者而必行，安有王子比干？"

【译文】

子路说："猜想我们还没有达到'仁'吧！所以别人不信任我们。猜想我们还有不明白的事情！所以别人不实行我们的学说。"

孔子说："是这样吗？仲由，我打比方给你听——假如是仁者就必然受到信任，那么怎么还会有伯夷、叔齐呢？假如是智者就必定都能行得通，那又怎么还会有王子比干呢？"

【原文】

子路出，子贡入见。孔子曰："赐，诗云'匪兕匪虎，率彼旷野'。吾道非邪？吾何为于此？"

子贡曰："夫子之道至大也，故天下莫能容夫子。夫子盖少贬焉？"

【译文】

子路出去，子贡进来拜见。孔子说："赐啊，《诗》中说：'不是犀牛也不是老虎，奔走在空旷的原野。'我们的信念难道错了吗？我们为什么沦落到这个地步？"

子贡说："老师的学说实在宏大，天下没有国家能容得下您。但老师您是否可以降低一点标准呢？"

【原文】

孔子曰："赐，良农能稼而不能为穑，良工能巧而不能为顺。君子能修其道，纲而纪之，统而理之，而不能为容。今尔不修尔道而求为容。赐，而志不远矣！"

【译文】

孔子说："赐啊！优秀的农夫善于播种却不能保证总能获得好收成，优秀的工匠善有技巧却也不能迎合所有的人。君子只能修明自己的学说，用制度来规范国家，用道统来治理臣民；但并不能保证被世道所容。如今你不修明我们的学说却去追求被世人收容。赐，你的志向不够远大！"

【原文】

子贡出，颜回入见。孔子曰："回，诗云'匪兕匪虎，率彼旷野'。吾道非耶？吾何为于此？"

颜回曰："夫子之道至大，故天下莫能容。虽然，夫子推而行之，不容何病，不容然后见君子！夫道之不修也，是吾丑也。夫道既已大修而不用，是有国者之丑也。不容何病，不容然后见君子！"

【译文】

子贡出去，颜回进见。孔子说："回啊，《诗》中说：'不是犀牛也不是老虎，却奔走在空旷的原野。'我们的信念难道错了吗？我们为什么沦落到这个地步？"

颜回说："老师的学说极其宏大，所以天下没有国家能够容纳。即使如此，老师推广而实行它，不被容纳，又怕什么？正是不被容纳，然后才显现出君子的本色！若老师的学说不修明，是我们的耻辱。若老师的学说已经修明，而不被采用，这是当道者的耻辱！不被容纳怕什么？不被容纳然后才显现出君子本色。"

【原文】

孔子欣然而笑曰："有是哉！颜氏之子！使尔多财，吾为尔宰。"

于是使子贡至楚。楚昭王兴师迎孔子，然后得免。

【译文】

孔子笑道："说得好啊！不愧为颜家的孩子！如果你拥有许多财产，我情愿为你当管家。"

后来孔子派子贡去楚国。楚昭王派军队来迎接孔子，于是孔子得以脱身。

【何新按：颜家子，颜姓为孔子母族。《孟子》言"孔子厄于陈、蔡之间，因无上下之交"。《论语·卫灵公》"在陈绝粮"章注引孔安国曰："吴伐陈，陈乱，故乏食。"】

第十六

【原文】

昭王将以书社地七百里封孔子。

楚令尹子西曰："王之使使诸侯有如子贡者乎？"曰："无有。"

"王之辅相有如颜回者乎？"曰："无有。"

"王之将率有如子路者乎？"曰："无有。"

曰："王之官尹有如宰予者乎？"曰："无有。"

【译文】

楚昭王准备把有农奴户籍的社田方圆七百里之地封给孔子。

楚国令尹子西说："大王出使诸侯的使者中有没有能像子贡这样的人才？"昭王说："没有。"

"那大王的宰辅有像颜回这样的人吗？"昭王说："没有。"

"那大王的将军有像子路这样的人吗？"昭王说："没有。"

"那大王的各部长官有像宰予这样的人吗？"昭王说："没有。"

【原文】

"且楚之祖封于周，号为子男五十里。今孔丘述三王之法，明周召之业。王若用之，则楚安得世世堂堂方数千里乎？夫文王在丰，武王在镐，百里之君卒王天下。今孔丘得据土壤，贤弟子为佐，非楚之福也。"

昭王乃止。

其秋，楚昭王卒于城父。

【译文】

令尹子西又说："况且楚国的祖先在周受封时，名号为子男，封地仅五十里。如今孔丘祖述三皇五帝的法度，要复兴周公、召公的事业。大王倘若任用他，那楚国还怎么能世世代代拥有方方正正几千里的土地呢！周文王在丰京，周武王在镐京，从作为只有百里之地的君主而最终一统天下。如今孔丘如果有了封地，有这么多有能耐的子弟辅佐，这恐怕并不是楚国的福祉啊。"

楚昭王于是放弃了封赐孔子的想法。

这一年秋季，楚昭王在城父去世。

【何新按：《左传·哀公六年》春记吴伐陈。楚昭王救陈，师于城父。秋，楚昭王卒于城父。】

【原文】

楚狂接舆歌而过孔子，曰："凤兮凤兮，何德之衰！往者不可谏兮，来者犹可追也！已而已而，今之从政者殆而！"

孔子下，欲与之言。趋而去，弗得与之言。

【译文】

楚国的狂人接舆唱着歌经过孔子的旁边，歌词中唱道："凤凰啊，凤凰啊，为什么你的德行这样衰啊？以往的事已无法挽回，未来的事还可以补救！算了吧！算了吧！当今从政的权贵们没有一个可指望的啊！"

孔子走下车，打算与他交谈。接舆却快步离去，孔子没能与他说上话。

第十七

【原文】

于是孔子自楚反乎卫。

是岁也，孔子年六十三，而鲁哀公六年也。

其明年，吴与鲁会缯。征百牢。

太宰嚭召季康子。康子使子贡往，然后得已。

【译文】

孔子从楚国又返回卫国。

这一年，孔子已六十三岁，这也是鲁哀公即位后的第六年。

第二年（鲁定公七年），吴国和鲁国在缯邑会盟。吴国向鲁国索要牲畜猪、牛、羊各一百头。

吴国太宰嚭召见季康子。季康子派子贡前往交涉，然后这些要求才得以取消。

【何新按：此次入楚，是孔子游楚国叶邑后，第二次入楚。此后孔子北回到卫国。可能是因吴国要攻击鲁国，而派子贡先回去了。据《左传》："哀公五年，公会吴于缯。太宰伯嚭召季康子，康子使子贡往"云云。】

孔子曰："鲁、卫之政，兄弟也。"

是时，卫君辄父不得立，在外。诸侯数以为让。而孔子弟子多仕于卫，卫君欲得孔子为政。

【译文】

孔子说："鲁国、卫国的政治，就如同兄弟。"

这时候，卫国国君辄的父亲蒯聩不能按礼制即位，一直流亡在外。各国诸侯屡次对卫国加以指责。而孔子有许多弟子都在卫国做官，卫国国君辄就想请孔子来治理国政。

【原文】

子路曰："卫君待子而为政，子将奚先？"

孔子曰："必也正名乎！"

子路曰："有是哉？子之迂也！何其正也？"

【译文】

子路对孔子说："如果卫国国君请您出来治理国政，那么您将先做什么？"

孔子说："先做的一定是端正名分啊！"

子路说："有这样治理国政的吗，您迂阔啊！何必先去端正名分呢？"

【原文】

孔子曰："野哉由也！夫名不正则言不顺，言不顺则事不成，事不成则礼乐不兴，礼乐不兴则刑罚不中，刑罚不中则民无所错手足矣。夫君子为之必可名，言之必可行。君子于其言，无所苟而已矣。"

【译文】

孔子说："粗鲁啊，仲由！名分不端正的话，言语就不顺当；言语不顺当，事情就不成功；事情不成功，礼乐就不振兴；礼乐不振兴，刑罚就不准确；刑罚不准确，百姓就会感到手足无措了。君子做事必须讲究名分，言论必须可以实行。君子对自己的言论，必须一点都不能马虎啊。"

【原文】

其明年，冉有为季氏将师，与齐战于郎，克之。

季康子曰："子之于军旅，学之乎？性之乎？"

【译文】

第二年，冉求为季氏率领鲁国军队，同齐军在郎邑会战，打败了齐军。

季康子问："你在军事方面的本领，是学习得来的呢？还是天生就会的呢？"

【何新按：郎之战发生在哀公十一年，见《左传》。

《史记》记此于哀公七年缯邑吴鲁会盟之后，而曰"其明年"，即哀公八年，年代误。

又《左传》："哀公五年，公会吴于缯。太宰伯嚭召季康子，康子使子贡往"云云。《左传》记季康子召孔子及孔子返鲁，都在郎之战后；而郎之战则发生在哀公十一年。则子贡之回到鲁国，也应当早于孔子返鲁之前五六年。】

【原文】

冉有曰："学之于孔子。"

季康子曰："孔子何如人哉？"

对曰："用之有名；播之百姓，质诸鬼神而无憾。求之至于此道，虽累千社，夫子不利也。"

【译文】

冉求说："我是向孔子学习到的。"

季康子又问："那么孔子究竟是个怎样的人呢？"

冉求回答说："起用他就会有名声；将他宣扬到百姓中间，向鬼神询问他的为人也毫无缺憾。但是，我虽然学通这军事之道，即使积累战功得到千社的封赏，老师也不会认为是好事。"

【原文】

康子曰:"我欲召之,可乎?"

对曰:"欲召之,则毋以小人固之,则可矣。"

【译文】

季康子又问:"那么我打算召请他,可以吗?"

冉求回答说:"你打算召请他的话,就不要再用小人来约束他,那便可以。"

【原文】

而卫孔文子将攻太叔,问策于仲尼。仲尼辞不知,退而命载而行,曰:"鸟能择木,木岂能择鸟乎!"文子固止。

会季康子逐公华、公宾、公林,以币迎孔子,孔子归鲁。

孔子之去鲁凡十四岁而反乎鲁。

【译文】

这时,卫国内乱,卫大夫孔文子准备攻打太叔大夫,向孔子请教计策。孔子推辞说不知道,退出后命令驾好车马而上路,说:"鸟儿可以选择树木,树木怎么能选择鸟儿呢!"孔文子坚持挽留他。

季康子派遣大夫公华、公宾、公林,带着国礼来迎请孔子,于是孔子返回了鲁国。

孔子离开鲁国共计十四年后,终于重新回到鲁国。

【何新按:孔文子攻太叔,在哀公十一年十一月,见《左传》。则孔子归鲁,时岁暮矣。孔子以定公十四年去鲁,哀公十一年返鲁,计十四年。】

第十八

【原文】

鲁哀公问政,对曰:"政在选臣。"

季康子问政，曰："举直错诸枉，则枉者直。"

康子患盗，孔子曰："苟子之不欲，虽赏之不窃。"

然鲁终不能用孔子，孔子亦不求仕。

【译文】

（孔子回鲁国后）鲁哀公请教为政之道，孔子回答说："为政之道在于选好大臣。"

季康子请教为政之道，孔子说："选拔正直的人安置在邪曲小人的上面，邪曲的人就会变得正直了。"

季康子忧愁盗贼为患，孔子说："如果你自己不贪腐，即使悬赏给盗贼，他们也不敢偷窃。"

然而鲁国最终没能重用孔子，孔子也不再谋求从政。

【何新补记：哀公十一年，季康子欲增田赋，使冉有访诸孔子，孔子说：

"君子之行也，度于礼：施取其厚，事举其中，敛从其薄。如是，则以丘亦足矣。若不度于礼，而贪冒无厌，则虽以田赋，又将不足。且子季孙若欲行而法，则周公之典在；若欲苟而行，又何访焉？"（《左传·哀公十一年》）】

【原文】

孔子之时，周室微而礼乐废，《诗》《书》缺。追迹三代之礼，序《书传》，上纪唐虞之际，下至秦缪，编次其事。

【译文】

孔子的时代，周王室衰微而礼乐废弃，《诗》《书》残缺。孔子追寻探索夏、商、周三代的礼制，整理《书传》，上记唐尧、虞舜之际，下至秦缪公之时，依次编排其间史事。

【原文】

曰："夏礼吾能言之，杞不足征也。殷礼吾能言之，宋不足征也。足，则吾能征之矣。"

观殷夏所损益，曰："后虽百世可知也。以一文一质，周监二代，郁郁乎文哉。吾从周。"故《书传》《礼记》自孔氏。

【译文】

孔子说："夏代的礼制我能说出来，但夏人后裔杞国的文献不足为证了。殷代的礼制我能说出来，但殷人后裔宋国的文献不足为证了。如果文献足够的话，我就能加以验证了。"

孔子考察周代对殷礼、殷代对夏礼所做的变动后，说："往后即使推到一百代，它的礼制也可以知道。因为总是一代崇尚文采而一代崇尚质朴，周礼借鉴了夏、殷两代，郁郁茂盛而文采斐然啊。我依从周代的礼制。"所以现在的《尚书传》《礼记》都出自孔门。

【何新按：此节太史公叙孔子定礼编书事："序《书》传……编次其事"十七字，系错简，今依《史记探原》正。

此节先记孔子定《礼》，次记序《书》，次第甚明。因有错简，意遂间隔耳。

《尚书》为古代所传，故曰《书》传；《礼》为时人所记，故曰《礼》记。"上纪唐虞"指以《尧典》为首篇，"下至秦缪"指以《秦誓》为末篇。

孔子所定之《礼》，即《士礼》十七篇，今称《仪礼》；所编之书，即《今文尚书》二十八篇。孔子作《书序》百篇之说，由误"序"为序跋之序，因依托之，不可信。**】**

【原文】

孔子语鲁大师："乐其可知也。始作翕如，纵之纯如，皦如，绎如也，以成。""吾自卫反鲁，然后乐正，雅颂各得其所。"

古者《诗》三千余篇，及至孔子，去其重，取可施于礼义，上采契、后稷，中述殷、周之盛，至幽、厉之缺。

【译文】

孔子曾对鲁国的乐师说："乐曲的演奏过程是可以知道的。开始演奏的时候，一齐出来气势盛大；接着展开，和谐清纯，层次分明，连续不断，一直到乐章演奏完成。""我从卫国返回鲁国，然后审定各类乐曲的音调声律，使雅乐、颂乐分别恢复了原貌。"

古代留传下来的《诗》有三千多篇，等到孔子整理的时候，删去其中重复的，选取可以在礼节仪式中使用的，往上采集歌颂商人始祖契、周人始祖后稷的诗篇，中间搜罗叙述殷朝、周朝盛世的诗篇，往下包括记录周幽王、周厉王时礼乐残缺情景的诗篇。

【何新按：何晏曰："物类相召，势数相生，其变有常，故可预知者也。"】

【原文】

始于衽席，故曰："《关雎》之乱以为《风》始，《鹿鸣》为《小雅》始，《文王》为《大雅》始，《清庙》为《颂》始。"

【译文】

《诗经》全书从描写男女关系的诗篇开始，所以说："《关雎》为《国风》的第一篇，《鹿鸣》为《小雅》的第一篇，《文王》为《大雅》的第一篇，《清庙》为《颂》的第一篇。"

【原文】

三百五篇，孔子皆弦歌之，以求合《韶》《武》《雅》《颂》之音。礼乐自此可得而述，以备王道，成六艺。

【译文】

三百零五篇诗，孔子都用琴瑟伴奏而一一歌唱，以求符合《韶》《武》《雅》《颂》的音律。礼仪、音乐从此又可得到而称述记录，以此具备了王道的礼乐制度，编成了《礼》《乐》《书》《诗》《易》《春秋》六经。

【何新按：此节《诗》《乐》同叙，盖以二者关系至切，乐为曲谱，诗乃歌辞。乐谱失乱，故《乐》缺而《诗》废。"三百五篇，孔子皆弦歌之"。《风》本为民间歌谣，初为徒歌，但既采于辒轩、献之太师，则亦以合乐矣。

《诗序》乃东汉人卫宏伪托毛公所作，见《后汉书·儒林传》。而萧统《文选》云子夏作；《隋书·经籍志》云子夏所创，毛公、卫宏润色；沈重云《大序》（总序，今与《关雎篇》小序混合。）子夏作，小序（各篇之序）子夏、毛公合作。

《论语》屡言"诗三百"。《庄子》亦云"孔子诵诗三百，歌诗三百，舞诗三百。是三百五篇之《诗》，在孔子时已为定本矣"。

《左传·襄公二十九年》记吴季札观乐，为之遍歌各国之风。时孔子尚在童年，而所歌之风，无出诗十三国以外者，更足证今本之《诗》，孔子前已如此矣。且书传所引之诗，现存者多，亡佚者少。】

第十九

【原文】

孔子晚而喜《易》。序《彖》《系》《象》《说卦》《文言》。读《易》，韦（围）编三绝。曰："假我数年，若是，我于《易》则彬彬矣。"

【译文】

孔子晚年喜好研究《周易》，编撰《彖辞》《系辞》《象辞》《说卦》《文言》等解说。孔子反复阅读《周易》，以致编连简册的皮绳子多次磨断。他说："再给我几年时间，像这样的话，我对《周易》就能融会贯通了。"

【何新按：《论衡·正说》云："汉宣帝时，河内女子发老屋，得逸《易》一篇。"《隋书·经籍志》谓即《说卦》《序卦》《杂卦》合为一篇。是《说卦》《序卦》本晚出，不足信，司马迁亦不及见之也。】

【原文】

孔子以诗书礼乐教，弟子盖三千焉，身通六艺者七十有二人。如颜浊邹之徒，颇受业者甚众。

【译文】

孔子用《诗》《书》《礼》《乐》进行教授，弟子大约有三千，其中一人兼通六经的有七十二人。像颜浊邹一类门徒，略微接受过学业的就更加众多了。

【原文】

孔子以四教：文，行，忠，信。绝四：毋意，毋必，毋固，毋我。所慎：齐，战，疾。子罕言利与命与仁。不愤不启，举一隅不以三隅反，则弗复也。

【译文】

孔子设立四种教学内容：文献，行为，忠恕，信用。戒绝四种陋习：不随意猜测，不固执己见，不孤陋寡闻，不突出自己。他所谨慎对待的是：斋戒，战争，疾病。孔子对自己很少讲到利益、命运和仁德。对弟子渴求知识而焦急的就不去启发，不能举一反三的，便不再教他。

【原文】

子曰："弗乎弗乎，君子病没世而名不称焉。吾道不行矣，吾何以自见于后世哉？"

乃因史记作《春秋》，上至隐公，下讫哀公十四年，十二公。

据鲁，亲周，故殷，运之三代。约其文辞而指博。

【译文】

孔子说："不行了不行了，君子最担心活了一辈子而名声不被人们称道。我的主张不能实行了，我用什么将自己显现给后人呢？"

于是利用鲁国史官的记载撰作《春秋》，上溯至鲁隐公，下讫于鲁哀公十四年，包括十二位君主。

以鲁国为中心，以周王室为亲承，以殷代为故典，将道统贯穿于三代。文辞简约而意旨博大恢宏。

【何新按:《春秋》本为鲁史官所记,而孔子加以笔削。故孟子以鲁之"春秋",与晋之"乘"(册也)、楚之"梼杌"(寿元)并举。《春秋》以鲁君编年,自隐公元年起,至哀公十四年获麟止,所记凡十二公。乱臣贼子尝有所据以自文,以欺后世。孔子作《春秋》,明正其罪,故乱臣贼子惧也。后来司马迁作《史记》,其意亦仿此。】

第二十

【原文】

故吴楚之君自称王,而《春秋》贬之曰"子";践土之会实召周天子,而《春秋》讳之曰"天王狩于河阳":推此类以绳当世。贬损之义,后有王者举而开之。《春秋》之义行,则天下乱臣贼子惧焉。

【译文】

吴国、楚国的君主自称为"王",但《春秋》贬称他们为"子";在践土的盟会上,实际上是晋文公召来周天子,但《春秋》避讳此事写作"天王狩猎而去河阳";依此类推,《春秋》就是用这一原则,来褒贬当时的各种事件。后来的国君加以效仿而推广,使《春秋》的义法在天下通行,天下那些乱臣奸贼就都害怕了。

【原文】

其于乡党,恂恂似不能言者。其于宗庙朝廷,辩辩言,唯谨尔。

朝,与上大夫言,訚訚如也;与下大夫言,侃侃如也。

入公门,鞠躬如也;趋进,翼如也。君召使傧,色勃如也。君命召,不俟驾行矣。

鱼馁,肉败,割不正,不食。席不正,不坐。食于有丧者之侧,未尝饱也。是日哭,则不歌。见齐衰、瞽者,虽童子必变。

【译文】

孔子在自己的乡里,谦恭得像个不善言谈的人。但当他在宗庙祭祀和朝廷议政这些场合,却能言善辩,言辞明晰而又通达,然而又很恭谨小心。

上朝时，与上大夫交谈，态度和悦，中正自然；与下大夫交谈，就显得和乐安详。

孔子进入国君的公门，低头弯腰，恭敬谨慎；进门后急行而前，恭谨有礼。国君命他迎接宾客，容色庄重认真。国君召见他，不等待车驾备好，就动身起行。

鱼不新鲜，肉有变味，或不按规矩切割，孔子不吃。席位不正，不就座。在有丧事的人旁边吃饭，从来没有吃饱过。如果在一天内哭泣过，就不会再歌唱。看见穿孝服的人和盲人，即使是个小孩子，也必定改变面容以示同情。

【原文】

三人行，必有我师焉。

"德之不修，学之不讲，闻义不能徙，不善不能改，是吾忧也。"使人歌，善，则使复之，然后和之。

【译文】

孔子说："三个人同行，中间一定有能做我老师的。"

又说："不去修明道德，不去探求学业，听到正直的道理又不前往学习，对缺点错误又不能改正，这些是我最忧虑操心的问题。"孔子请人唱歌，要是唱得好，就请人再唱一遍，然后自己也和唱起来。

【原文】

子不语：怪，力，乱，神。

子贡曰："夫子之文章，可得闻也。夫子言天道与性命，弗可得闻也已。"

颜渊喟然叹曰："仰之弥高，钻之弥坚。瞻之在前，忽焉在后。夫子循循然善诱人，博我以文，约我以礼，欲罢不能。既竭我才，如有所立，卓尔。虽欲从之，蔑由也已。"

达巷党人曰："大哉孔子，博学而无所成名。"

子闻之曰："我何执？执御乎？执射乎？我执御矣。"

牢曰："子云不试，故艺。"

【译文】

孔子不喜欢谈论怪异、暴力、叛乱、鬼神的事情。

子贡说："老师在文献方面的成绩很显著，我们是知道的。老师有关天道与命运的见解我们就不知道了。"

颜渊感慨地长叹说："我越是仰慕老师的学问，就越觉得它无比崇高；越是钻研探讨，就越觉得它坚实深厚。看见它是在前面，忽然间又在后面了。老师善于循序渐进地诱导人、用典籍来丰富我、用礼仪来规范我，我想停止学习都不可能。我已经竭尽了我的才力，好像才刚刚有所建树，取得一些成就。虽然我还想追赶上去，但是不可能追得上了。"

乡党中有人说："伟大啊孔子，但他博学多才却不专一业，因而不能成为名家。"

孔子听了这话之后，说："我又专业于什么呢？是专于驾车？还是专于射箭？我看还是专于驾车吧。"

子牢说："老师曾说：'我不被世君所用，所以反而学会了许多的技能'。"

第二十一

【原文】

鲁哀公十四年春，狩大野。叔孙氏车子鉏商获兽，以为不祥。

仲尼视之，曰："麟也。"取之。曰："河不出图，洛不出书，吾已矣夫！"

颜渊死。孔子曰："天丧予！"

及西狩见麟，曰："吾道穷矣！"喟然叹曰："莫知我夫！"

子贡曰："何为莫知子？"

子曰："不怨天，不尤人，下学而上达，知我者，其天乎！"

"不降其志，不辱其身，伯夷、叔齐乎！"

谓"柳下惠、少连降志辱身矣。"

谓"虞仲、夷逸隐居，放（防）言，行中清，废中权。我则异于是，无可无不可。"

【译文】

鲁哀公十四年（前481年）春天，鲁君在大野狩猎。叔孙氏的车夫鉏猎到一头怪兽，认为是不祥之兆。

孔子看了之后，说："这是麒麟。"于是便将它取走了。孔子说："黄河上不见神龙负图出现，洛水上不见神龟负书出现，我也要结束了！"

颜渊死了。孔子说："这是老天要让我死呀！"

当他在大野见到被捕获的麒麟，就说："我的道路走到尽头了！"又感慨地说："没有人理解我啊！"

子贡说："为什么没有人理解您？"

孔子回答说："我不抱怨天，也不怪罪人，下学人事、上探天理，能了解我的，只有上天了！"

"不降低自己的志向，不使自己的人格受到侮辱，只有伯夷、叔齐两人吧！"

又说"柳下惠、鲁少连降低了自己的志向，使人格受到了侮辱"。

又说"虞仲、夷逸隐居，慎言务，行为中正清高，自我废弃合于权变。我跟他们不同，没有绝对的可以，也没有绝对的不可以"。

【原文】

孔子在位听讼，文辞有可与人共者，弗独有也。

至于为《春秋》，笔则笔，削则削，子夏之徒不能赞一辞。

弟子受《春秋》，孔子曰："后世知丘者以《春秋》，而罪丘者亦以《春秋》。"

【译文】

当孔子任司寇审理诉讼案件时，文辞上可以与别人商量的时候，他从不独自裁断。

到了写《春秋》时就不同了，应该写的一定写上，应当删的一定删除，就连子夏这样的弟子，也不能参与一句话的增删。

弟子们学习《春秋》，孔子说："后人了解我将因为这部《春秋》。后人怪罪我也将因为这部《春秋》。"

第二十二

【原文】

明岁，子路死于卫。

【译文】

第二年，子路战死于卫国。（孔子当时正在吃饭，让人倒掉眼前的肉酱而为之痛哭！）

【何新补记：《礼记·檀弓》：孔子方食，闻子路被害，命覆醢而哭之。】

【何新按：子路仕卫，死于蒯聩入卫，孔悝逐之之难。见《左传·哀公十五年》。】

【原文】

孔子病，子贡请见。

孔子方负杖逍遥于门，曰："赐，汝来何其晚也？"

孔子因叹，歌曰："太山坏乎！梁柱摧乎！哲人萎乎！"因以涕下。

谓子贡曰："天下无道久矣，莫能宗予。夏人殡于东阶，周人于西阶，殷人两柱间。昨暮予梦坐奠两柱之间，予始殷人也。"

后七日卒。

孔子年七十三，以鲁哀公十六年四月己丑卒。

【译文】

孔子病了，子贡来看望他。

孔子正拄着拐杖在门口徜徉，说："赐，你为何来得这样迟啊？"

孔子叹息，悲歌唱道："泰山将崩颓了！梁柱将断绝，哲人将死去！"他边唱边流下了眼泪。

孔子对子贡说："天下失去正道已经很久了，没有人能继承我的主张。夏人死了停棺在东厢的台阶，周人死了停棺在西厢的台阶，殷人死了停棺在堂屋的两柱之间。昨天晚上我梦见自己坐在两柱之间，我是殷商人啊。"

七天后，孔子就去世了。

孔子享年七十三岁，死在鲁哀公十六年（前 479 年）四月的己丑日。

【原文】

哀公诔之曰："旻天不吊，不慭遗一老，俾屏余一人以在位，茕茕余在疚。

呜呼哀哉！尼父，毋自律！"

子贡曰："君其不没于鲁乎！夫子之言曰：'礼失则昏，名失则愆。失志为昏，失所为愆。'生不能用，死而诔之，非礼也。称'余一人'，非名也。"

【译文】

鲁哀公为孔子致悼词说："老天爷不仁慈，不肯留下这位老人，使他扔下我，孤零零一人在位，我孤独而又伤痛。啊！多么悲痛！尼父啊，我没有学习的楷模了！"

子贡批评说："鲁君他难道不能终老在鲁国吗？老师曾说过：'法度丧失就会昏乱，名分丧失就会错乱。意志丧失就会昏乱，失去居所就会灾变。'老师活着的时候不能用他，死了作祭文哀悼他，这是不合礼的。以诸侯之身份称'余一人'，这是不合名分的。"

【原文】

孔子葬鲁城北泗上。

弟子皆服三年。三年心丧毕，相诀而去，则哭，各复尽哀；或复留。

唯子贡庐于冢上，凡六年，然后去。

弟子及鲁人往从冢而家者百有余室，因命曰"孔里"。

鲁世世相传，以岁时奉祠孔子冢，而诸儒亦讲礼，乡饮大射于孔子冢。

孔子冢大一顷。故所居堂、弟子内，后世因庙，藏孔子衣冠琴车书，至于汉，二百余年不绝。

高皇帝过鲁，以太牢祠焉。

诸侯卿相至，常先谒然后从政。

孔子葬在鲁城北面的泗水岸边。

弟子们都为他服丧三年。三年后以诚心服丧完毕，大家道别离去时，都哭泣，又各尽哀；有的又留了下来。

只有子贡在墓旁搭了一间小房住下，守墓六年，然后才离去。

弟子及鲁国人相继前往墓旁居住的有一百多家，因而就把这里命名为"孔里"。

鲁国世世代代相传，每年节岁时到孔子墓前祭拜，而儒生们也在这里讲习礼仪，在孔墓前行乡饮酒礼及比射等仪式。

孔子的墓地有一顷之大。孔子故居的堂屋以及弟子们所居住的内室，后来就改成庙宇，收藏孔子生前穿过的衣服，戴过的帽子，使用过的琴、车子、书籍等，直到汉代，二百多年间没有间断。

高皇帝刘邦经过鲁地，用牛、羊、猪三牲俱全的太牢祭祀孔子。

诸侯、卿大夫、宰相过境，都是先去拜谒孔子墓，然后才就职处理政务。

第二十三

【原文】

孔子生鲤，字伯鱼。伯鱼年五十，先孔子死。

伯鱼生伋，字子思，年六十二。尝困于宋。子思作《中庸》。

子思生白，字子上，年四十七。

子上生求，字子家，年四十五。

子家生箕，字子京，年四十六。

子京生穿，字子高，年五十一。

子高生子慎，年五十七，尝为魏相。

子慎生鲋，年五十七，为陈王涉博士，死于陈下。

鲋弟子襄，年五十七。尝为孝惠皇帝博士，迁为长沙太守。长九尺六寸。

子襄生忠，年五十七。忠生武，武生延年及安国。

安国为今皇帝博士，至临淮太守，蚤卒。

安国生印，印生骧。

【译文】

孔子生子孔鲤，字伯鱼。伯鱼享年五十岁，死在孔子之前。

伯鱼生孔伋，字子思，享年六十二岁。曾经受困于宋国。子思作有《中庸》。

子思生孔白，字子上，享年四十七岁。

子上生孔求，字子家，享年四十五岁。

子家生孔箕，字子京，享年四十六岁。

子京生孔穿，字子高，享年五十一岁。

子高生孔慎，享年五十七岁，曾经做过魏国国相。

孔慎生孔鲋，享年五十七岁，做过陈胜王的博士，死在陈地。

孔鲋的弟弟叫孔襄，享年五十七岁。曾经做过汉孝惠皇帝的博士，后被任为长沙郡的太守。身高九尺六寸。

孔襄生孔忠，享年五十七岁。孔忠生孔武，孔武生孔延年和孔安国。

孔安国做了当今皇帝的博士，官任临淮太守，寿短早死。

孔安国生孔印，孔印生孔骧。

　　【何新按：《孔庭摘要》谓是年六月初九日，孔子葬于泗上，与夫人兀官氏合葬。今曲阜县北二里有孔林，即孔子墓。

　　《家语》兀官作上官氏。然《礼记·檀弓》则谓兀官氏乃孔子之"出妻"（离婚之妻也）。

　　《孟子·滕文公》："昔者孔子已没，三年之外，门人治任将归，入揖于子贡，相乡而哭，皆失声，然后归。

　　子贡返，筑室于场，独居三年，然后归。"】

【原文】

太史公曰：诗有之："高山仰止，景行行止。"虽不能至，然心乡往之。余读孔氏书，想见其为人。

适鲁，观仲尼庙堂、车服、礼器。诸生以时习礼其家，余低回留之不能去云。

天下君王至于贤人众矣，当时则荣，没则已焉。

孔子布衣，传十余世，学者宗之。自天子王侯，中国言六艺者折中于夫子，可谓至圣矣！

【译文】

太史公说，《诗经》中有这样的话："巍峨的高山令人仰望不到山顶，宽阔的大路让人行走不到尽头。"尽管我不曾亲身追随孔子，然而我的内心非常向往于他。我阅读孔氏的书籍，可以想象他的为人。

我曾到鲁地，观看仲尼留下的宗庙厅堂、车辆服装、礼乐器物。儒生们依然按时在孔子的故居演习礼仪，我流连忘返以至久久停留舍不得离去。

天下的君王直至贤人有很多很多，但生前荣耀一时，死后就都被忘记了。

孔子只是一介平民布衣，但他的学问传世十几代，学者们都宗法他。上至天子王侯，中国人凡是讲习六经的都要以孔子的学说为准则。孔子可以称得上是至高无上的圣人了！

【孔子的政治作为】

中国最早的政党——儒党

一

中国历史上的春秋战国时代，是社会政治经济文化发生深刻、全面变革的时代。百家诸子都兴起于此时。

《汉书·艺文志》将先秦诸子划分为十家，认为每一家都是出于某一种"王官"（政治分工中的官属专业）。

但是作为历史学家的班固忽视了极其重要的一点：先秦诸子之分并不仅仅是不同的学术思想之分。这种分野之后有政治意识形态之争，有时也有直接的权力政治之争。

而尤为重要的是，从其思想和政治功能看，战国诸子中至少有两个学派，并不单纯是学术的思想与学派——它们事实上乃是中国历史中最初形成的雏形政党。

这两种具有雏形政党形态的学派，即儒家与墨家。

近世一些学者多以为，政党政治等仅仅是近代西方政治的产物。殊不知，当春秋战国之际，由于君权的衰落，在以天子为中心的君主制度蜕变为大夫、陪臣执国政的贵族政治制度的过程中，政党政治也已萌生于当时的诸子百家学派之中。

所谓政党，就是具有专一的政治纲领，较严密的分层组织，有纪律约束，有精神、政治和组织的领袖，有远期及近期的政治目标，且有经济来源即组织经费（"党费"），从事有组织、有目的的政治活动之政治团体。

从上述几点去观察，孔子组织的儒党，以及后来墨子组织的墨党，都完全符合标准。孟子曾谓"天下二分，出儒入墨"。可见儒墨的影响之大。从历史和政治活动史看，孔子与墨子不仅是学者、思想家、教育家，事实上也是两位出色的政治组织者和政治领袖。

二

先秦诸子之兴起，其社会基础是当时社会中一个新阶层的兴起。这个阶层，就是春秋末期出现的所谓"游士"或"游学之士"。游，就是四方游荡。之所以能向四方游荡，因为其身份乃是自由的。"士"是一种社会身份，士高于农夫等劳动者，但又不是真正的贵族。士是周代世袭贵族社会的边缘阶层。士在商及西周社会中早已存在，但游士则是东周、春秋时期社会分裂的产物。

春秋以前，官有世业，世官世守。士、农、工、商、皂（造）、隶（力）诸种姓，各有专业分职和人身连带，世代不能改变。因此，春秋前的"士"阶层，并不是游士。

游士从何而来？从贵族和士阶层中的"庶子"而来。庶、诸古字通，庶子即诸子。诸，多也，余也。庶子是相对于嫡长子而言，庶子是贵族阶层中一种边缘人或者所谓"多余的人"。所以到两汉时期，庶子甚至演变为竖子，成为一种卑贱之称和骂语。

西周政治经济制度的主体是宗法种姓制度。这种宗法种姓制度，也就是所谓"周礼"名下之封建宗法制度的本质和实体。根据周代的宗法制度，贵族阶级的权力、财产、身份、地位的传袭，实行严格的嫡长子（宗子）继承制。但是嫡长子只有一人，即"世子"。非嫡长子的其他子弟，即"诸子"或者"庶子"，都是没有直接继承权的。

嫡长子继承父业，非嫡长子的庶子们则享受不到父辈的贵族身份与称号。而非贵族的王官，其庶子也无继承权，必须学一些手艺和专业。

随着人口的代代增多，国中可分封之闲土日少，官禄事权也日分日削。于是，在贵族和"士"的子弟中逐渐游离出来了一批无法进入贵族主流社会的边缘人。

这些边缘的"士"之子弟虽有贵族和"士"的家世背景，但却没有继承权、没有土地、没有官职，甚至有的也没有正式身份，这些人就成了所谓"游士"。

但是，游士们的政治身份是自由的，他们在社会中的地位高于农夫、商人、奴隶。游士不受人身依附关系即当时的编户制度的约束，因此可以四处游荡。

三

孔子正是来自这样一个社会阶层。青年时代，他也是一个四处游荡、寄食于人的"游士"。于春秋中期出现的游士这一阶层中，孔子应是最有名望的一位。由于其有名望，因此他成了名擅一时的"名士"。其实，先秦诸子百家，除老子是世官世守的史官世袭贵族以外，多数人出身几乎都是"庶子"和游士。

孔子之所以主张"有教无类"，就是因为其徒党中有很多这种出身的边缘人。因此当时有人攻击他门下多收庶子，举例是："子张，鲁之鄙家也，颜涿聚，梁父之大盗也；皆从学于孔子。"

宗法贵族看不起这些庶子、游士，蔑称之则为"竖子"。"竖子"其实是"庶子"的另一种写法，在战国秦汉时代以后，这成为一个骂人语，其意义略相当于"小人"、野种。但是，尽管宗法贵族目游士为"竖子"，孔子却针锋相对地提出了一个被赋予一种新的道德含义的词语"君子"。

"君子"本来是指贵族，是一种高贵的社会身份。然而孔子之所谓"君子"，却不是以血统而区分，不是指身份和出身，而是指具有高尚的学养和道德的人。因此，即使出身于小人，身份是庶子，只要其修养有德，则孔子也称这种人为"君子"。

孔子使"君子"与"小人"由世袭阶级的称谓，变成为区别道德人格的称呼。换句话说，单凭血缘关系、宗嫡身份并不能保证贵公子们成为"君子"。这是一种舆论和道德评价人格的权力。

四

我曾经考证过，儒的本义是胥师，即主持宗社之祭祀、礼乐仪式和丧葬之礼的祭司。

孔子的出身是一个贵族的私生子和被遗弃儿。其出身的母族颜氏地位颇卑微。孔子是一个贵族的私生遗腹子，他作为"士"的身份，事实上是直到他成年之后才被鲁国的贵族社会所追认的。孔子作为祭师和传教者的身份，本来也是自封的。

众所周知，孔子是中国历史上所谓"私学"的创立者。孔子创立"私学"，打破了从前学社专于官府的局面。在此之前，学术——特别是政治学术，是由国家所垄断的。

但是，孔子聚徒讲学，其真正目的并非仅是传播学术，而是为了从事政治活动。他通过招收众多子弟而教育之，是要传播一种信仰、建立一个宗派。他把具有共同信仰的子弟们聚集在一起，组织成一个团体，这个团体当时被称为"儒者"。

在西方，据说最早聚徒讲学的人是毕达哥拉斯。毕达哥拉斯在意大利的西西里岛建立了一个密宗的学术团体，对一部分人讲授公开的内容，对另一小部分人讲授秘传的学问。毕达哥拉斯的学派也是一个政治团体。

【何新按：孔子最早聚徒讲学的所在地，可能就是曲阜。虽然前人有不同的说法，但我仍疑曲阜一名实际就是来自陬邑（孔子父亲的守邑）。孔子任中都（汶上）守后，得到了采邑（禄田），这采邑可能也在曲阜。曲阜就是孔子的 Lyceum（吕克昂，苏格拉底和亚里士多德的讲学地）。】

孔子的这个儒者的团体，既是学术团体，也是政治团体。他们共同奉行以古代的"六经"之道为主体的圣贤学说，形成一个学派，此即后世所说的"儒家"。其从学者，称为"弟子"（子弟的倒置词），而外间则称之为"儒党"。儒党一名，古已有之，非我所创也。

五

其实在孔子以后，以至后来的秦汉时代，"儒家"更像一个政党。

汉武帝罢黜百家，独尊儒家，实际是将儒党拔擢为控制政权和主流政治意识形态的执政党。在武帝时期，这个儒者政党的宗旨可以概括为八个字，即"尊王攘夷""复礼归仁"。而这八个字正是汉武帝所需要的。

历史上的儒家之党，可称为"孔党"或"儒党"。这个组织是有纪律的。背叛师门者，会受到处罚，"弟子可鸣鼓而攻之"。

孔子使冉求为季氏吏，冉求为季氏聚敛，背叛了孔子的教义，于是孔子将他逐出弟子之籍，清理了门户。这其实也就是开除党籍。（参看《论语·先进》）

晚年，孔子及其徒党被鲁哀公客气地请回鲁国。当时鲁国君王正在遭遇内忧外患：内则三桓特别是季氏公族强大，一再欺负侵凌鲁君；外则东方有齐国、南方有吴越，均欲吞并鲁国。鲁哀公实际也是要借重孔子及其儒党，形成一种制衡和卫护的力量。

<h2 style="text-align:center">六</h2>

由于孔子并不是单纯意义的学者，所以他平生"述而不作"，从未将自己关入书斋从事研究和写作。所谓"述"，就是演讲和鼓动。

孔子的根本目的，并不是研究学术、著书立说、传之后世，而是要改革政治。

孔子也不是单纯的历史学家。他曾经明言：他治史不是为了求历史之真相，而就是"借古非今"，以历史作为政治批评的工具，抨击时弊，令"乱臣贼子惧"。

孔子将古代的"六经"也作为政治意识形态的工具。《诗经》本来是一部民歌、史诗和宗教乐歌，但孔子说诗，则侧重于讲授文字背后的微言大义，以解读古诗讽喻和批评政治。（《诗经》毛亨序传，正是传述了子夏所读解的诗歌中的政治寓意。所以汉武帝时代的政治家如赵琯、王臧，都是通过学习《诗经》出仕从政的。）这种借古非今的态度，就是儒家的"今文"家言。所谓"今文"的意思，就是现代派。

实际上，先秦诸子学说之所以兴起，主旨都并不在于为了著书立说，而在于要求宣传理想，并且付诸政治实践。著书成为学者，并不是诸子的兴趣所在，孔丘、墨翟尤其如此。

在孔、墨以及后来的子夏、孟轲、荀况、韩非看来，政治行动实践的成功和失败，乃是第一等重要的事。至于创立学说成为一家言，则倒是次要的。

孔丘、墨翟都抱有舍身救世的观念，他们以天下为己任，重视实际效果，希望有利于百姓（人民）的生活。

所以，孔丘一生栖栖惶惶，到处宣传"仁善"和"克己复礼"的观念。墨翟也漫游宋、楚等国，到处宣讲"兼爱"。这些学说无不是针对当时的实际情况而发，是适合于时势要求的。

司马迁云："孔子布衣，传十余世，学者宗之。自天子王侯，中国言六艺者折中于孔子。"

康有为《孔子改制考》推崇孔子为一伟大革命家："孔子自具主张，以其标准进退其人，评价古籍，经典中之尧舜，未必实有其人，乃出孔子之假托。所谓盛德美俗，未必实有其境，乃孔子虚构之景象。一言以蔽，所谓托古改制也。"其说破几千年之覆，可谓别具慧眼。

总之，孔子之伟大，并不是单纯作为所谓教育家或思想家而影响后世。他有远大的抱负，为此而聚徒结党，形成了一派重大的政治力量。通过这一学党——"儒家"团体，孔学得以长期传承，在孔子身后两千年的历史中，形成一种伟大的文化和政治的传统。儒者在汉武帝一朝得到国家承认，儒学遂成为支配中国传统政治近两千年的国家主流意识形态。

春秋讲学与孔子立党

一、春秋时代之讲学风气

司马迁说："孔子自周反于鲁，弟子稍益进焉。"

韩非曾说：孔子的七十弟子都是服侍孔子的执役之徒。

子弟或弟子、门徒（门生）制度，实际是一种变相的收养假子制度。而春秋后期出现的这种讲学聚徒风气，后来演变为战国时的贵族养客制度，汉晋时的豪强、贵族子弟门生收养制度，是一种半人身依附性的收养。

"门人"和"弟子"之类的字眼，是春秋末年的新名词。那时沿守旧制的，有时也称为"徒""役"。门人服侍先生，与仆役、奴隶的情形差不多，只不过是志愿性，而非强制性而已。"有事，弟子服其劳；有酒食，先生馔。"先生出门的时候，弟子要执"仆御"（当车夫），要任徒卫。但弟子究竟不是徒、不是役，年稍长者，先生视之如弟；稍幼者，视之如子，因而有"弟子"之名。

清末章太炎以来有一种流行看法以为，孔子首创"私学"，从而打破"学在官府"的传统，"变畴人世官之学而及平民，此风气实孔子开之"。

其实，这种私人讲学之风气，并非始创于孔子，而是春秋后期一种新出的政治文化现象。私人收徒讲学的风气，究竟起于何时、始于何人，今已难考。但根据现在所能看到的史料，则可以说明，至晚在春秋中后期，这种现象已经形成风气。

例如，据《左传》等书记述：晋国的叔向，由于受到晋平公的特殊敬重，门人弟子众多，以致已投入其他人门下作弟子者，后来也改投到叔向之门下。又如郑国执政的大臣子产，早年拜有名师多人。自己身居国相之后，去见老师时，还要和同学按年纪排座次。

又据《吕氏春秋》，郑国的邓析多收学生、助人兴讼。只要交纳一定财物作报酬，就可以到他那里学习。"与民之有狱者约：大狱一衣，小狱襦袴。""民之献衣襦袴而学讼者，不可胜数。"

孔子时，有鲁人王骀曾经犯罪，被砍掉一只脚，但是其信徒众多。"从之游者，与仲尼相若""与夫子中分鲁"。

少正卯是鲁国的大夫，号称"鲁之闻人"。少正即小正，是鲁国的职官名，以官为氏，表明少正卯出身也是世官贵族。他也在鲁国讲学，同孔子相竞争，吸引了孔子的很多弟子，以致"孔子之门，三盈三虚，唯颜渊未去"。

后来，战国时代兴起的诸子百家、百家争鸣的发生，正是这种私人讲学风气的产物。

二、孔子以讲学结社

讲学之风亦并非始于孔子。孔子授徒讲学，并不完全是私人性质，因他是具有宗社师儒的正式名分的。孔子作为鲁宗社之胥相，有正式名分可以传习礼教，聚徒讲学。

许多人以为，孔子是依靠弟子献奉的"束脩"而谋生的。这是严重的误解。

清儒已指出，束脩者，束须也。古人十五束发从学，曰"束脩"。束脩并非是什么腊肉或者干肉。

有证据表明，孔子的学团是一个非但不收费，而且免费收养当时流落于社会中的"庶子"（多余人）、为弟子提供食宿的社团。那么这个社团的经济来源何在？据《周礼》，宗社司祭是学官，教授贵族子弟书写、计算及礼仪制度。而宗社中的社田，其收获正可以养育这些在籍的子弟。

孔子讲学的目的，一是形成社会舆论，从而实施其政治主张。二是培养"君子"，即培养从政者——政治家、演说家（言语）、外交家和祭司（胥相）。"学而优则仕。"

春秋时代，正是社会的政治、经济、文化发生深刻变革的时代，百家诸子都兴起于此时。《汉书·艺文志》将先秦诸子划分为十家，认为每一家都是出于某一种"王官"（政治分工中的官属专业）。但实际上，除老子一派道家具有源远流长的史官渊源外，晚周诸子之学如墨、法、兵、名等，基本都出自孔子或其所传授的弟子们。

三、儒家不仅是学术社团也是雏形政党

孔子聚徒讲学，其真正目的并非仅仅是要传播学术，更重要的意义是为了从事政治活动。通过教育传播一种政治信仰，孔子把愿意追随这种政治信仰的弟子们聚集在一起，组织成一个团体，这个团体实际形成了一个政党——"儒党"。

这一点过去研究儒家者从未指出，但我们却必须指出。"儒"这个团体不仅是一种学术团体，更是一种政治团体。儒者，就是为了实施礼教而组成的一个从事宗教兼政治活动的党团。

儒者们集聚在作为宗师和领袖的孔子周围，共同信奉和奉行以"六经"为主体的古代圣贤学说。其从学者称为"弟子"（子弟的倒置词），他们与宗师的关系，不是单纯的学与教的师生关系，也是承担使命和责任的"执役者"（韩非子言）。

党，语源来自堂。堂，即乡社，又称乡党。党人，就是同乡党之人，在打破血缘和地域的认同性后，具有共同的宗教信仰、价值观念和组织结构，就是"党人"的特征。

在孔子以前，当学在官府时，宗社所在的乡校之讲堂，是士子们聚集和评议时政的场所。

《左传》襄公三十一年曾记载："郑然明以学校谤国政。"孔子曾经赞扬子产，因为子产允许士子们在乡党中批评和评议国政。而批评政治也就是参与政治。孔子这时显然已意识到，在乡校聚徒讲学，是打破传统的贵族垄断政治，让作为边缘人的庶子游士们直接介入政治活动的重大契机。

四、孔子建立儒党以"托古改制"

所以儒家、儒党这个组织，先为"党（政党）"，后为"教（宗教）"。

组织政党的目的，是为了"托古改制"（康有为的说法）。因其立党，所以孔

子被称为"素王"。所谓"素王",就是民间布衣之王者,也就是党徒们追随的领袖,相当于后来墨家的"巨子"。

这些儒者,以先王留下的"五经"为教义。所谓儒术究竟是什么?西汉人陆贾说,指"五经""六艺"。五经,即《诗》《书》《礼》《易》《春秋》。何谓六艺呢?即以射、御为主的武功,五兵之艺与射道。

儒者尊奉孔子为精神领袖和政治领袖,努力履行实践其政治学说和政治主张,从事政治活动。因此,儒者们组织成了一个在当时具有重大影响力的政治团体——即党派。

由于孔子的出身是"少也贱",具有曾经为贵族社会所鄙视的出身和贫苦的早年经历,这使孔丘能够突破当时世官世禄的贵族主义观点。

所以孔子收徒,主张"有教无类"。类即分类、类别,第一是指国族、种姓,第二是指社会等级、阶级。也就是不以国族阶级制度分类,不歧视出身背景不同的年轻人,这在当时世官世禄的种姓制社会条件下,是非常难能可贵的。

正是这种用人眼光,使孔子的门下不是只有学者,而是聚集了三教九流、集聚了一批才智杰出之士,这为孔子的政治活动奠定了一个宽阔、坚实的社会基础。

"堕三都"与政治变革的失败

一

孔子"堕三都",乃孔子一生中最大的事件之一,但此事之始末则始终考辨未明。

周代实行贵族采邑分封制("封建"),各国大夫都有自己的采邑。这些贵族身居国都,采邑委派家臣(邑大夫)管理。家臣的家族在采邑繁衍发展。家邑中兵农合一,数代以下,家臣便成为采邑权力的实际控制者,以致发生"陪臣执国命"的情况。

周初诸侯封邑及采邑,本有建筑之定制。城不过高,池不过深。但东周以后,战乱频仍,邑城建筑纷纷逾制。不仅诸侯,连大夫之采邑也都筑有高城、深池,具有防御力,从而成为坚固的军事要塞。鲁国权卿"三桓"的三座私邑——叔孙氏的郈邑、季孙氏的费邑、孟孙氏的成邑,都是这样的坚固要塞。在鲁昭公时,季氏的费邑发生过南蒯、阳虎的叛乱。在孔子任鲁司寇前后,叔孙氏名下的郈邑又发生叛乱。

二

堕三都的起因是由于叔孙领地郈邑的叛变。

郈邑(今山东东平县后亭村境内),乃叔孙家族的采邑。鲁定公时,邑宰(邑大夫)为叔孙氏家族中的庶子叔孙若。

叔孙若名藐,字公若(即若公)。鲁定公十年,叔孙氏的家主叔孙昭子死。昭子立下遗嘱,要立叔孙武叔作叔孙氏的继承人,而若公则表示反对。但武叔还是继昭子之后而成为叔孙氏的家主。

武叔继位后,因叔孙若不肯服从他,就授意叔孙氏的另一个家臣南公暗杀若公。南公派人发暗箭欲射杀若公,但若公却逃过此难未死。

南公是叔孙家族的马正（武士长，即司马）。武叔这次阴谋失败，怕若公知觉后对自己不满。为了安抚若公，就派若公作郈邑的邑宰（邑大夫）。

但是，武叔又暗中授意郈邑的马正（武夫长）侯犯再次暗杀若公。然而侯犯却不干。最后，叔孙指使侯犯手下的御夫（马车夫）暗杀了若公。

若公死后，郈邑就落入侯犯之手，被他控制，不再听武叔的召唤。

于是武叔调集族兵，联合了孟氏（无忌）去攻击郈邑，欲驱逐侯犯。结果却攻不下来。因郈邑位置在齐鲁边境，武叔、南公就向齐国借兵攻打侯犯，但还是没有攻下。

于是，叔孙武叔秘召郈地的工师（即司空）驷赤（名壤驷赤，他是孔门的弟子），叔孙武叔说："郈邑反叛不仅是我叔孙家族的忧虑，也是鲁国的祸害。您看该怎么办？"

驷赤说："我的心意就如同《扬之水》（《诗经·唐风》第三章）诗中之所写。"

【扬之水："既见君子，云何其忧？我闻有命，不敢以告人。"意思是：我见到了君子，还有什么忧虑？我已领受命令，绝不敢告诉他人。】

驷赤回到郈邑，对侯犯说："郈邑地处齐鲁之间，独立是不可能的。既然叛离了鲁国，就要设法归顺齐国。"

于是侯犯派人将郈邑的户口图册送到齐国，请求齐国来接管。而驷赤却对邑人说：如果齐人来接管郈邑，就会把本邑人外迁到齐国。于是郈邑人心都不安起来。

结果，当齐国派使者到来后，邑人发生哗变而骚乱。侯犯遭受邑人的群起而攻之，因害怕而弃城出走，逃亡到齐国。

三

齐国人知道自己也无力控制郈邑，就把郈邑地图户口名册交还给鲁国。武叔于是重新收回郈邑，为此亲自到齐国聘问致谢。

齐君（景公）见到武叔，一语双关地威胁他说："叔孙子啊！如果郈邑在别的地方，我是无能为力的。但它正好是在齐鲁边境上，所以只有我才能为你解忧，把它交还给你。"

武叔回答："我并不是贪恋这块田地。只是如果没有封疆子民，就无法为君侯服务了。我很抱歉为家奴（原文"家隶"）的事给您添了大麻烦（暗指齐人参与侯犯之乱）。但造反的叛臣为天下所不容，您不会后悔帮助我们吧！"

在郈邑事变之后，叔孙武叔并没有真正取得郈邑的治理权，郈邑的邑人仍然不听叔孙武叔的使令。

鲁定公十二年（前498年），孔子以大司寇"行摄相事"，主持鲁政。由于郈邑叛变方得平定，这年夏，孔子就向鲁君及三桓建议，削降三家封邑——郈、费、成等三邑的城池。因按照周礼的规定，大夫私邑的城墙应当低于国都的建制。

这就是所谓"堕三都"。季、孟、叔三家认为此举会有利于削弱他们的家臣的地位，所以都同意了。

四

孔子任鲁国的大司寇（相当于公安部部长及总检察长）后，使用一批弟子参政。

因子路勇武，被荐任季氏家总管。孔子委派子路去实施"堕都"之事，首先要削降的是郈邑。

叔孙武叔表示支持。他委派子路去担任郈邑宰，试图借助子路的力量重新控制这块反叛的领地。

于是叔孙武叔、子路率军队进入郈邑，将郈邑城墙削降了三尺。

在收复这个领地后，武叔任命郈邑的马倌驷赤（也是孔子弟子）担任了郈邑宰。

在削降郈成邑功后，孔子的下一个目标是削弱季氏的领地费邑以及孟氏的领地成邑。

这两座城邑分别由季氏的家臣公山不狃和孟氏的家臣公敛处父控制。

叔孙家有一个庶子叔孙辄曾与阳虎、公山不狃结盟。在郈邑被削降后，叔孙辄即前往费邑。公山不狃与叔孙辄密谋后决定先发制人——从费邑发兵，偷袭国都曲阜。

鲁定公和季桓子、武叔懿子等人对此没有防备。费邑兵来后，他们匆匆逃到季氏府中避难。

鲁君登上府中的季武子之台。费人的军队攻进府中，追至台下包围而强攻。敌兵发射的乱箭，一直射到鲁定公身边，情况十分危急。

孔子命弟子申句须、乐欣率弟子部下反攻费军。孔子亲自站在阵前指挥，终于把费人击退。

曲阜城内忠于鲁君的国人这时也拿起武器参战，乘势反击，将费人赶出曲阜，最后在姑蔑（曲阜鲁城以东约九十里）打败了费人。公山不狃、公叔辄兵败后，逃亡到齐国。

这次战役，是孔子生平中一次重要的军事实践活动。

五

人们通常以为儒家柔弱，不习武事。其实，孔子出身武士家世（父孔叔梁纥是著名武士）。早年强健善武，精于射、御之道。在《礼记》中，孔子论述儒道，主张尚武、复仇。

在任鲁国代理国相部署与齐国君主的郏之会前，孔子就曾经对鲁君说："有文事者，必习武备。"郏会上，当莱人进逼要挟鲁君时候，孔子奋身而上，召集武士，捍卫鲁君，转危为安。

在后来流亡列国时，孔子也曾经多次身临险境，都能临危不惧，从容应对。孔子完全不是世俗所想象的一个柔弱书生。所以，孔子论《易》的名言是："天行健，君子以自强不息。"

费人的叛乱被平定后，季桓子、孟无忌（懿子）派子路率师去"堕费"——拆除了违制的城墙。

下一步，就是拆除孟氏家领地成邑的城墙了。

六

实际上，孔子与阳虎、公山不狃诸家臣的关系一向十分微妙。

多年来，鲁国政治混乱，鲁君虚位，并无实权。国政、军政操在三桓家族手中，而三桓家族的家臣，又控制着三桓家族。

阳虎政变失败前，阳虎即与叔孙辄、公山不狃结为死党。阳虎兵败逃亡，公山不狃仍盘踞费邑。鲁定公八年，公山不狃曾派人邀孔子去费邑。当时孔子很想去，但子路表示反对。孔子说："周文王、武王兴起于丰镐，而王天下。费邑虽小，也许能成为做大事的根据地。"［"盖周文武起丰镐而王，今费虽小，傥（当）庶几乎？"］

孔子又说："我不是要去给他当仆从，而是要劝他追随我，复兴东周啊！"

但孔子最终还是没去。这件事情，十分微妙地表明孔子五十岁前后政治立场的变化。

此前的孔子，是以庶民、庶子身份为立场的孔子。当周天子失败、各诸侯国内陪臣执国政、礼崩乐坏之际，孔子并非站在世袭贵族一边。而是站在阳虎、公山不狃、田成子等新兴势力一边。所以他对齐国的田氏、鲁国的阳虎、公山不狃一辈，政治上持同情态度。甚至不反对与他们合作。但是，孔子在鲁国任中都宰、大司寇后，立场转变为拥护鲁君、反对家臣、主张"克己复礼"的保守主义者。

七

成邑是孟氏的领地，位于鲁国北境（今山东省宁阳县北），这里距齐国边境不远。

这座城的邑宰，是孟氏家族的家臣公敛处父。此人头脑机敏、聪明能干。在阳虎叛乱时，他支持家主孟氏，协助平乱有功，因此深受孟氏器重。

但是，公敛处父不同意拆除成邑的城墙，他对孟懿子说：

"拆毁成邑之城墙，意味着为齐人进入鲁国打开北方国门。成邑是孟氏家族的基地。没有成邑，也就没有了孟氏。绝对不能拆除成邑的城墙！"

孟无忌说："但策划指挥此事的是我的老师孔子，我该怎么办？"

公敛说："你不必出面，我不理睬他们。"

结果，孟氏的成邑不理会孔子削城的命令。

孔子找孟无忌，孟无忌避而不见他。

孔子只好请示鲁君出动军队，包围了成邑。

鲁定公亲自督军，包围了这座城，但是却许久也打不下来。

鲁国内乱，齐国高兴。齐军屯集边境，蠢蠢欲动。鲁君害怕了，于是撤回了攻击成邑的军队。

八

拆除费邑后，子路担任了季氏的家臣总管，取代了昔日阳虎的地位。他还推荐孔子的另一个弟子子高担任费邑宰（城大夫）。而此前，孔子的弟子驷赤已担任郈邑宰。

这样一来，孔子通过子路、子高（羔）和驷赤，实际已控制了鲁国的这两座大邑。孔子集团俨然已成为除三桓贵族以外，鲁国最强大的一种政治势力。

此举当然会引起三桓家族的戒心，特别是在攻击孟氏的成邑失败之后。

鲁大夫公伯寮趁机对季桓子进言，说："你的家邑现在已在子路、孔子手中。难道他们不比阳虎更可怕吗？！"

于是，季桓子免去了子路的家大夫职务，不再让他担任季氏的总管。

攻击成邑失败后，鲁君对孔子也避而不见了。

孔子生病了，躺在床上好多天，不能下地。这时鲁君来看他，也许是来察看孔子的虚实。而孔子则勉强撑起身子，似乎已经虚弱得不能施礼，只能将上朝的礼服披在身上，面朝国君行拜礼。

季桓子闻讯，也派鲁大夫子服景伯来窥看孔子。子服景伯特意向孔子提到公伯寮对子路进谗言的这件事。

子服景伯试探孔子说："我看季大夫也许只是受了公伯寮的一时蒙蔽。我要想办法把这背后说坏话的家伙杀掉，然后抛尸示众。"

孔子回应说："我的政治主张能实行吗？如能，那是命运。如不能，那也是命运。难道公伯寮能改变天命吗？"

拆除三都的失败，是孔子平生政治活动的一次最重大失败。经历此次失败后，他和他的弟子在鲁国实际已陷入被孤立和监视的政治险境。

鲁国举行大祭，祭礼没有邀请孔子。而按照传统的规矩，祭祀之后国君会把祭品分给大夫们分享。孔子对弟子说：等等吧，看他们会不会给我送来。结果，鲁君没有把祭品分配给孔子。孔子知道自己在鲁国已经不能再待下去了。

不久，孔子就离开了鲁国，开始了长达十四年的流亡生涯。

"天下归仁"——革命性的政治理想

"仁"这种思想，始终是孔子政治追求的核心理念。孔子毕生以"仁"作为改革的目标，实践了"克己复礼，天下归仁"。

一、三代核心价值不同

孔子政治伦理理念的核心价值，是关于"仁"的思想。"仁"这一观念，并非孔子所发明，但却是孔子将其提升为一种高境界的道德理想、政治理念和社会伦理。在记录孔子言论的区区万字的《论语》中，言"仁"者五十有八章，"仁"字凡百有六见。

儒家以仁政作为规诫政治掌权者的首要要义。

在此之前，夏商两代所注重的核心理念，是与宗教相关的"命"与"天"，即天命的观念。殷商王朝重视天命、信仰天帝和命运。周人的核心理念是保德与敬天。"德"的字根和词源是直与循。保德的意义是贵族及君主要正直、守持、责任。而天，则是宇宙、历史和人世的主宰。

孔子罕言命，少言德，不言帝，慎言天，他所提倡的核心价值理念是"仁"——仁善。

"命"与"天"的概念都是人生及宇宙之主宰者的概念。人在天与命之下，是被动者。

"德"与"仁"的概念，则是关乎人性的概念。但"德"引入的是外部社会的评价——循规蹈矩、正直之行为，强调的是个人的责任以及社会舆论的评价。"仁"则不同，"仁"是指个人的人格修养以及心性的自我净化。

"仁"是纯爱之心，主张要爱利他人。"仁"就是宋明以后儒者所讲的良知、纯善之心，乐利他人与社会。

爱有私爱与博爱之别。私爱者，主观之爱，所爱其实非对象而是自我。博爱者，超越自我之爱也，乃客观之爱，所爱乃社会、世界而非仅仅自我。孔子认为私爱非仁，仁是博爱。

爱出自本心，无可伪饰。由博爱之心而升华为博爱他人和有利他人之行为，不是为了取得人们的好评，也不是为了换取他人的回报，不需要援入任何外在的正直标准，这种"仁爱"才是道德理想的至善之境。

二、仁的本义

"仁"字从"人"、从"二"（二人合体），是六书中的会意字，本义是男女的性爱。

《说文》："仁，亲也。从人二。"《说文》："亲，密至也。"人二，即二人。密至，亲昵也，即性爱也。《中庸》："仁者，人也。"郑玄注："人也，读如相人偶之人。"所谓"相人偶"就是男女性爱。段玉裁说："按人偶犹言尔我亲密之词。独则无偶，偶则相亲。故其字从人二。"也隐晦表述了此义。

仁与妊及娠均叠韵音通。妊娠，怀孕育子也。仁与"妊"以及"娠"亦为同源字。故"仁"字的引申义，则是慈爱、关怀、仁善。

所以《论语》云："樊迟问仁。子曰：爱人。"《孟子》也说："仁者爱人"。仁的本义和引申意义，都是爱人。只是性爱、爱情，以及亲子之爱，都仅仅是个人之所爱，小爱也。而孔子、孟子所言的爱人之仁，则是对人类之爱、对百姓之爱。

"仁"之另一脉古音（古代也有方言之不同，所以许多文字，同字而有多种异音），读音近"善"。郭店楚简之"仁"字为"身心"合体（上身下心），音从"身"得，身、善音近。

古语"怀孕"曰有身（即有娠）。"身"字是孕妇的象形字，与善一音之转。《说文》"善，吉也。"美味曰善（膳），吉喜亦曰善。

在秦汉典籍中，仁、善二字几乎为同义字。《论语》中仁、善二字可以互换，"仁人"就是善人，凡言"仁"，就是言"善"。

孔子对"仁"的定义，第一意义是爱人、博爱（仁爱，广义的人类之爱，而非私情之爱）。第二意义就是仁善。道德上的自我修养至于完成，止于至善曰仁，达到这种境界的即"仁人"。追求实现仁善的，就是"志士"。孔子说："志士仁人，无求生以害仁，有杀身以成仁。"（《论语·卫灵公》）

三、周代存在的野蛮奴隶制度

要理解孔子仁爱思想对于时代的超越性和伟大性，必须结合当时的历史环境来观察——春秋时代的中国，还是对人本身的价值极其轻贱、蔑视的野蛮文化时代。对人道的蔑视，不仅表现在奴隶制度的广泛存在，还表现在以奴隶和战俘为人牲献祭，以及以贱民、奴隶为贵族殉葬的制度上。

关于周代的社会性质是否是奴隶社会的问题，史学界已争论了多年，一直没有定论。

但是，周代社会中存在大量奴隶及奴隶制度，则是毫无疑义的。奴隶制度不仅表现于经济奴隶和家役奴隶的大量存在，而且还表现在以人为祭品的人牲和血祭制度的存在，以及以人为君主和主人殉葬的人殉制度的存在。

包括鲁国在内的"泗上十二诸侯国"，位于今山东南部及东南部。这里是东夷民族的旧地，从殷商以来一直流行人牲及人殉的野蛮习俗。（可参见黄展岳著《古代人牲人殉通论》第二章。）

到孔子生活的东周（春秋）时期，这里仍然是人牲人殉文化高度流行的地区。《春秋》记录了邾国国君杀死另一个小国鄫国的诸侯，用之祭社的事件：

《春秋·僖公十九年》（前 641 年）："夏六月，宋公、晋人、邾子盟于曹南。邾子会盟于邾。己酉，邾人执鄫子用之。"

关于这件事，《左传》《公羊传》《穀梁传》僖公十九年也都有记述，《左传》所记尤详：

"夏，宋公使邾文公用鄫子于次睢之社，欲以属东夷。司马子鱼曰：古者六畜不相为用，小事不用大牲，而况敢用人乎？祭祀以为人也，民，神之主也，用人，其谁飨之？齐桓公存三亡国，以属诸侯，义士犹曰薄德，今一会而虐二国之君，又用诸淫昏之鬼，将以求霸，不亦难乎？得死为幸！"（杜预注："此水次有妖神，东夷皆社祠之，盖杀人而用祭。"）

四、孔子时代鲁国、齐国的人祭和血祭制度

鲁国是春秋时期的大国，它也经常对邻近的莒、邾等小国侵凌掠夺，俘其国君，杀祭于社坛。终春秋之世，杀人祭祀的恶习在号称文明之邦的鲁国不断发生。

《左传·昭公十年》（前532年）记："秋七月，（鲁季）平子伐莒，取郠，献俘，始用人于亳社。"（杜预注："杀人祭殷社。"）

《哀公七年》（前488年）：（鲁季康子伐邾）"师宵掠，以邾子益来，献于亳社。"（杜预注：益，邾隐公也；亳社，以其亡国与殷国。）

除了献俘祭社以外，当时还流行血祭神灵和焚尪求雨的活动。

《管子·揆度》记述齐国的法律：

"《轻重之法》曰：自言能为司马，不能为司马者，杀其身以衅其鼓。自言能治田土，不能治田土者，杀其身以衅其社。"

鼓是大社中雷神的象征，衅鼓，就是用人血祭祀社鼓，也就是血祭社神。

"焚尪求雨"，早在殷商时代就非常流行。尪，即巫师，烧烤巫尪，现奉雨神，这种巫术活动称为"烄祭"。

据《左传·僖公二十一年》（前639年）记："夏，大旱，公欲焚巫尪。（杜预注："巫，女巫也，主祈祷请雨者。"）臧文仲曰：'巫尪何为？天欲杀之，则如勿生，若能为旱，焚之滋甚。'公从之。"

《左传》记录的鲁国这次焚尪求雨事件，虽然遭到大夫臧文仲的反对而没有实行，但其作为一种制度和风俗，一直到战国时代都长期存在着。

五、春秋时期的人殉制度

众所周知，以人殉葬之俗大盛于殷商。但是在孔子生活的东周中后期，人殉制度在列国中仍广为盛行。

考古学者黄展岳说:"齐国、鲁国及胶东、鲁南东夷诸国,早在殷商西周时期就已经存在人牲人殉习俗,至东周时仍相沿不衰。考古发现的齐国殉人墓及殉人数均居东方列国首位。殉人墓大多发现在临淄齐故城附近的齐王室墓或其他高级贵族墓中,年代大多在春秋末至战国早期。主要有郎家庄1号墓,国家村1号墓、2号墓,齐鲁石化乙烯厂4号墓、5号墓、6号墓,淄河店2号墓,田齐王族墓,章丘女郎山1号墓。"

见于记载的人殉,还有齐桓公墓和齐宣王后无盐氏墓。齐桓公墓曾经使用人殉,见《史记·齐太公世家》引《括地志》:

"齐桓公墓在临淄县南二十一里牛山上……一所二坟。晋永嘉末,人发之,初得版,次得水银池,有气不得入。经数日,乃牵犬入,中得金蚕丝数十薄,珠襦、玉匣、缯彩、军器不可胜数。又以人殉葬,骸骨狼藉也。"

齐宣王后墓也使用人殉,见明万历时沈德符《野获编》卷二十九《叛贼·发冢》条:

"嘉靖八年,山东临朐县有大墓,发之,乃古无盐后陵寝。其中珍异最多,俱未名之宝;生缚女子四人列左右为殉,其尸得宝玉之气,尚未销。"

春秋时期,不但人殉制度大量存在,还有士人对君主的自动从死风气。前548年,齐大夫贾举、公孙敖等十一人集体为齐庄公殉死,就是著名惨烈的一例。《左传·襄公二十五年》(前548年)记:

"夏五月,崔杼弑齐庄公。……贾举、州绰、邴师、公孙敖、封具、铎父、襄伊、偻堙皆死。祝佗父祭于高唐,至,复命,不说弁而死于崔氏。申蒯侍渔者,退谓其宰曰:'尔以帑免,我将死。'其宰曰:'免,是反子之义也。'与之皆死。"

"崔氏杀鬷蔑于平阴。晏子立于崔氏之门外。其人曰:'死乎?'曰:'独吾君也乎哉,吾死也?'曰:'行乎?'曰:'吾罪也乎哉,吾亡也?'曰:'归乎?'曰:'君死,安归?君民者,岂以陵民?社稷是主。臣君者,岂为其口实?社稷是养。故君为社稷死,则死之;为社稷亡,则亡之。若为己死而为己亡,非其私昵,谁敢任之?且人有君而弑之,吾焉得死之,而焉得亡之?将庸何归?'门启而入,枕尸股而哭，兴，三踊而出。"

　　齐国政变，诸臣为齐庄公殉死，引起了晏婴的议论。晏婴是当时的著名政治家，也是孔子的老师之一。而他认为，如果国君为社稷而死，那么人臣应该从死牺牲。如果国君为身家私利而死，其亲眷应该从死，人臣则不一定要从死。也就是说，晏子并不反对臣下为君主殉死。由于齐庄公之被杀是死于私利，所以晏子认为臣子不必为他殉死。

　　与晏子不同，孔子明确反对一切以人为死者殉葬的制度。不仅如此，连用俑人（假人）代替人去殉葬，孔子都表示反对。

　　《礼记·檀弓》记："孔子谓'为明器者，知丧道矣'，备物而不可用。哀哉！死者而用生者之器也，不殆于用殉乎哉？其曰明器，神明之也。涂车刍灵，自古有之，明器之道也。孔子谓'为刍灵者善'，谓'为俑者不仁'，殆于用人乎哉？"

　　孔子认为，不论是用人为殉还是用人俑为殉，都是"不仁"即反人道的。孔子有一句诅咒以人俑殉葬制度的名言："始作俑者，其无后乎？！"那些制造俑人为人殉葬的，他们一定断子绝孙了吧？尽管如此，事实上，在孔子身后，以人为殉，特别是人俑殉葬的制度，仍然存在了数百年。

　　在孔子的时代，鲁国贵族中也流行以人为殉的野蛮制度。《左传·哀公三年》（前492年）记：

　　"秋，季孙有疾，命正常曰：'无死。南孺子之子，男也，则以告而立之；女也，则肥也可。'"（杜预注："季孙，季桓子。正常，桓子之宠臣，欲付以后事，故勒令勿从死。南孺子，季桓子之妻。言若生男，告公而立之。肥，康子。"）

　　这个记录表明，季桓子临死，本来应该让家臣正常（名字）殉葬。但是他因为身后有事要托付家臣办理，所以免去了这个宠臣的从死。但如果没有这个嘱托，此家臣从死就是注定的。

　　殉人习俗在春秋时代开始遭到社会舆论的反对。秦穆公用三名武士（三良人）为其殉葬，秦民哀之，为死去的"三良"作悲歌《黄鸟》。此诗被孔子收编入《诗经·秦风》：

交交黄鸟，止于棘。谁从穆公？子车奄息。维此奄息，百夫之特。临其穴，惴惴其栗。彼苍者天，歼我良人！如可赎兮，人百其身！

"交交黄鸟，止于桑。谁从穆公？子车仲行。维此仲行，百夫之防。临其穴，惴惴其栗。彼苍者天，歼我良人！如可赎兮，人百其身！

"交交黄鸟，止于楚。谁从穆公？子车针虎。维此针虎，百夫之御。临其穴，惴惴其栗。彼苍者天，歼我良人！如可赎兮，人百其身！

诗中悲呼：青天在上啊，为什么要杀死这些好人？如果可以赎身，有成百人愿意代替他们！（彼苍者天，歼我良人！如可赎兮，人百其身！）

但是这种呼声也表明，当时的人们只是同情被殉葬的死者，而并非反对殉葬的制度本身。

《礼记·檀弓》也有关于齐国大夫、孔子的弟子陈子亢和陈尊己制止用人殉葬的两件事：

"陈子车死于卫，其妻与其家大夫谋以殉葬，定而后陈子亢至，以告曰：'夫子疾，莫养于下，请以殉葬。'子亢曰：'以殉葬，非礼也；虽然，则彼疾，当养者孰若妻与宰，得已，则吾欲已，不得已，则吾欲以二子者之为之也。'于是弗果用。"

"陈乾昔寝疾，属其兄弟，而命其子尊己，曰：'如我死，则必大为我棺，使吾二婢子夹我。'陈乾昔死，其子曰：'以殉葬，非礼也，况又同棺乎！'弗果杀。"

前一则故事记齐大夫陈子车死，其妻及家大夫谋划用人殉葬，他的兄弟陈子亢则认为"殉葬非礼"。"如果非要有人去地下陪伴父亲，最合适的人就是他的妻子及其家大夫"。子车之妻及其家大夫自己当然不愿意去死，所以只好作罢。后一则故事记陈尊己违抗父命，不以父亲的爱妾殉葬。子亢、子车都是孔子的弟子。这两个反对殉葬的事例，被收录在孔门弟子编撰的《礼记》中。这里值得注意的是，孔门弟子认为殉葬这种制度是坏的——殉葬非礼，不符合礼制的精神！

这显然是孔子的思想。

六、孔子以仁爱的理念对抗野蛮文化和奴隶制度

对于孔子来说，天地之间最高贵的存在就是人。孔子最早提出以人为本、尊重人类的思想。他认为"天生万物，唯人为贵"。(《说苑》)因此"仁者，人也"，"仁者，爱人"。"仁者爱人"——对人的关怀与爱，也就是近代所说的人道主义——对于孔子来说，是高于一切的理念。仁，也是孔子教育弟子的核心理念。

《论语》记录孔子勉励弟子的言论说："士不可以不弘毅，任重而道远。仁以为己任，不亦重乎？死而后已，不亦远乎？"(《泰伯》)"虽有周亲，不如仁人。"(《尧曰》)"如有王者，必世而后仁。"(《子路》)"无终食间违仁，造次必于是，颠沛必于是。"(《里仁》)

孔子认为，博爱人类和大众，以及"以民为本"的思想，应该构成一切"礼义"制度的终极旨归。因此，孔子将仁善与用仁的理念，贯穿在他编撰的《尚书》《诗经》《春秋》等五经著作中。

在周代及春秋时期仍然存在以人为牲口的奴隶制度，以及大量存在人祭、血祭、人殉的野蛮文化的背景下，孔子提出"人为贵""仁者爱人"的思想，对当时种种反人道的野蛮制度与文化，具有显而易见的反抗性和极其伟大的历史进步意义。这一点，却一直未被论孔子及研究仁学者所重视。

宗教改革与新礼教的创立

一、孔子对先秦神道教的改革

孔子是一位宗教改革者。

孔子不仅是上古神道教的传述者、司祭，而且还是革新者。孔子对神道教的主要改革，是使宗教观念与政治相分离，使宗教祭祀形式化，成为"礼"，从而创立了"礼教"（后人以儒名之，即儒教）。

他以重新整理和阐述上古祭典的方式，将神道教人文化。

中国古代文化与欧洲中古文化的根本不同，即在于欧洲政治与宗教长期直接合一，而中国敬祖事天的神道之教则具有鲜明的人文主义的特征。

韦伯认为儒学也是中国的一种宗教。儒教的核心就是礼教。因此儒教确有宗教性。它是一种信仰，也是一种学说，是一种国家政治意识形态。儒教与其他宗教有两点重大不同：一是兼容异端的非排他性，二是植诸人心的非强制性。

近世学者罗根泽说："中国人自称为礼教之邦。但究竟'礼'是什么？从来没有人说得清。孔子所谓礼，与孟子所谓礼、荀子所谓礼，是否相同？其差异是什么？恐怕任何人都茫然不能作答。其他如'仁'、如'道'、如'德'，举不胜举。"

究竟"礼"是什么？礼的本义是祭祀，即以器盛玉或食物，设置于神位而敬神。礼物首先是对于神的贡品，是对神之恩赐的回报物。"礼"的本字是"丰（玉）"的繁文，丰即奉，奉献，在甲骨文中，像"豆"（容器）内盛着米粮和玉，由"礼"字的这一语源中，可以看出"礼"的起源具有宗教意义。

荀子说："礼有三本，天地者，生（万物）之本也。先祖者，类（族）之本也。君师者，治之本也。无天地，恶（安）生？无先祖，恶（安）出？无君师，恶（安）治？三者遍亡焉，无安人。故礼，上事（事者，敬也。）天，下事地，尊先祖而隆君师。是礼之三本也。"

荀子这段话指出了儒家所谓"礼"的三大精髓所在：

第一，礼是事天敬祖的宗教。

第二，礼是约束人类的社会制度（尊卑贵贱的分配制度和维护制度）。

第三，礼是引导人类感情和精神的伦理教化（价值观念与行为方式）。

这也是"礼"的三大根本。

二、礼教与基督教之不同

礼教为孔子所创，是对商周神道教的改革，在汉代以后成为国家宗教，影响中国历史垂二千年。但是，礼教与西方宗教不同：西方宗教本于对上帝的畏惧之心，东方礼教则本于仁爱之心；西方以宗教为戒惧、为忏悔，中国则以宗教为维系情感与人伦的纽带。

中国礼教与基督教之不同，在于中国礼教没有"原罪"的观念。基督教认为人之祖有原罪，盗食知识之果就是原罪之罪孽，人类的整个生存都是对原罪的偿赎。只有死亡才能得到解脱。因此，死后灵魂进入极乐世界乃是人类求得赎罪之目标，而现世生活则应以苦行求取神恩，以求灵魂之得救。

而中国礼教观念则完全不同。中国人无原罪观念，亦无来世观念。虽然也信人死后有灵魂，但认为灵魂散而为魂气。礼教对于人的要求在于现世的责任。对于生者，事君要忠、事亲要孝、事人要诚（义）。对于死去的人，生者都需承担死者祖先灵魂生活之责任，因为死者之灵魂仍然要依靠生者的祭祀和供养方得存在，否则即受苦为孤魂野鬼，不幸至极。中国人之最大诅咒语是令敌人无后。所谓无后，其意义正在于此。

礼教注重人生之现世，尤注重人生之种种责任，中国的百神体系，皆服务于人，以人生为本体。看重现世，不关心死后，这是中国人特有的现实主义。人之善行，是对自己及子孙福祉承担责任，并非为自我升天堂赎罪。不行善者，神灵、祖宗、社会、他人都将离弃之。

礼教是一种人文宗教，礼教的核心价值是个人对社会的责任，是利他的"仁善"，因此其宗教性（就责任感言）远重于其他宗教。而其对现世和人伦价值的重视超过其对死后世界、神灵世界、未知世界的重视，所以，其宗教性质比世界其他宗教稀薄。

礼教倡导理性主义，拒绝神秘主义。

三、礼教的人文性

孔子作为神道教的祭司，他所关注的要点，并不是宗教的神权与神性，而是宗教的人性与人文性。孔子不是一个迷狂的宗教徒。相反，他是一个理性主义者、怀疑主义者、自然神主义者。"子罕言：利与命，与（语）仁。"

"务民之义，敬鬼神而远之，可谓知矣。"

"季路问鬼神。子曰：'未能事人，焉能事鬼？'问死，曰：'未知生，焉知死？'"

刘向《说苑·辨物》记："子贡问孔子：'死人有知无知也？'孔子曰：'吾欲言死者有知也，恐孝子顺孙妨生以送死也；欲言无知，恐不肖子孙弃不葬也。'"这段话不仅表征了孔子既不明确肯定，也不明确否定鬼神存在的真实想法，而且也进一步彰显了其鬼神观所蕴含的浓郁的人文精神。

中国古代思想史上曾发生过从"以神为本"转向"以人为本"的文化转变，孔子正是这一转向的推动者。孔子通过对传统鬼神观的内涵及其象征意义予以新的诠释，使得宗教意义上的鬼神具有了人文意义，从而在先秦时期进行了一次文化启蒙。

四、孔子的怀疑主义

孔子鬼神观的人文意义体现在以下几个方面：

首先，对鬼神采取存而不论、敬而远之的态度，从而对传统宗教意义上的鬼神观做出理性回应。

《论语》中有一段描写孔子在重病时与弟子子路的对话："子疾病，子路请祷。

子曰：'有诸？'子路对曰：'有之。诔曰：祷尔于上下神祇。'子曰：丘之祷久矣。"（《述而》）

孔子以一句"有诸？"表达了他对祈祷是否有用的怀疑态度。

在孔子看来，如果"获罪于天"，便"无所祷也"。真正决定人命运的并不是祷于鬼神，所以应尽可能地远离鬼神，因此，"子不语怪、力、乱、神"，"敬鬼神而远之"。

《礼记·檀弓》记："子路曰：'吾闻诸夫子，丧礼，与其哀不足而礼有余也，不若礼不足而哀有余也。祭祀，与其敬不足而礼有余也，不若礼不足而敬有余也。'"

可见，在宗教问题上，虽然孔子是一个祭司，但在内心深处，孔子是一个实证主义者、自然主义者、泛神论者。

正是由于孔子在春秋中叶对上古神道教的革新，使神学教走向礼仪化的同时走向国家化、民本化和政治化。在经历汉代的新儒学主义（今文）以及原教旨主义（古文）的激烈辩论之后，儒教在唐代变成了一种宗教色彩相对较弱且颇具宽容性的自然神教，人文伦理和国家政治色彩极重的政治宗教。

因此，在整个中古时期的历史中，中国很少发生痴迷的宗教狂热运动。

五、天道远，人道迩

在孔子看来，鬼神属于"天道"的问题，而天道远、人道迩，与"人道"相关的人事才是人们在有限生命中应该关注的中心问题。因此，他将鬼神和人事予以明确区分，积极引导人们把关注的视域聚焦于人事。知道应该知道且能够知道的事，做应该做和必须做（义）的事，才能称其为真正的智者。

孔子曰："非其鬼而祭之，谄也。见义不为，无勇也。"（《论语·为政》）即是说，在现实中，眼见应该挺身而出的事情，却袖手旁观，反而去祭祀不该你祭祀（"非其鬼"）的鬼神，这不仅是献媚，更是怯懦的表现！

弟子们多次向孔子提出关于鬼神的问题，但孔子不是避而不答，就是以巧妙的方式引导他们把关注的视域转移到现实的人生："未能事人，焉能事鬼？""未知

生，焉知死？"（《论语·先进》）

在孔子那里，对鬼神的祭祀不是一般意义上的宗教活动，而是人们对已逝祖先"孝"的继续，是带有浓厚人文色彩的伦理追认。孔子试图把祭祀鬼神的象征意义与伦理秩序的建构结合起来，将以往以祈福为目的的祭祀转变为自我反省，通过对死者的祭祀使生者产生无限久远的伦理责任。

在祭祀中，生者体悟到对死者承担着的不可推卸的责任，并因此在死者的观照下产生敬畏之心，正是这种敬畏之心引导着生者的伦理行为，从而借助于对鬼神的祭祀，将对神灵的崇拜推扩为对文明创造者的敬仰。

所以孔子说："慎终追远，民德归厚矣。"（《论语·学而》）生者在"慎终追远"的过程中，勇敢地担当起对已逝者的承诺和对他者的责任，从而开始了真正意义上的伦理行为。正如《中庸》所言："事死如事生，事亡如事存，孝之至也。"

【儒家思想的是与非】

儒学缘起上古神道教

一、儒者起源于祭司

鲁昭公二十五年（前517），孔子回到鲁国。归国后，鲁昭公委派孔子担任鲁国宗社的司祭——傧相，为王室宗社主持祭祀及丧葬之礼。

当时各国方言不同，司祭及司礼乐的傧相或称为"相"，或称为"祝"（古音"兄"），或称"胥"，或称"需"（缛）。

儒之古音从需，近觐、胥、兄。《周礼》中司乐者称"胥"。胥、须、需字通。胥又作谞，《说文》谓"有才智之人"。武威出土汉武帝遗诏木简文"师儒"记作"师谞"，可证胥、谞、儒互通。所谓"师儒"，也就是儒师。儒字从人、从需，需师即儒师。总之，周代宗教神职之司祭官（相），以方言不同而称为相、胥、须、兄（祝），其实都是儒者——儒师的前身。

鲁之始君周公之子伯禽是西周之太祝。儒作为祭司其实也就是"祝官"。

《汉书·艺文志》说："儒家者流，盖出于司徒之官。"儒家之学起源于宗社礼乐典章文物之学，儒师则原是古神道教中祭祀天地、祖先、社稷的祭师。儒的本义是"胥师"，亦即主持宗社祭祀礼乐仪式和丧葬之礼的祝官、祭司和乐官，在职能上正是从属于司徒之官。

担任司祭的傧相，使孔子实现了他少年时代即已怀抱的理想——成为鲁国国家神社的司祭胥相。因为宗社也是国子——鲁国贵族子弟的从学机构，孔子可以合法地聚徒讲学。大概从此时起，孔子组织起从属于他的一个学团——儒者集团（后世所谓"儒家"）。

二、中国上古之神道教

人们常说中国古代只有巫术而无宗教，是无宗教之国度；或谓中国自古无国家宗教。此说一直颇为流行，然而实在是无知之妄论。其实，中国自古以来就是有本土宗教信仰之国度。

夏商周政体的一个重要特点是政教合一，当时的政治与宗教结合得十分紧密。孔子云："圣人以神道设教。"秦汉以前，中国之国教就是神道教。

中国上古（夏商周三代）均崇奉一种敬祖奉天的神道之教。先秦之神道教以天、地自然神和祖先人文神为主要神灵。这种神道教早在唐虞时代即已形成，见诸《尚书·尧典》及《舜典》中所描述之祭典。

周礼之主体制度，正是以神道教之宗教祭祀为核心的一套典章制度。孔子的儒教或曰礼教，也正是通过对上古神道教的人文化改革演变而出的。

秦汉以前之上古，华夏民族之宗教为神道教。秦汉以后，神道教仍为国家信仰，而民间则亦有天道教、天师道教（即道教）。

战国秦汉之际，佛教自西域传入中国，汉、晋、唐、宋以后，佛教与神道教及儒教并行。只是"五四"以后经历的百年革命和动荡，彻底摧毁了中国人的宗教信仰，无神论弥漫人心。

三、上古神道教的内涵

任何宗教都包含三个主要部分：

1. 神主。

2. 解释和神话（意识形态）。

3. 操作体系（祭祀与典礼）。

在上古神道教中，天神（帝、天、日、月）、祖先、社稷神（土地与林木）及百物之灵是中国人所祭拜的四组主要神灵观念。

一、天神系统，主要是天体（天）、日月及五行星（七曜）神主，包含"帝、天、日、月"四大系统。

二、地祇系统，主要是江、河、山岳、土地、树木及五谷（植物）之神。

三、祖先系统，主要是死去的本族鬼魂。

四、日用及百物之神，主要是与战争、畜牧、渔猎有关的异种神灵。孔子在《礼记》中说："礼行于王祀：郊（天）、礼（地）、祖庙、山、川。"

在天神系统中，最重要的神主是北极神（中天神）、日神（东方神）及月神（西方神）。

除了对日月、北极神的崇拜，神道教也祭祀其他星辰。其中最重要的星座均与季节标志有关。如龙星、大火星。大火星是夏季的标志，专有火正之官主持祭祀。火正祭大火星的时候，用心宿柳宿陪祭。火星并运行在这两个星宿之间，所以柳宿就是鹑火星，心宿二就是大火星。陶唐氏的炎正阏伯位在商丘，祭礼大火星，而用火星来确定时节。

古华夏神道教的元始祖师是颛顼。《国语·楚语》记颛顼"绝地天通"，统一了神道教。颛顼故地在今河南濮阳。颛者，端也；顼者，需也。颛顼即首儒，儒者的祖师。颛顼就是儒教即儒者的始祖。所以后世神道教的祭师称"端公"或"端师"。

上古神道教不是一个巫术魔法的原始宗教，不是张光直所说的商周的什么原始"巫术"或"魔法"，而是具有系统化宗教神话和完整祭祀礼仪的发达、严密、成熟的宗教系统。

汉唐以后中国之国教，是以孔子为神主的儒教。所以中国历来一直是有宗教的。上古神道教，战国以后演变为道教和儒教。汉唐以下，中国建立了独特的政教兼容的宗教体系，以儒为本，兼容释道。

儒教通过五经和十三经体系的建立，转变为政治性宗教，亦即从政者的国教，国家意识形态，以"民为本位"作为皇权主义的基础；而道则往往作为贵族政治失败后避世的逃逸之教；释教则为通向未来之教。

这种神道教在汉唐即已传播到东亚，特别完整地保存在韩国和日本。

在现代中国，由于经历百年激烈的政治和"文化革命"运动，古代的这种神道教已荡涤殆尽。但在今日东亚一些国家（如日本、韩国），却仍可见到颇为整合的神道教体系，实际上起源都是来自先秦之中国的。

四、礼乐仪式

礼乐是神道教的外化仪式。

夏商周三代之所谓"王"，又称"天子"，与秦汉以后的皇帝不同。作为"王"或"天子"的君主，一身兼为政治君主、宗族宗长、军事统帅以及宗教祭司。神道教与政治制度结合于一体，其内化形式是神权支持下的政治制度，其外化形式就是"礼乐仪式"。

神道教的最高祭典是敬天礼地之祭。祭天曰"燎"或"禘"祭。地神即土神、社神，祭地曰"墠"，又曰"禅"。墠、禅都是社祭的转语。西周时期的一社，也是一个农业基层行政单位，即书社或里社。天地之祭合称"封禅"。"封禅"一名，自汉以后讲不清。封者，奉也，奉天曰封。禅，社也，祀地曰社即墠，即禅。

宗教与礼制，是周代社会的意识形态和仪式制度。礼制即周礼。礼分为吉、凶两类。礼包含四部分内容：

一、族内礼。

二、交际礼（族际礼）。

三、军事礼。

四、祭祀典礼。

对不同的神灵，有不同仪式及等级的祭祀。主要的有：禘祭、祫祭、四时之祭、告报祈禳之祭。

祭天的禘礼又称"郊"祀，"古者，天子夏亲郊祀上帝于郊，故曰郊"。

祭祀的时间，据《左传·桓公五年》："凡祀，启蛰而郊。"杜预说："启蛰，夏正建寅之月，祀天南郊。"《左传·襄公七年》："夫郊祀后稷以祈农事。"

祭祀分"月祭""四时之祭"和"殷祭"等多种。"月祭"是在每月初一举行，又名"朝庙"。

大祭时献礼要以"骍"（赤色牛）作祭品，演奏黄钟之乐。根据周礼，祭天之祭礼曰"禘"，其主要仪式是焚烧巨木。祭天之"禘"礼是只有天子才有资格主持的盛大礼仪，诸侯不得祭天。祭天时须配以天子的祖先共同享祀。

但《春秋》中有多次鲁君行祭天郊祀的记载，也有其他诸侯祭天的记述，表明郊祀已是诸侯常行之礼。如秦襄公作西畤，祭白帝；秦文公作鄜畤，祭白帝；秦宣公作密畤，祭青帝。又如齐国祀典有八神，其中就有天主，都是祭上天的。所以孔子认为："鲁之郊禘，非礼也，周公其衰矣！"（《礼记·礼远》）

五、封禅大典

祭天地最隆重的礼仪是封禅大礼。周之天皇、天子不定期到泰山去举行封禅大典。泰山即华夏民族崇拜的昆仑山（参看何新《诸神的起源》），是中天神（玉皇大帝）所在的中国奥林匹斯山。天子登泰山筑坛祭天，谓之"封"；在泰山下的小山祭地，名之"禅"，禅者，社也。封是祭天，禅是祭地。

据《管子·封禅》记载，传说春秋以前举行封禅的有七十二代帝王，从无怀氏、伏羲、神农、炎帝、黄帝、颛顼、帝喾、尧、舜、禹、汤，到周成王。齐桓公称霸时，会诸侯于葵丘，想举行封禅之礼。但是管仲反对，认为以前帝王封禅，是在嘉谷生、凤凰麒麟来等十五种祥瑞出现之后才举行的，现在没有这些瑞象，怎么可以举行？齐桓公感到自己没有这么大的福分，只好作罢。

祭土地神的同时也祭五谷神——"稷"，即农神。《史记·封禅书》："自禹兴而修社祀，后稷稼穑，故有稷祠，郊社所从来尚（远）矣。"

【春秋时沿用商周制度，在祭社稷的同时还要祭五季五行五神。五行有五神：木官之长叫句芒，火官之长叫祝融，金官之长叫蓐收，水官之长叫玄冥，土官之长叫后土。所以这种祭祀称为"社稷五祀"(《左传·昭公二十九年》)。

社神是岁星之神,岁星神是兵神。齐国社祭时进行阅兵,以显示其军威。《左传·襄公二十四年》:"楚子使蒍启疆如齐聘,且请朝。齐社、军实,使客观之。"又如鲁国俘虏了邾国君益,将其祭亳社,以人祭社。】

六、卜筮与巫术

巫术与魔法是从属于神道教的操作仪式。通过巫术与魔法的操作,人们相信可以兴利除害,操纵和控制自然及魔怪的力量达到趋利避害的目的。

古代的人们认为,自然山川以及日月风云等气象均有神灵主持,这些控制自然的神灵掌控着巨大莫测的自然力,控制着水旱疫疫之灾,为了讨好他们以祈求福祉,所以要进行祭祀。《史记·封禅书》引《尚书》说:舜时"望山川,遍群神,巡祭泰山、衡山、华山、恒山、嵩山五岳"。又引《周官》说:西周"天子祭天下名山大川,五岳视三公,四渎视诸侯,诸侯祭其疆内名山大川。四渎者,江、河、淮、洛也"。可见祭祀山川之神也是王者的重要职责。

如果发生自然灾害,其责任也被认为是王者犯了触怒上天及神灵的罪过。所谓"万方有罪,罪在朕躬"。遇到巨大的天灾,王者要斋戒反省,要祈告神灵,下罪己诏,请求天神的宽恕。

除祭祀外,雩、盟誓、殉人、衅礼,也是神道教的重要操作仪式。

雩礼,是祭天求雨的一种特殊操作,雩礼有两种:一种是夏正四月,苍龙宿(龙星)出现时举行祭祀,预为庄稼祈雨,所谓"常雩";另一种是遇到旱灾而求雨的非常雩祭。这种祭祀一般也应该由天子举行,称为"大雩"。

春秋各国一些国家和地区亦信操巫术,但各国的虔诚程度不同,中原地区尤以陈国特别盛行。

《汉书·地理志》讲到陈国时说:其"好祭祀,用史巫,故其俗巫鬼。陈诗曰:'坎其击鼓,宛丘之下,亡冬亡夏,值其鹭羽'。又曰:'东门之枌,子仲之子,婆婆其下。'此其风也"。

《汉书·地理志》说楚国人："信巫鬼，重淫祀。"《吕氏春秋·孟冬纪·异宝》也说："荆人畏鬼，而越人信礼（吉凶灾祥）。"

此外还有预测未来的重要仪式，亦即占卜、卜筮。卜筮在国家决策中占举足轻重的地位。战争、祭祀、立储、立夫人、嫁女、出使、生病、选太子奶娘、生子女、预料子女未来命运等都要占卜问筮。其中占卜数量最多的是预卜战争的胜负和祭祀的吉凶（如公元前525年，吴国攻打楚国，第一次占卜不吉利，不敢出战；第二次占卜吉利，才决定进攻。）

七、孔子作为祭司而主持大傩

《礼记》和《论语》中记述过孔子作为司祭者参加主持的一些祭礼。其中一种重大的神道教之年终典礼，即蜡祭。

蜡祭，是中国古代每年的12月（夏历十月）农事丰收后以祭神报功为内容的全民狂欢节。蜡祭的仪式中，有一项重大活动，是傩戏。

冬至节前一日举行大傩。"傩"即《诗经·商颂》之"那"，是一种敬神驱魔的宗教性舞蹈。所以孙作云说："古代的大傩之戏（即打鬼跳舞），最早源于黄帝战胜蚩尤以后的纪功舞，后来变成了打鬼舞。"

据《周礼》："方相氏掌蒙熊皮，黄金四目，玄衣朱裳，执戈扬盾，率百隶而时难（"时难"，时傩也，傩舞也。）以索室驱疫。"（《周礼·方相氏》）

武士们蒙着熊皮，头戴嵌有四只黄金眼的假面具，身穿黑衣朱裳，一手操戈，一手举盾。他们率领神人神兽（均由人装扮），在屋内四隅幽暗处舞蹈搜索驱逐大傩，就是迎神以驱逐疫鬼的宗教舞蹈仪式。他们念动驱鬼的咒语，击鼓大呼；将犬羊的躯体分解，散置房屋四周各门，象征恶鬼已被杀死，以禳除邪恶。然后，蒙面者与神人神兽一同跳舞、击鼓、欢呼，庆祝驱鬼的胜利。

在鲁国举行大傩式这一天，孔子恭敬地穿上礼朝服，立于阼阶（司祭者站立的厅堂东阶）。

大傩后的第二天，孔子主持蜡祭。蜡祭的意义是向神灵献功之祭。在社坛祭祀农神、猎神、林神、土神、水神、谷神，向神灵献享、报功，祝愿神灵保佑，祈求神灵赐福免灾。

参加蜡祭的农夫们都身穿黄衣，头戴黄色草笠。满城黄服的人群与四野金秋融为一体，在阳光照映下，显出一派灿然的丰庆景象。乐队高唱《蜡辞》：

> 使土壤回到大地，
>
> 使水流回到沟壑（河），
>
> 虫儿不要闹灾，
>
> 草木生满原野和沼泽。

（原文："土反其宅，水归其壑。昆虫毋作，草木归其泽。"）

八、孔子作为国家祭礼之大司祭官

作为大司祭，孔子引导着鲁国君臣向社坛献祭。据《论语》的记述，主持祭祀时的孔子是十分虔诚的。他说："祭神应如同神就在面前。"（"祭神如神在。"）

大祭的一项重要内容，是含有两性自由狂欢意义的"禘祭"。禘祭之后，举行"大祫"与"大享"。孔颖达说："禘、祫之礼为序昭穆，故母庙之主及君庙之主，皆合食于太祖庙。"大祫，有会合男女的狂欢意义。而孔子对此则不感兴趣。他说："禘，自既祫而往者，吾不欲观之矣。"

每次祭祀结束，孔子一定要等所有的老人都先走了，他才最后一个走。

祭祀完毕，孔子和他的弟子一同登上社坛，参加全城的"大享"之宴，这种"大享"之宴，古代称"乡（飨）饮酒礼"，实际是大祭之后，不分男女、老幼、富贵、贫贱的全民狂欢节日。

大祫之后从祭者分食祭物的仪式称"大享"。在后来流亡国外的时候，孔子也担任过祭司。由于经济困难，有一次，子贡想减少一些祭神供奉的羔羊。但孔子认为不可以，说："子贡啊，你爱的只是几只羊，我却更爱重这种礼仪。"

九、庆贺丰收的狂欢之祭

在欢庆丰年的大享之日，人们化装成各种动物，表演狩猎舞。还有身穿彩服的妇女表演节目。人们吹奏芦笛（一种用芦苇制作的管乐器），打击土鼓（一种用陶土制作鼓身的鼓），载歌载舞。然后，大家拥往社宫（乡校），参加乡饮酒礼，欢聚一堂，喝酒祝寿，狂欢极乐。

在《诗经·周颂》中有诗篇描写乡饮酒时的狂欢：

有的舂米有的舀米，

有的簸糠有的搓秕。

淘起米来声音淅沥，

蒸起米来飘浮香气。

于是占卜祭神——

取来香草涂上羊脂，

牵来公羊剥去羊皮。

又是熏烤又是烧灼，

祈求年年得丰收。

（原文：

诞我祀如何，

或舂或揄，

或簸或蹂。

释之叟叟，

烝之浮浮。

载谋载惟，

取萧祭脂，

取羝以軷。

载燔载烈，

以兴嗣岁。）

筛上酒滤去糟，

拿来猪肉和牛肉，

用大瓢舀上酒。

让人们大吃又大喝，

让人们朝拜又祭祀！

（原文：

乃造其曹，

执豕于牢，

酌之用匏。

食之饮之，

君之宗之。）

据《礼记》记载，有一次大祭之后，孔子的弟子们都去参加狂欢。回来后，孔子问他们玩得是否开心。一个弟子回答说："全城人都像发了疯似的，谁知道他们是不是真的开心。"

孔子说："老百姓已经辛苦一年了，只有这一天才能痛痛快快地玩一玩，这其中的（政治）道理你难道不能明白吗？如果让民众只是紧张而始终得不到松弛，即使是周文王、周武王也是办不到的。一张一弛，这才是文王、武王的治国之道啊！"

"文武之道，一张一弛"，这是一句治国名言，这句话就是由此而来的。

儒的由来与演变

　　以孔子为宗师的儒家，曾给予中国传统学术文化以巨大影响垂二千年。但是，在春秋以后的战国秦汉社会中，这种"儒"的出现却仿佛是一个十分突然的现象。在先于孔子的上古典籍如《尚书》《易经》中，既没有"儒"的名称，也找不到关于儒这种人的记载。《汉书·艺文志》追述"儒家"学派的来源，仅谓"盖出于司徒之官"，然遍索《周礼·司徒》之目，却并不见称儒之官。因此，关于"儒"的名源以及来源的问题，一直是古代文化史中的一大疑案。近世自章太炎、胡适以来，学术界对此问题作过不少探索，然迄今未给予圆满解决。故笔者不揣浅陋，钩索典籍，并借助近人研究成果予以综合，草此短篇。或能补前人所未逮，而为治史者进一新解欤？

一

　　章太炎《原儒》一文，谓"儒"的名称有三种含义：

　　　　一、广义的儒，指一切方术之士。（《汉书·司马相如传》注："凡有道术者皆为儒。"）
　　　　二、狭义的儒，特指古代通六经（《易》《礼》《乐》《诗》《书》《春秋》）的学者。
　　　　三、专义的儒，则仅指孔子以后的儒家门徒。

　　章氏所列儒的三种义项，颇为精复。就"儒"的本名而言，已无可增补。唯对于儒之何以称儒，又"儒"之一名何而能兼有三种不同的义项，则未能给予解答。故其后胡适撰《说儒》一文，试图解决这个问题。

按，古之所谓术士，不外乎六类：文、史、星、历、卜、祝，凡此皆儒也。

胡文引《说文》中儒字的训诂，谓"儒"有柔弱、懦弱的含义。因而乃是周族人对于殷商遗民的蔑称。殷商士人入周后多沦为执丧礼的傧相，并因懂礼制而成为周人的教师。所以"儒"遂成为周社会中此类有文化术士（包括孔子在内）的专称。胡氏此说多出臆测，"大胆假设"，却缺乏"谨慎求证"。郭沫若作《驳说儒》辟之谓："秦汉以后术士称儒，那是儒名的滥用，并非古之术士素有儒称。"（《青铜时代·驳说儒》）从而胡文之说遂不能成立。（刘节先生亦有类似于胡适的说法，谓"儒"乃墨家对儒家的蔑称。其根据亦在《说文》训"儒"为柔弱的训诂。但《说文》此训实不确当，详论见下文。故刘说亦难成立。）

二

由上述可见，为了解决这个问题需要从两方面入手。即首先应解决"名"的问题，因此就必须讨论儒这个字的字源语义及其语义层次的演变。第二是"实"的问题，即必须研究儒这种人的历史身份及其演变过程。

先来考虑第一点。

《说文·人部》："儒，柔也。术士之称。从人，需声。"

从语义上说，这里对儒给出了两个义项：

语义1，儒，指柔弱。
语义2，儒，指术士。

极为明显的是，这两个语义并无逻辑的必然关联。因此，从逻辑上分析，它们之间的关系是析取的关系，而非合取的关系。

认清这一逻辑关系非常重要。因为由此即可以形成一个重要的看法，在儒所具有的这两个并列的语义中，可能有一个含义并非本义，而是由别处窜入的。这个假设是否可以得到证实呢？

回答是肯定的。因为在汉字中，恰有一字之形义与"儒"极为相近，此字即"偄"（今通写为"软"）。《说文·人部》："偄，弱也。从人从耎。""偄"字只有一义，即柔弱，而其篆形与"儒"极其相似。

这就不能不使人怀疑，所谓"儒"的义训"柔弱"，是否是古人因"儒"与"偄"形近而致混并且互相讹用的结果呢？这个假设在古典文献中确能得到证实。例如在汉代的《鲁峻碑》中，"学为儒宗"四字中的儒字，正书作"偄"。这是古代此二字相混的例证。

故朱骏声《说文通训定声·需部》"需"字条下注谓："古耎旁、需旁字多相乱，盖篆书形近。"又"儒"字条下注谓："驽弱也，从心、需声。……段氏玉裁谓即偄字。按耎、需偏旁古多相乱，莫能定也。"

今按，朱说"莫能定也"不确。儒字本形作需（音亦反之），而需字本训无柔弱之义（说见下节）。儒字训诂中之所以参有柔弱的义训，肯定是由于在小篆及隶书中，"儒"与"偄"（软）二字因形近而致淆的结果。

三

在《周礼》中，有一种最为常见的官吏，其名为"胥"，或书为"谞"。孙诒让《周礼正义·天官·序官》注中曾谓："案《周官》之内，称胥者多。谓若大胥、小胥、胥师之类，虽不谓什长，皆是有才智之称。"

但是就"胥"这个字的字形及本义看，它既非人的称谓，也不是某种职官的称谓。《说文·疋部》："胥，蟹醢也，从肉，疋声。"《释名》："蟹，胥。取蟹藏之，使骨肉解，胥胥然也。"可见胥的本义乃是供食用的蟹糟。但在礼经中，"胥"却是一种极其重要而常见的官名。对典籍中胥的训诂做一下归纳，其含义盖有：

1. 知数记事、有才智技艺者称"胥"，通于"谞"。《说文·言部》："谞，智也，从言胥声。"朱骏声说:"经传中多以胥为之。"《仪礼·燕礼》:胥,"知数记事者也"。

2. 主事官吏称"胥"。《仪礼·大射礼》郑玄注:"胥,宰官之吏。"《周礼·地官》注:"胥皆长也。"

3. 宴会司礼、祭祀主祭,丧礼傧相称"胥"。《尔雅·释诂》:"胥,相也。"《方言·第六》:"胥,辅也。"《仪礼·燕礼》注:"胥,膳宰之吏也。"

4. 司乐之官称"胥"。《礼记·表大记》注:"胥,乐官也。"《礼记·王制》注:"小胥,大胥……皆乐官属也。"

5. 古代乐官亦即乡校中之教师,故胥是乐官亦兼是学官。俞正燮《癸巳存稿》谓:"大司成,小司成,乐胥皆主乐。周官大司乐、乐师,大胥二小胥皆主学。……通检三代以上书,乐之外,无所谓学。"

6. 颜师古注《汉书·武公王子传》曰:"女须者,巫之名也。""胥迎女巫李女须,使下神祝诅。"

《左传·昭公十年》有占星术士名申须。凡此诸须,实即需、儒也。

总而言之,在周代社会中,"胥"乃是乡族基层官吏中一种极其重要的人物。《周礼·地官》论闾胥之职称:"闾胥各掌其闾之政令。以岁时,各数其闾之众寡,辨其施舍。凡春秋之祭祀、役、政、丧、纪之数,聚众庶。既比则读法,书其勤敏任恤者。"由此可见,"胥"乃是乡间中主持礼乐、祭祀、行政、教育、文化;集诸任于一身的一种重要人物。然而"胥"这个字本义却与其所担任的这些职事毫无关系。很明显,胥是一个借声字。然而从职能上看,"胥"这种人,与甲骨文中的"需",以及春秋以后出现的"儒",以至《周礼》中曾一见名的"师儒",均极其相似。而胥、需两字音类相近确可通转("胥"字音在心母鱼韵三等平声,需字音在心母虞韵三等平声;相通)。这样,从语音以及"胥""需"所担任的司礼、司乐、司教、司文的职能上,都有充分理由断定,《周礼》中称"小胥""大胥"的"胥",即后世的"小儒","大儒"和"师儒"。

四

孔子年轻时，正是从"胥"出身。《史记》记孔子幼时"年少好礼"，"嬉戏常陈俎豆，设礼容"，及稍长，又尝为季氏族任小吏以及助祭和傧相。这正是孔子出身于"胥"这个阶层的确切证据。又孔子一生，以博学多知、诲人不倦著称于当世，而这又正符合"胥"（谞）的另一个语义："胥，有才智之称也。"《论语·宪问》记孔子言论谓："文之以礼乐，亦可以成人矣。"孔子一生事业，所务在"克己复礼"，"唯礼乐之用所先"。儒家之学，独传在六经六艺，而重点则在礼乐。前已论证，胥是商周时的礼官、乐师，兼为传授六经六艺的教师。由此可见，孔子所创的儒家，所继承的其实正是古代"胥"（需）的文化。所谓"儒"，实来自"胥"，亦即需。（关于这一点，还可以引为旁证的，是儒、需、胥三字，在古代典籍中均音义连通。例如：李善注《文选》左思《魏都赋》引《庄子》："尹需学御。"而《吕氏春秋·博志》作："尹儒学御。"此是需、儒同字之例。又《周易·象传》："需，须也。"《周易·归妹·六二》"归妹以须"一句注引郑玄语："须，有才智之称。"则须与胥通，因之亦与需通。）

综上所论，需在商代乃是一种礼官和祭师。而在周代则是礼官、乐官、祭师，又兼学师。在《周礼》中，需以近声字被假借作"胥"。而在春秋以后的文学变迁中，需增"人"旁，又书为儒。所以商代的需、周代的胥，就是春秋以后"儒"与"儒家"的前身。他们在社会中属于特殊的地位。其职业的特殊使他们沿袭有特殊的装束，亦即所谓"儒冠、儒服"。其特征是"逢衣浅带，解果（形容高也）其冠"（《荀子·儒效》）。即宽大恢宏的衣袍与崔嵬高耸的礼帽。

同时，胥又是周代社会中广义的有才智之士，即知识分子的美称。所以春秋以后形成的诸子百家，凡有道术者，皆可在这一意义上称为"儒"，即"术士"。（例详见章太炎《原儒》）但是儒的本义则始终是礼乐之师。"儒以道得民"（《周礼·天官》），"儒，诸侯保氏有六艺以教民者"（《周礼·天官》贾公彦疏），"古之儒者，博学于六艺之文"（《汉书·儒林传》），乃是正统意义上的"儒"。孔子所开创的以礼乐为教的儒家，正沿循着"儒"的这一语义发展而来。

　　又，班固《汉志》谓"儒家者流，盖出于司徒之官"。司徒之"徒"字在金文中均作"土"（见郭沫若《金文丛考·周官质疑》）。司即司社。其职乃负责邦国之农政、社祭与学政。而里社中之群胥正隶属于司徒之官。所以《汉志》所言，亦非无根之谈耳。

儒家与儒商

一、孔子可能是最早的儒商

令人极有兴味的一个重要问题是：在多年的游历期间，孔子是以什么方法谋生的？早年的孔子没有土地封邑，也没有多少财产，更没有官爵俸禄。虽然孔子当时可能有了几个弟子，但这些弟子也都需要自谋生计的资源。

我推测孔子为谋生需要而经过商，孔子本人很可能是历史上最早的"儒商"。这样的推测并非没有根据。

《论语·子罕》中有一段子路与孔子的对话，耐人寻味：

"子贡曰：'有美玉于斯，蕴诸而藏诸？求善贾而沽诸？'子曰：'沽之哉，沽之哉！我待贾者也。'"

这段话的意思是：

子贡说："有一块美玉在这里，是将它打包藏在盒子里好呢，还是找一个好价钱卖掉好呢？"孔子说："当然要卖掉，当然要卖掉！我也正等着有好价钱的识货人呢！"

成语"待价而沽（贾）"从此则逸事而来。这一段对话表明，孔子并不是一个只会读书的迂阔腐儒，而是颇精通于经商理念的。

实际上，孔子仰慕的管仲在被齐桓公聘为国相之前，就曾做过商贩。以下的一件逸事，也似乎可以印证上述猜测。

《韩诗外传》曾记述孔子在齐国时的这样一件事：

孔子行车在路上，遇到齐国的一位贤人程子，二人停车相语。谈话中，孔子知道程子生活有困难，就吩咐子路："取下车上的彩帛十匹（当时彩帛可以代替金钱，以物易物而流通），以赠先生。"

但是，子路不愿意，就假装没听见，拒绝照办。于是孔子又做了吩咐，子路只好照办。

程子走后，子路不高兴而责问孔子：

"过去我听你说过，君子不在路上交新朋友，就像女子不能没有媒人就出嫁一样。那么今天，您这是怎么回事？"

孔子回答："《诗经》中不是有这样的话吗？'田野上的蔓草，沾上了雨露。偶然遭遇一位美人，令我特别心动。虽然仓促相遇，也要满足心愿。'（野有蔓草，零露漙兮。有美一人，清扬婉兮。邂逅相遇，适我愿兮。）齐国这位程子，也是知名的贤人。今天碰巧与他邂逅在路上，如果我无所表示，也许这辈子都不会再见面，那将令我终身遗憾。做人的大原则当然不能违背。但小道理，是可以随机调整应变的！"

由上述这则逸事，不仅可以看出孔子是一个性情中人，还反映出了孔子处世所具有的灵活态度。

周代之齐鲁地区产一种锦帛，称"齐锦""鲁缟"。研究古代货币史即会知道，在中国隋唐以前的历史中，丝织品、锦帛曾经长期承担过流通货币的功能。孔子出行的车驾上，竟然备有那样多的帛匹，表明他当时是在从事经商贩运。

春秋时代，绸帛贸易极盛，据《史记》，汉初通大都邑的市场需求中有："帛、絮、细布千钧，文采千匹，榻布、皮革千石。"由于铜少，因此缣锦可流通取代通货。司马迁曾说："夫用贫求富，农不如工，工不如商。刺绣纹不如倚市门。"

二、儒商之源在殷商

实际上，孔子先祖之殷商族人本来一向以善于经商而闻名。

商周以前，商人的古称本来是"贾人"，或曰"贾"。史称殷商人善贾、周人重农，周人称贾人为商人，即商族人；这也正是中国人至今仍称生意人为"商人"（即殷商族人）的缘由。

春秋时，子产曾召集居住郑国的一批经商致富的殷商族人开过一次会议，《左传·昭公十六年》记子产之言说：

"早先是我的先君郑桓公和你们殷商族人从周朝迁居出来，齐心协力开辟了脚下这块土地，砍去野草杂木，定居在这里。我们曾立下盟誓要世世代代互相信赖。当初双方有盟誓说：'你们不要背叛我，我也不抢夺你们的东西。你们做买卖赚钱拥有宝货，我也不过问。'依据这个双方信守的盟誓，我们共处到今天。"

【原文：子产曰："昔我先君桓公与商（盘庚迁殷以前殷人称为商人）人皆出自周，庸次比耦，以艾杀此地，斩之蓬蒿藜藿而共处之，世有盟誓，以相信也。曰：'尔无我叛，我毋强贾，毋或匄夺，尔有利市宝贿，我勿与知。'恃此质誓，故能相保，以至于今。"】

郑国的开国先君郑桓公姬友，是周宣王的弟弟。姬友受封于郑国，周宣王赐给他一批殷商遗民作为农奴。但是，郑桓公没有让这些殷人做农奴，而是让他们到各国从事贩运成为自由的商人，郑国之都城也因此而成为当时汇通天下的大商埠。

这是殷商族人有经商才能的一则重要史料。鲁国伯禽受封时，也有大批殷商族人作为附庸迁入。据司马迁说：直到西汉时，邹鲁之地仍多出商贾及金融家（高利贷者）："鲁人俗俭啬……然家自父兄子孙约，俯有拾，仰有取，贳贷行贾遍郡国。邹、鲁以其故多去文学而趋利者。"

三、儒家并不鄙商

流行的谬见，以为儒家轻商。其实，古之商贾本来就有所谓"儒商"。而"儒商"之始祖，即使不从孔子算起，也应从孔子的高足子贡算起。

孔子的重要弟子子贡以善于经商闻名于世。司马迁说子贡善经商，"与世转货赀""家累千金"。又说子贡"既学于仲尼，退而仕于卫，废著鬻财于曹鲁之间，七十子之徒，赐最为饶益"。

《孔子家语》："孔子厄于陈蔡，从者七日不食，子贡以所齐货窃围而出，告籴于野人，得米一石焉。"

由此看来，即使在流亡时期，子贡事实上也一直在经商。

孔子死后，子贡曾在卫任官，后来政坛失意转而从事金融高利贷，遂成为一时巨富。那么子贡请学于孔子的，恐怕也有行商之道吧？

司马迁曾说，谋富之术为三等："治生不待危身取给，则贤人勉焉。是故本富为上，末富次之，奸富最下。无岩处奇士之行，而长贫贱，好语仁义，亦足羞也！"（《史记·货殖列传》）他认为儒者贫穷，而夸言仁义，是可羞之事。换句话说，美德是需要本钱的。贫贱之人自己还无法立身谋生，也没有资格讲论"仁义"。

孔子中年以后长期流亡在陈国，而陈国也是当时天下的重要商埠。《史记·货殖列传》谓："陈在楚、夏之交，通鱼盐之货，其民多贾。"孔子中年以后多年居于陈国，可能也是由于要方便子贡等从事经商活动，以取得自己和子弟们生活所需的资财。

"克己复礼"并非复古

孔子一生之追求，可以概括为八个字："克己复礼，天下归仁"。

理解孔子，首先须理解其时代。所谓"礼"，即"周礼"，主要含义是周代社会四大基本制度：

1. 以血亲氏族为核心的贵族宗法制

这一制度确立父系家长制及嫡长子继承制。但是，随着贵族家庭内人口之繁衍，逐渐产生贵族家族内之非嫡系子弟（即诸"庶子"及"庶族"）无合法继承权问题。

庶子、庶族由贵族地位降为国人（庶民）地位，他们要求权利、要求任贤不唯亲，冲击贵族宗法制。

2. 以周天子都城为宗王中心的多城邦拱卫封建制

这种制度由盟邦制度演变而来。周天子居王城（都城），名义上领有全国，实际控制区则只有王城周边土地及人口。诸国以封邑为中心，领有周边领地及农奴公社。

只是多数封国之间并不直接接壤，其外围土地仍为周天子所领有，即"普天之下，莫非王土。率土之宾（滨），莫非王臣"。（宾者，天子之宾客也。）各城邦有较完整之政治主权，有军事力量（贵族武士制），经济自给自足，将经济剩余物作为贽礼对周天子朝贡。

（各国诸侯领地之疆界及属民都已于分封时划定，突破即违制逾限，违盟背誓，将受天子及贵族盟主的共同惩罚。）

西周亡于游牧民族犬戎之东迁。长安失落后，周天子所在之中心迁至洛阳，人口武力大大削弱，宗主地位仅徒具虚名。自保且无力，遑论征伐不臣？

而春秋以后，各国在人口增殖压力下，其族部纷纷冲出旧封地，辟地拓疆各强国争相兼并小弱之国、臣虏其人口。这实际是土地、人口资源的重新分配。

3.周代社会组织的基本单位为井田制公社

周代之农业经济基本制度是井田制公社。公社是姓族公社，一姓之族组结为一社。公社有两种：

（1）国人姓族公社，是自由人公社，族众是具自由身份之武士。武士除战时为宗主编军作战外，作为贵族阶级之成员，具自由之人身，无须向宗主贵族服役纳贡。

（2）被征服者的姓族公社，是农奴公社。社员在人身身份上是集体性农奴。社员无自由迁徙权，承担对宗主之沉重役赋。

【按：春秋以后，私家农奴大量出现。见于记载的"隐民""私属徒""宾萌"和"族属"，就是贵族的私属农奴。"民"和"徒"在以前都是奴隶的称呼，"萌"也是称呼奴隶的。但"隐民""私属徒"及"宾萌"却具有新的含义。"宾萌"系指外来的依附农民，与后来的隶农相类似；而"隐民"和"私属徒"是隐匿托庇于贵族豪门之下的被庇户，即依附农民，亦即农奴。"族属"是依附贵族的农奴。】

4.奴隶制度

春秋时期的社会中，有各种不同名目、不同等级的奴隶。楚灵王建章华宫的时候，曾经将逃亡的奴隶纳入其中服役。楚国担任芋尹的无宇，其"阍人"也逃奔章华宫，无宇到宫中将其抓获，章华宫的管理者却不让无宇将"阍人"带走。无宇于是向楚灵王讲了一番道理：

"《诗》曰：溥天之下，莫非王土；率土之滨，莫非王臣。天有十日，人有十等。下所以事上，上所以供神也。故王臣公，公臣大夫，大夫臣士，士臣皂，皂臣舆，舆臣隶，隶臣僚，僚臣仆，仆臣台。马有圉，牛有牧，以待百事。"（《左传·昭公七年》）

所说的皂（即造）、舆（车工）、隶（即力）、僚、仆、台、圉、牧，都是奴隶。

东周以后，上述周礼之四大基本制度：宗法制、封建制、井田公社制以及奴隶制均面临崩坏，礼崩乐坏。因此，孔子提出"克己复礼"。理解这个口号，关键在于理解这个"复"字。复有归复、重返之义，也有履践、奉行之义。

按照前义，则孔子是一个复古主义者，他想使变革中的社会重返于古代淳朴的贵族礼制。

但是，孔子并无真正的贵族家世背景，而是出身于要求变革的庶子族群。返复古礼，并不是孔子的真正追求。实际上，当时复古主义思潮的代表人物是属于世官贵族阶层的老子，而非出身名分不正的孔子。

孔子所谓"复礼"，复者，履复也，履践、实施也。

所谓克己复礼，即约束自己、实施礼制；即"克己奉礼"，天下归仁；即使天下归向仁善。

而孔子要履行的这种礼制，也是一种新的礼制，并非效法周公而复古之礼。关于孔子的这种新礼制的内容，就需要另作专论了。

"中庸"新考

《中庸》一书，是孔子嫡孙、曾参弟子子思所传述，宋代以来被视为儒家一部重要的修身之典。

《中庸》所记述的中心是"中庸之道"。然而所谓"中庸"二字究竟是什么意思？则历来失解。传统代表性的解释是朱、程之说。朱熹云："中者，无过无不及之名也。庸，平常也。"程颐曰："不偏之谓中，不易之谓庸。"

此二说，可谓庸易而糊涂。宋儒经学，一无可观，此为代表之论。因此，有必要重诂而新解之。

【附注：《中庸》原是《小戴礼记》中的一篇，作者为孔子后裔子思，后经秦代学者修改整理。在先秦儒家五种经典中，没有《中庸》和《孟子》。《孟子》与《中庸》都是被宋儒提到突出地位上来的。宋代探索中庸之道的文章不下百篇，北宋程颢、程颐极力尊崇《中庸》。南宋朱熹又作《中庸章句》，并把《中庸》和《大学》《论语》《孟子》并列称为"四书"。但是何谓中庸，却从来没有考证清楚。】

一

孔子曾对曾参说："曾参啊，我的道术可以用一个基本原理来统贯。"即"一以贯之"。曾子说："是啊！"

曾子的弟子听不明白，问："你们所谈的'道'是什么？"

曾子回答："夫子之道，归根结底就是两个字——'忠恕'。"

这一段对话很有意思——孔子认为，"忠恕"之道，是君子立身的根本和一贯之道。

【附注：曾参是孔子的弟子，而曾子之下又有门人，表明儒者之内部组织是存在层级的。孔子弟子有七十二贤人，门下弟子三千，则贤人相当于班级之长也。】

而在《论语·雍也》中，孔子又说："中庸之为德也，其至矣乎！"

孔子还说过："中庸，其至矣乎！民鲜能久（何新按：久应读为就，即至）矣。"

一曰忠恕，一曰中庸，孔子认为这是君子的根本之道。故我窃以为，忠恕之道其实质就是中庸之道。这一点，古今言儒家及中庸之道者，由于语言训诂的原因，皆未明之。

"恕"从"如"得音。"如"者，"容"也，一音之转。庸，古字与容、融通用（黄侃、杨树达均有说）。

【附注：荣者，英也。古语言荣英音通，一如"如""庸"。如音通容音，而容音通庸音。例按：《庄子·胠箧》"容成氏"，《通鉴外纪》引《六韬》作"庸成氏"。《荀子·修身》"庸众"，《韩诗外传》引为"容众"。《国语》"祝融"，《路氏》注引《山海经》作"祝容"及"祝庸"。】

故所谓"中庸"，即"中容"（所以先秦火神仲容（祝融）亦写作仲庸）。从语源训诂学看，中庸与"忠恕"字本相通。所以孔子所言的"中庸"之道者，亦即"忠恕"之道也。

二

孔子不止一次谈论"忠恕"之道，他认为这是君子立身的根本之道。

例如：《风俗通义》引孔子曰："君子之道，忠恕而已。"

《论语·里仁》篇："子曰：'参乎！吾道一以贯之。'曾子曰：'唯。'门人问曰：'何谓也？'曾子曰：'夫子之道，忠恕而已矣。'"

《卫灵公》篇："子贡问曰：'有一言而可以终身行之者乎？'子曰：'其恕乎？'"

"一以贯之"，即今语"一贯"。王弼云："贯，犹统也。"皇侃说："道者，孔子之道也。贯，犹统也。譬如以绳穿物，有贯统也。孔子语曾子曰：吾教化之道，唯用一道以贯统天下万理也。"

《东塾读书记》："宋儒好讲一贯，惟朱子之说平实。《朱子语类》云：'当譬之：一便如一条索，那贯底物事便如许多散钱。须是积得这许多散钱了，却将那一条索来串行，这便是一贯。'"

"道也者，不可须臾离也；可离，非道也。"在孔子看来，中庸之道是儒者的根本做人之道。

三

从训诂看，"中"有三解。

一曰中，两极之间曰中。不偏不倚为中，中道也就是正道。持中道，即守乎中道。

《礼记·大学》说："所恶于右，毋以交于左。所恶于左，毋以交于右，此之谓絜矩之道。"絜矩之道，就是方方正正之道。

《礼记·中庸》引孔子论曰："舜其大知也与？舜好问而好察迩言，隐恶而扬善，执其两端，用其中于民。""从容中道，圣人也。"

还应当看到，"中"对于儒家之所以是重要概念，不仅是取其中正之义，还有含蓄内敛（藏中）以及协调中和之义。

《中庸》说："喜、怒、哀、乐之未发，谓之中。发而皆中节，谓之和。中也者，天下之大本也。和也者，天下之达道也。致中和，天地位焉，万物育焉。"

中的第二语义曰致诚。中字从心，即忠。忠者，诚心诚意也。《中庸》说："诚者，天之道也。诚之者，人之道也。""诚之者，择善而固执之者也。"

中的第三语义曰尽情尽力。皇侃《论语疏》引王弼云："忠者，情之尽也。"

顾炎武《日知录》："元戴侗作六书故，其训忠曰：'尽以致至之谓忠。'"

所谓"恕"的语义，即"宽恕"、宽容。

王弼云："恕者，反情以同物者也。"《六书故》训恕曰："推己及物之谓恕。己欲立而立人，己欲达而达人，施诸己而不愿，亦勿施于人。"

孔子重视"恕"道。子贡问曰："有一言而可以终身行之者乎？"子曰："其恕乎！"仲孙何忌问于颜子："一言而有益于仁"，颜子曰："莫如恕。"

总括上面的讨论：孔子以"智、仁、勇"为君子之三达德，而以中庸、忠恕为立身之大道。

综上论："中心为忠，如心为恕。"守中曰忠，"以德报怨"而容物，即"恕"也。《中庸》说："忠恕违（为）道不远：施诸己而不愿，亦勿施于人。"

【附注：此句历来失解。难点在于"违"字。违者，非违反之义，而当读成"为"。所以违道不远，不是远离道义，而是说忠恕之道离我们不远——只要做到己所不愿，勿施于人。】

儒家修身，主张内心守中持正，做事情尽责，对人宽容，此美德曰"忠恕"，也就是中庸之道。所以孔子说："君子，中庸；小人，反中庸。"中庸者，守持中道而大度宽容也。

总而言之，中庸之道者，即忠恕之道也。中庸、忠恕，是谓儒者之达德，亦即孔子所主张君子要"一以贯之"而奉行的立身之道、君子之道。

论先秦儒家道学之伟大性

一、儒家的流变

问：儒家是中国思想史上影响最大的学派，您对儒家思想如何评价？

何新：汉武帝、董仲舒以后，儒家成为中国传统社会的主流意识形态。儒家的发展经历了四个阶段：（1）先秦的孔学阶段；（2）汉唐的经学阶段；（3）宋明的理学阶段；（4）清代的复古主义即"汉学"阶段。这四个阶段的儒家在学术的侧重点上有所不同，关注的问题不同，并且都呼应着不同时代的社会、政治、经济、伦理及心理问题。但是总的来说，儒家学术中，以政治和伦理的思想为强，以经济和哲学的思想为弱。儒家不长于哲学思考，虽然宋以后的张载、周敦颐、"二程"、陈亮、朱熹以及明代王阳明等援佛释儒，引入了佛教的某些本体观念以充实和改造儒家的本体论，但这种改造很难认为是成功的。

问：所谓儒家，为何称为"儒"？胡适说，儒是"懦"，即柔弱的关联语，儒家以软弱为自名。他的论点能否成立？

何新：当然不成立。

二、儒名的由来

问：那么您如何理解"儒"？儒家，讲了几千年，却没有人真正了解这个名称的由来。

何新：这个问题我在 1984 年已经考证过（见《诸神的起源·附录》，生活·读书·新知三联书店，1985）。"儒"字在《说文》中没有确切解释。但"儒"这个字肯定不是儒家之"儒"的本字、本义。与先秦西汉经典中许多名字的语用意义一样，这是一个假借之字。因此，要理解儒家之名的由来，必须探寻它的本字及本义。从字源考虑，儒字从人、从需。古音读如需。关于"需"字的语源，《说文》

认为是濡，即润湿之义，字形从雨、从而。但考察金文"需"字，字形从而、从大，而是胡须，需实际是"须"的异文、同源字。找到需的这个同源字，则"需"以及儒名的由来就容易解释了。

郭沫若考证金文"须"字时曾指出，须的本义是巫师，也就是巫觋之觋的本字。需、须、觋，与"兄"字的本义相同。这是深刻之论。需、须、兄实际都是声部相同、可通转的同源语。在古代风俗中，长须飘拂是一种特殊的形象，显示一种特殊的身份，即长老。《国语·楚语》记有约在前515—前489年间，楚昭王与观射父关于宗教问题的一段重要对话。观射父答楚王问曰：（1）"古者民神不杂。民之精爽不携贰者，而又能齐素衷正，其智能上下比义，其圣能光远宣朗，其明能光照之，其聪能听彻之（圣），如是，则明神降之，在男曰觋，在女曰巫。（2）是使制神之处位次主，而为之牲器时服，而后使先圣之后之有光烈，而能知山川之号，高祖之主，宗庙之事，昭穆之世，齐敬之勤，礼节之宜，威仪之则，容貌之崇，忠信之质，禋洁之服，而敬恭神明者以为之祝。（3）使名姓之后，能知四时之生，牺牲之物，玉帛之类，采服之仪，彝器之置，次主之度，屏摄之位，坛场之所，上下之神，氏姓之出，而心率旧典者为之宗。"在这一篇中，观射父为楚王详细解释了"巫／觋"作为中国上古神道教的祭司和礼官的由来与功能。需要如此详细地从头解释，可知神道教及其祭主、祭典，到战国时已经鲜为人知。这种作为宗教大司祭的"须"（女巫上古本也称须，如《楚辞》中的女须），其实也就是《周礼》中的诸"胥"（大胥、小胥、乐胥等），以及班固所言作为社宫司祭的"需／儒"，这正是先秦"儒"家的起源。我认为，所谓"巫觋"，起源于《尚书·尧典》中所说主持四季太阳神之祭祀的"羲和"之官（和字在古籍中又记作俄、娥，本义是歌舞，即吟哦，巫本义也是舞师。日本民族自称为"大和"，实际是自命为羲和之后人。日本古称扶桑，扶桑是中国神话中的太阳之树。扶桑的衍语有扶苏、扶胥、扶摇等，扶摇也是大风暴之名，还是火山之名。实际上，扶桑就是今日日本的神山——富士山。日本古文化，不折不扣是中国文化的衍生次文化）。

三、"儒"的功能

问：您上面引的《国语》那段话的确不好懂，您可以详细解释一下吗？

何新：这段话中有几个难解的词（前人不能解释），先解释一下。"携贰"，就是"携偶"，也就是结偶、结婚的意思。"齐肃"，齐，戒也。戒肃，就是敬肃、肃敬、诚敬的意思。这段话大意如下：（1）在上古，人民与神灵不相混杂。在百姓中（"民"，即庶民，即诸民，也就是百姓），若有那种精明（"精爽"／精相／精细）而不结婚、肃敬公正（"衷正"／中正）、具有智慧而能晓喻天地（"上下比义"）、具有才识而能光照远方、其目光明照、其听觉微彻的人，太阳神（"明神"）就会降临于他身上，是男人就叫"觋"（羲、胥、需／儒、兄），是女人就叫"巫"（和／娥／娅）。（2）他们的职责是：排列神灵的处置和主次，为神灵准备献牲、礼器和四时的祭服，从而使上古的英雄（"先圣"）光烈流传于后世，了解山河命名（"山川之号"）的由来、远古祖先的神主所在，以及宗庙祭祀的内容。男性祖先与女性祖先的匹配（"昭穆之世"），保持斋戒献敬的礼数、威仪、容貌、忠诚和信义，以及焚烟及沐浴的典礼。他们在敬奉神明时担任"颂祝"。（3）他们承继大族的后裔谱牒（"名姓之后"），了解四季的生态，了解献奉神灵的百物、玉帛的作用，以及穿戴的彩服（"采服之仪"），礼器的大小，位置的主、副（"次主之度"）与显隐（"屏摄之位"），祭坛的场所，天上地下的神灵及其后氏的由来，而牢记古老的典章，所以称为"宗师"。

问：这是有关中国上古典章制度以及巫觋职能的一段极重要记载吗？

何新：这段话曾在许多书中被许多次地引用，但从所见到的解说看，真正读得通这段话的人并不多。观射父在这里所说的巫觋，即主持宗教、典礼、制度、谱牒、礼乐者，其身份既是祭司，又是颂祝，又是宗人——这些功能，也就是"儒"的功能，也就是作为宗庙之守官的功能（见《汉书·艺文志》）；实际就是"儒"的起源。近代流行的观点认为，中国只有一种土生土长的宗教，即道教。实际上，儒教是比道教更古老的本土宗教。以礼乐祭仪敬祖事天，就是这种宗教的内容。

儒／颂／巫觋就是司祭的巫士。

四、孔子为何伟大？

问：您解释了儒家的起源。但是还有一个问题，我一直没找到解答。就是孔子一生著述并不多，好像只有一部语录体的《论语》，但为什么孔子后来竟有那样大的名望呢？

何新：你这个问题，可以考倒很多大学者，包括胡适那种食洋、食古两不化的大人物。孔子之所以伟大，并非由于他自己的著述（他说自己只是"述而不作"）。但是，孔子生当春秋战国之际，礼崩乐坏，经济、政治、社会正在发生激烈变迁，导致华夏上古以来流传有序的宗教、文物、典章、制度即文化传统，在社会动乱和战乱中，面临崩溃和毁灭。而孔子则是自觉和自为地承担起继承和挽救这一伟大文化传统的使命。所谓"自觉"，是因为没有人让他去担当这一使命。孔子本来是个没落贵族家庭的后裔，受过良好的传统教育，他本人更是好学不倦。他生活中本来可以有别的选择，例如担任公卿而身泰名遂，寻求俗世的荣显（他曾担任过鲁国的"大司寇"，位列三公）。但是为了他所选择的文化责任，他宁肯放弃这一切。商周时代，学术本来是国家及贵族的专利。但是经历东周的变乱、春秋的战乱，官学废弛，典章毁坏，图书流散。孔子自觉地担当起挽救学术传统的工作，这就是他的"克己复礼"。他一生的主要活动，是教诲弟子。对弟子的选择，他主张唯才是教，"有教无类"。所谓"类"，既是指种族、氏族、族姓，也是指阶级、等级。这在当时那种贵族垄断一切社会资源（包括文化资源）的时代，是非常伟大的创举。孔子本身著述虽不多，但他搞通了古代的礼乐制度及经典文献。因此他能够将中国上古以来的天文、地理、典章、制度以及经典著作，通过他的讲授而传承于门徒，这些门徒中的杰出者，后来一代一代地将它们流传下去，这就是"儒家"。儒家与儒教并不相同。儒家是私学，不是主流文化；是学术，而不是宗教。儒教则是宗教，也是官学；既是国家的宗教（以神道设教），也是国家的主流意识形态。儒教有两个发展阶段，在夏商周，是敬祖事天的原始儒教。在汉武帝以后，是敬祖事天尊孔的国家宗教。在这种国家宗教中，孔子由一位学者、思想家而被教主化、神圣化了。这也不是真正的孔子了。

五、孔子以"述"为"作"

问：为什么孔子"述而不作"呢？

何新：因为孔子的"述"，就是作。孔子的最大功绩在于整理和保存了上古的五大经典：《易经》、《尚书》、《礼》、《诗经》、《春秋》。这五大经典代表了上古学术的五大传统：《易经》是天道阴阳之学，《尚书》是政治典章，《礼》书是礼乐制度，《诗经》是文学艺术，《春秋》是历史。这些书在孔子的时代，其意义已经暧昧。孔子为搞通它们不羞上问（如问天道于老子），也不耻下问。他的苦学使他自我修养成为当时列国中最博学的人。孔子把中国古代的礼乐典章，通过这五部典籍的讲述、解说而传授于弟子，而他的弟子又一代一代地传习下去，甚至秦始皇焚书坑儒这样的政治大举动，都不能使这一学术的传承系统中断。所以太史公说："六艺者，折中于孔子，可谓圣矣！"到汉武帝时正式立儒家为儒教，为正统，才成为"主流意识形态"。在某种意义上，我们的确可以说，如果没有孔子与儒家，中国历史、中国文化不可能保持夏商周以下五千年一以贯之的伟大传统，保持一种举世无双的连续性和完整性。

六、"仁"与"耻"

问：那么，您如何评价儒家？许多人认为儒家是封建文化的集大成，否定的意义多于可以肯定的东西。

何新：说儒家是封建学术，犹如说柏拉图、亚里士多德之学是"奴隶主学术"一样可笑。我认为，评价一种学术只应该考虑学问的内容，而不应该以学者的身份、出身、阶级作为是非标准。"真理的标准就是真理自身。"其他一切外在的东西都不是标准。一般来说，文化的最精华部分总是保存在各个时期的统治阶级精英之中的，虽然其创造者是全社会。

问：你认为在儒家中，最重要的价值观点是什么？

何新：我认为儒家的核心价值是两点，一是"仁"，二是"耻"。前者是肯定，是追求；后者是否定，是摒斥。

问：儒家的核心价值，人们都知道是"仁"。但究竟什么是"仁"呢？

何新："仁"字的字形是"二"与"人"的合文。甲骨文、金文中无此字，但简帛书中有此字。其实，"仁"也就是怀孕之"妊"的会意字，所以其字记为"二人"（孕妇古字则记为"身"，即"娠"）。理解"仁"字的字源，也就明白其语义。母子二人相连为"仁"（阮元所谓"相人偶"），母子之情亦为"仁"，所以"仁"的引申义就是爱心。

问：那么，什么是"耻"呢？

何新："耻，羞也。""耻，辱也。"（《说文》）耻在儒家的人格主义中，也是一个极重要的价值观。所谓"知耻近乎勇"。所谓"行己有耻"。（孔子）孟子说："人不可以无耻。耻之于人大矣！为机变之巧者，无所用耻焉。"耻，就是负面的价值，知耻则不承其辱，知耻则不受嗟来之食。耻就是是非，就是自尊。

问：你认为，儒家价值观仍具有现实意义吗？

何新："五四"以后，中国经历了近百年的批儒批孔。既然孔子被当作神尊了两千年，那么"五四"以后被当作鬼打了一百年，这也不算不公平。但作为神的孔子和作为鬼的孔子，都不是真正的孔子。在孔子的儒学中，包含着华夏人文传统的若干根本价值，"仁"与"耻"二义尤为具有现实性。孔子认为君子之道的核心是"仁"，这实际是一种人道主义。儒家把"仁"的概念作为其政治主张的根本，也就是主张君主、统治者对待百姓要有母亲那样宽厚博大的爱心。这就是所谓"仁政"。中国古代的君主政体，虽然也是专制政体，但除了秦始皇、隋炀帝以及元代蒙古族皇帝等少数特殊的时代，中国的君主政体都主张以"仁政"为施政之本，绝不是魏特夫所描绘的那种"极权（暴政）制度"。

中国式的君主政体中涵摄有相当多的民主机制和色彩。之所以如此，就是因为国家崇尚儒教，而在孔孟之道中，既包含有反对专制和暴政的思想（所谓"非上无礼"，正是秦始皇灭儒的原因），也包含亲民爱民的"仁政"以及"民贵君轻"的民主思想。

古代儒学的演变与影响力 ^①

一、真实的孔子是两重人格的孔子

汉代学术中极其重要的一大问题，就是所谓"今文"及"古文"经学的分歧和斗争问题。这个问题过去钱穆论过（《两汉今古学评议》），周予同、金德建也研究过。但均难以讲清。后人多以为只是由于文字字体不同，导致记录经典发生歧义、分歧，从而发生的学派门户之争。殊不知，这场纷扰两汉数百年的学术及思想斗争，其背后实质乃是对中国历史之影响殊为深远的重大政治和意识形态斗争。

孔子一生生涯，应当分为两个阶段。第一阶段是流亡归鲁之前的孔子，那是一个从事政治活动的孔子，是作为政治活动家的孔子——也可以说，是试图用思想和学术去改良社会的孔子。

孔子的学团，与其说是一个学术团体，不如说是一个政治活动的团体，是一个政党——"儒党"（古代即有这样的叫法）。所以孔子的团队在当时的一些小国家被认为在政治上是有威胁性的；而在另一些国家，又被欢迎而引作奥援。晚年控制鲁国的季氏之所以邀请孔子归鲁，其实也是因为鲁国屡遭强国入侵，不得不借助孔子及其弟子的力量以御敌保鲁——这同时也是孔子携众弟子归鲁的原因。

孔子一生尚武。他本身不仅精于射道和驾车、膂力和足力过于常人，而且精于技击，经常长剑在身。孔门弟子中包含三教九流，不仅有武士（子路）、有侠盗（颜涿聚），也有辩士（子羽）和商人（子贡），还出了战将（如冉有）。

....

① 此文是何新 2005 年的一次讲学稿（原题"简论古代儒学思潮的演变史"）。收入《何新论孔》一书。
重新发表前，作者对原文有重要的补充修订。何新的一系列孔学著作，就孔子生平和儒学问题，提出
了许多超越古今的创见和新论，在经学领域发起了重大革新。

孔子本身也是知兵的，不仅亲临战场实际指挥过作战（武子台平叛之战），而且能够克敌制胜。其身后隔代的弟子中还出了吴起这样的千古名将（子夏的弟子）。其实，得孔子之传的《左传》（作者左氏或曰为孔门弟子左丘明，或曰为子夏或吴起）一书中，也多处论及兵道，《左传》不仅是一部历史和政治之书，也是一部颇有价值的兵书。有一种说法认为孙武、墨子也都出自孔门——而《孙子兵法》中确有儒家思想影响。

孔子流亡卫国时，卫君（灵公）及执政的孔文子曾屡次向孔子问阵问兵，但孔子拒绝而不言。原因是卫国内政乱得一塌糊涂，孔子实在无意去蹚浑水，所以孔子遂被疏远。

但是，孔子不仅在鲁国亲自发动过一场轰轰烈烈的政治改革（削三桓、堕三都），早年在齐国还曾参与田氏的改革活动，并因此得罪齐国权门贵族（如晏婴等）而被驱逐出境。

孔子在流亡周游列国时，与当时的庶族改革家（如楚国的白公、晋国的赵简子）都有交往。作为一个出身不清楚，家世谱系有攀附贵裔之嫌的"庶子"，他对周代的贵族宗法和嫡庶制度是不满意的，是希望变革的。孔子绝不是一个守旧的保守主义者，而是一个主张革新的政治改革者。

晚清今文学派大师康有为曾著《孔子改制考》一书，论孔子为变法改革的大政治家，其实是极有见地的！

但是孔子的政治改革事业并未成功。所以，经历十四年的流亡归鲁后，晚年的孔子吸取了当年因触怒于三桓贵族而遭放逐的教训。归鲁后的孔子"圆滑"了，他很少再干预和过问政治，而潜心于学术，研究礼学和古今制度之沿革，整理和传述古代经典。晚年的孔子才是一个退隐书斋、作为学者的孔子。

故早年、中年的孔子，是主张尚贤、选举、"革命"（这个词的发明者正是儒家）之道的改革家孔子；而晚年归鲁后的孔子，才是体行"克己复礼，天下归仁"的醇儒孔子。必须了解历史上真正的孔子是具有以上双重人格的孔子，才可以理解后来发生的儒学两大派别的激烈分化、纠葛和斗争。

二、儒分为八，大流归三

孔子死后，据《韩非子》云，"儒分为八"——"有子张之儒，有子思之儒，有颜氏之儒，有孟氏之儒，有漆雕氏之儒，有仲良氏之儒，有孙氏之儒，有乐正氏之儒。"

以上儒门八派中，后来多数之学说湮灭不传，唯有三派影响后世较为深远。

一是子思之儒，二是孟氏（孟子）之儒，此二人实际同出于曾参门下，故后人称之为"曾、思、孟"学派。此派主要继承的是孔子晚期的礼学、经典学、辞章学以及修身齐家之学，属于儒门的人格主义一派。此派与汉代的古文学派有较多关系，但其大兴而被尊为儒学主流，则在南宋及明清时代。今人所知的儒学，其实主要是此派。

八派中的颜氏之儒，即颜渊一派，此派似亦失传。但庄子之学与颜渊之学貌似有关。不仅颜（严）、庄两姓文字可互通，而且颜渊的避世、苦行、犬儒主义，与庄子思想也多所相通。故有人认为《庄子》一书实即为颜学后人吸纳老子思想，兼容儒道而成。此可备一说。

但是，儒门八派中对战国以至秦汉影响至大的，实际则是"孙氏"之学。孙氏者，即孙卿——亦即荀卿、荀子也。（荀子，约前313—前238，名况，字卿。因避西汉宣帝刘询音讳，因"荀"与"孙"二字古音相通，故又称孙卿。）

荀子乃赵人。其学之源据西汉人所述谱系，是源出自子夏一门。

子夏（前507—？）姓卜，名商，字子夏，其先世当为卜人。其出身微贱，家业贫寒，是晚年孔子在卫国所收的弟子。汉代有"子夏传经"的说法，实际汉代所传的多部儒学经典如《易经》《诗经》《春秋》及《尚书》学，多是传承自子夏的。

孔子政治思想的来源，于上古为伊尹、仲虺（古老子）、周公，于当世（春秋）则为管仲与子产。孔子礼学思想之源在子产（见《左传》中"子产论礼"，子产曾为孔子师），而法治思想则承自管仲。

孔子学术中本来就兼含儒家之礼学与法家之政治学。故孔子治鲁，其任中都宰时，是立制度用礼学；而任大司寇时斩少正卯，任代国相时谋削三桓、堕三都，则是用法治国。孔子政治思想的传述多在《尚书》诸篇中，实际也是战国及秦汉法家思想之源。例如西汉文景时代著名的两大政治家贾谊和晁错，其政治思想都是学自济南人伏胜的"尚书之学"。

子夏之学援儒入法。其弟子，以魏文侯魏斯、李悝、商鞅、吴起，以及隔代的荀子、韩非、李斯最为知名。这几位都是战国最著名的法家政治家，他们都是出自子夏或子夏弟子的门下。这一派援儒入法、"外儒内法"之学，是"治国平天下"的大学术，也是战国时代直接与政治接轨的显学。

然而"文革"时代，江青一派批儒扬法，在当时的历史学家中，竟无一人指出战国法家实际源流皆出自孔子。以至包括冯友兰这样的大家，也都跟着乱批一气，实在是不读书或者读书误，够荒唐也。钱穆在 20 世纪 30 年代写的《先秦诸子年表》中，对儒法相交的这一谱系已有所注意，但可惜其考索亦未深入。

三、子夏一派学术在西汉发展为今文儒学

秦汉之际，子夏、荀学一脉的传人为公羊氏父子，故称"公羊学"。公羊父子则是后来伏胜、鲁申公、晁错、王臧、赵绾、田蚡、董仲舒、公孙弘的师祖。

汉武帝"罢黜百家，独尊儒术"——其所尊崇的儒学，并不是曾子、子思、孟子一派的礼学、修身及人格主义学说，若以地域言之，则为鲁派儒学。汉武帝所尊崇的是为政治服务的国家主义儒学、外儒内法的儒学。此派学术，则来自子夏、荀子、公羊高一派的魏赵（三晋故地）儒学（子夏晚年曾讲学于卫之西河），以及伏胜、贾谊、晁错、董仲舒一派的齐派儒学。齐派儒学传于稷下，盖荀子曾为稷下学宫之祭酒（主席）。故齐学实也来自魏赵即子夏门下。因伏胜、申公所传儒学著作，都是根据记忆和口述并用当时通行的隶书文字所记录书写，因此称"今文儒学"。

反对汉武帝政策的刘姓贵族亲王们（如鲁恭王刘余、河间献王刘德等），乃在其封国的领地上积极扶持一种标榜弘扬周礼和周公之道其实是主张复古思想的"古

文儒学"。所谓"古文"学派就在此时兴起。

古文学派宣称，他们找到了秦始皇时代焚书坑儒时被学者暗藏在墙壁里的古经书。这些经文都用上古"蝌蚪文"（甲骨文、金文、篆文等）所书写。一般人读不懂，只有他们的专家才能读懂和解释。他们说，这些古经不仅比朝廷所奉行的今文经典更准确，而且其中含有诸多的微言大义和致太平的道理，是周公和孔子的真正学说。因此，应当以这些古文经典作为治理天下的大法，而废弃那些旁门左道的今文经书。

四、今文经学主变革，古文经学主复古

如果简括言之，除了书写文字的不同，今文经义与古文经义的区别，最主要的一点是：古文派鼓吹周公以及古周礼的严格宗法制度和分封制度。也就是说，古文派主张效法古制，以古非今——回到周朝去！

因此，正是古文经学一派把孔子涂抹成一个保守尊周、主张恢复周礼的守旧式人物。例如孔子的《论语》本来是孔子教诲弟子的语录，西汉初叶有多种传本——今文学派有子夏的传本，古文学派则有曾参等的传本。但后来传下来的却只有一个以古文派思想为主体的传本，这就是今传的《论语》。我们在书中通过孔子的那些只言片语所看到的，基本是一个守旧顽固、注重道德伦理学的孔子，这也正是古文学派所需要的孔子。

当时的刘氏贵族多数反对汉武帝大破大立的变古改革政策，反对汉武帝实施的削弱贵族诸侯的"削藩"、尊王攘夷、打击匈奴、开疆拓土的大一统政策。

董仲舒、公孙宏等以儒家的今文学术为汉武帝的这些政策提供意识形态支持和辩护，由此而发生了今文一派与古文一派极为激烈的论争。大体而言之，古文经学有贵族主义的倾向，是一脉保守主义的学说；而今文经学则主张应世变法，是主张与时俱进的实用主义学说。

古文学派实际也贬低孔子、子夏以及荀子。他们用《周礼》中的"亲亲"思想与"别嫡庶"的制度，来反对汉武帝实施的选贤能、立考试、破格用人的新制度。

汉武帝是让庶民参加考试选拔文官制度的开创者，他将卫青由一个骑奴提拔为大司马（国防部长）、大将军。而名将李广世代将门，是贵族武士家族出身，却因斩首破敌数字不够，始终未得封侯。刘彻不拘一格选用大批有才能的庶民担任文官，贬抑宗亲贵族世袭的旧制度。这也是今文学、古文学在当时最大的政治分歧之一。

所以汉武帝独尊儒术，所尊的并不是越古越好的古儒之道，而是现实需要的子夏、荀子一派鼓吹大一统、尊王攘夷的"儒表法里"之道。今文儒学为削弱诸侯、加强帝权、攻击匈奴提供理论根据，是一种古为今用的新派儒学。

当时对汉武帝这些政策不满意的一些诸侯王，如河间王刘德等，不管真真假假收集了一大批古书，进献朝廷，要求汉武帝效法。其中最重要的一部书，就是主张实行分封制的《周礼》。

刘德的意思无非是：你刘彻不是依托于孔子经义而变法吗？好，我就献给你比孔子更有圣人资格的周公的古书。《周礼》中讲封建、讲宗法，看你尊不尊啊？

刘德是刘彻的异母兄弟，也是曾经与刘彻竞争帝位失败自杀的废弃太子刘荣的亲弟弟（皆为景帝栗妃之子）。刘彻很难再杀他，否则会有灭亲之恶名，会得罪一大批宗室王爷。刘彻一时奈何他不得，但这种做法也把刘彻气得不行。于是他训导刘德说："很好啊，原来你是要学周公、文王之道！好，你好好努力！当年周文王靠百里国土而取得了天下，你今日的封地可不止百里，你努力吧！"这话里已经暗含了对刘德的严厉警告——你是不是有篡位的野心啊？！这话把刘德吓了一跳，献书回国后不久他就病死了。他死后，汉武帝特别赐他一个谥号——河间"献（书）"王，其实是在讽刺他。

因此在汉武帝时代，中央对古文学派不予承认，也不感兴趣；对古文经典一概束之高阁，封存不看，也不让当时的学者们研读。终武帝一代，古文学派一直备受压制，仅仅是一种"私学"，在政治上抬不起头来。

五、王莽复古使得古文学派抬头

到西汉末的新莽时代，王莽要改变汉制，试图恢复古代的井田制度，取代汉统而别立新统。于是，同样出身于刘姓贵族的刘歆就借机从汉宫的档案库中把古文《周礼》等古文经书找了出来，大加鼓吹。于是，古文经学从此得以复活翻身了。

后来的东汉时代，刘秀确立了贵族门阀世袭制度。意识形态上主张"尊亲世袭"制度的古文学派逐渐流行，遂与今文学派并列成为主流学术。古文经书也成为选荐官僚的准则，而今文经学反而逐渐式微，成为少数人的秘传家学了。

但是，东汉时代今古两派之争仍然一时间平静、一时间又非常激烈。东汉晚期党锢之争激烈，矛盾逐渐由儒家内部转移到儒家官僚与宦官集团的矛盾上。于是到东汉末，马融、郑玄试图调和今、古经义。在三国时代的人物中，刘备属于马、郑弟子，是古文派；但出身宦庶的曹操，政治思想则是外儒内法，属于主张变革古法的今文一派。

自汉武帝独尊儒学以来，政治权力的纷争，今文、古文经学的兴亡递嬗，事实上都是反映了儒家豪族与非儒家寒门争夺政治资源的兴替问题。

六、曹操用人唯才，不在乎忠孝

儒家官僚作为高门豪族的出现和成为统治阶层，并非一朝一夕事，其制度是始于东汉品评清议的风气，而定型于曹丕以后魏晋时代的九品中正制。

东汉儒家豪族兴起，遵行周代的宗法和礼教，鼓吹君臣、父子、夫妇之道，其基础为古文儒学。古文儒家的道德标准，即所谓礼义廉耻等四纲八维。认为名教之大者，莫过于父子君臣，孝于亲才能忠于君。当这一原则被用于人才的甄选上，便发展出察举征辟制度。士子能否入仕全靠豪族大佬用名教的标准来举荐，东汉末这种荐举则变为亲亲相荐的豪族间的游戏，而把寒门出身者基本排斥在外。

这种选任方式发展到极端，便有魏晋两代的"九品中正制"，所谓"上品无寒门，下品无高门"。出身高门者与寒门者的阻隔对立愈演愈烈，势成水火了。

曹操出身于宦官和商人的家族，年轻时颇受出身高门者之挤压，因此得志后，就着力打击削弱高门豪族。曹操杀出身儒门望族的杨修、孔融，斥逐祢衡，都与此有关。他甚至公开下求贤令，宣称我用人唯才是举，哪怕不忠不孝以至偷金盗嫂之人，只要真有本事，尽管过来！公然挑战和彻底打破了察举征辟制度的儒教标准。

但是儒门贵族的势力在汉末魏晋仍很强大，强大如曹操也无力铲除之。曹操得大半天下仍然不敢称帝，就是怕给天下反对他的力量以集结的口实，担虚名而招实祸。所以当孙权上表拥戴曹操称帝，曹操笑着说：这小子想把我放到火上烤啊！若天命在我，我也只能当不称帝的周文王。

曹操死后，曹丕继位后篡汉当皇帝，就不得不寻求儒门豪族的支持，于是搞出了保证儒门贵族世袭制度的“九品中正制”。出身豪族的司马懿是中原儒门豪族的领袖，他趁曹氏子孙孱弱，夺去曹氏手上的皇权。在两晋时代，儒家高门豪族的世袭门阀制度乃达到全盛之局面。

司马懿的篡魏得到高门豪族的支持，而寒门则备受压抑。其大反动，就是八王之乱后数百年的天下大乱、民族大乱、分裂与大崩溃。

七、玄学与道教的兴起

司马懿父子当权后，完全推翻了曹操那一套学术和政策。于是标榜儒门正统的王肃所代表的古文学派扬眉吐气了。为了打击今文学派，王肃甚至伪造儒学经典，编撰了一个基本全是伪托的孔门家谱——《孔子家语》。

两晋时代，要想当官必须熟悉、尊习古文经义。于是，在政治上同情曹氏政权而不满司马氏政权的文人们，特别是那些出身寒门的学者们，就都不愿再谈儒学，宁可不出来做官。于是隐士之风大行，许多名士都放浪形骸、玩山水、当隐逸，谈玄学去了。

自东汉末年以下，中国发生百年大乱，不仅国家分裂，而且兵连祸结、瘟疫流行，死亡人数众多，人口锐减过半。当时的“建安七子”中王粲有诗句云：“出门何所见？白骨蔽平原。”可见悲惨之一斑。

至西晋司马氏亡政后，东晋政权偏安江左，江淮以北成为胡狄鲜卑匈奴的牧马荒原。而晋室代代无能，屡次北伐均无功失败，国运衰微到令人绝望的地步。

许多文化人在精神上找不到出路，在心灵上或行为上希冀得到自由和解脱，于是清谈之学大兴。许多人皈依老庄、道教和佛门。佛、道以及玄学大行于世，儒学则衰乎其微了！

清谈又叫玄谈。清谈主旨在"三玄"，就是《老子》《庄子》和《周易》。易学本来属于儒门经典，但晋人王弼以道家观念来解释易学，把它也变成玄学了。

这种谈玄的风气始于曹魏正始年间，以名士何晏、王弼为首，人称"正始玄风"。这也是士人对当时已经居于正统主流的古文派儒家经学的一个逆动。这些不愿与司马氏合作的名士厌倦了僵化死板的道德和礼教的束缚，改而推崇老庄放任乎自然的思想，甚至故意搞出一些怪诞、放荡的行为显示自己对现实的不满。

玄谈者标榜自己为清流（即既不爱钱财也不爱做官），鼓吹放任自我，放纵主观感受、自由心灵和性灵；这实际上是哲学的"存在主义"（因此玄谈是存在主义哲学的鼻祖），也是一种非理性主义。此道魏晋时代大为盛行，竟成为当时最时尚的显学（可参阅《世说新语》）。

古文派儒学一本正经的伪君子礼教以及人格主义，在天下大乱、礼崩乐坏的现实面前，在一代一代君王篡位、弑君乱伦而逆取天下的黑暗政治背景下，早已经被现实的铁锤击得粉碎。在这样的时代，一切人文礼教、伦理道德还有任何实际意义吗？所谓修身、齐家、治平天下的大道，又与我何干？救国济民，再也不是当时士大夫们所关心的事了。

清谈玄谈风气的形成，另一个后果是令魏晋公卿以及儒门贵族一代一代地近亲交配和繁殖。于是在生理、心理上都发生畸形变异，发生弱势化、弱智化——例如晋惠帝的著名问答：天下人无饭吃？那么为什么不食用肉糜呢？这正是统治阶级弱智化的典型表现！

两晋在军事制度上极其腐朽衰败，武将不能战，士兵也不能战。世袭高门出身的贵族将领没有本事带兵打仗，只知吃药、酗酒、空谈玄理，不务实事，生活败坏颓废。结果，一代代兵权旁落，于是给了一批有本事的寒门神将以机会。在军队中，出身寒门的军人逐渐掌控了军队力量。这就为后来的宋齐梁陈四代不断发生武人夺取政权准备了条件。所以魏晋时代的清谈，并不仅是讨论辩证、谈玄说理的客厅沙龙，更是一种影响深远的政治立场、处世态度和生活方式。

八、佛教的兴起

佛祖释迦牟尼的故乡是在作为中国西藏近邻的尼泊尔地区。佛教的兴起与传播的主要地域，不在通常所认为的印度，而是接近中国西域的尼泊尔、印度北方、巴基斯坦、阿富汗等西南亚和西亚地区。

秦汉之际，佛教随西域商人与中国的交往，沿着丝绸之路的北道、南道和海道多途径进入中国内陆；南北朝时期，一度成为一些地方王朝的国教。在北方地区，较流行大乘佛教，南方地区则较流行小乘。

当时，高门世族的家学渊源仍然以儒教特别是古文儒学为尊；而今文的谶纬神秘之学，则衰落而分化，一部分与道教合流，另一部分皈依佛教。

九、唐代儒道释三分天下

隋唐统一天下后，由于世族的力量仍在，儒学仍然是官学正统。唐太宗贞观时代，规定儒学成为国教，命孔颖达校正和重修儒学经典，以古文经学为主，统一经义解释。在天下恢复统一的背景下，重新倡导尊儒、修习儒家五经（《诗》、《书》、《礼》、《易》、《春秋》）。

但是出身于非世族的商宦家庭的武则天控制唐的政权后，采取了抑制世族和经学的政策。武周时代，以佛教为国教，科举以诗文取士，作为高门世族家学的儒家经学庶几衰微。李隆基复辟李唐后，也没有大力弘扬儒学，李隆基认宗而尊奉李姓的老子，以道教为国教。从此以后，儒道释三教在中国并列而三分天下。

唐宪宗李纯是中唐向晚唐局面过渡的一位悲剧皇帝，他即位初期励精图治，一度短暂地恢复国家政令统一，史称元和中兴。但是为了抑制世族官僚以及藩镇武官，宪宗只能宠信身边的宦官集团，授予大权，最终为宦官所害。晚唐宦官集团控制朝政，宦官的地位与皇帝不相上下，成了唐帝国的真正掌权者。而宦官的身后支持者，是社会中的市井富商阶层，包括来自外藩的波斯商人。这是晚唐政治的一个深层秘密，而至今未入唐史家的视野。

十、韩愈欲复兴儒学

韩愈是扭转唐宋思潮、复兴儒学的一位关键人物。所以苏东坡说他"文起八代之衰，道济天下之溺"。韩愈出身于没落的世族，祖上数代都是儒门官吏，但是到韩愈父亲一代，家世已经衰微。而韩愈仍然坚守儒学信仰，以曾参、子思、孟子一派的儒家人格主义自励。在文学上，他崇尚汉代以前的古文之散文体，厌恶已经程式化和形式化、成为官式流行体的骈文，因之发起文体的复古运动。

中唐以后，一些皇帝都崇佛。元和十四年（819）正月，宪宗派使者去凤翔迎佛骨，长安一时间掀起信佛狂潮。韩愈逆流而上，不顾个人安危，上《论佛骨表》劝谏皇帝，认为，不能让天下被佛教误导，要求将佛骨烧毁。宪宗览奏后愤怒，要用极刑处死韩愈，裴度、崔群等大臣极力劝谏。此事件震动朝野，许多皇亲国戚也同情韩愈，为其说情。宪宗将他流放远方岭南，贬为潮州刺史。韩愈被贬后，感慨万千，写下《左迁至蓝关示侄孙湘》的诗句：

> 一封朝奏九重天，夕贬潮阳路八千。
>
> 欲为圣明除弊事，肯将衰朽惜残年。
>
> 云横秦岭家何在？雪拥蓝关马不前。
>
> 知汝远来应有意，好收吾骨瘴江边。

但是，韩愈的文学和学术在晚唐并没有产生巨大影响。他的影响是在宋代通过儒门官僚世家的再度兴起而扩大的。

十一、北宋一代有文章、有词章而无学术

所谓唐宋八大家的兴起，意味着韩愈发起的古文学运动形成潮流，但是儒门

的经学却仍然日益衰落。八大家中的王安石虽然标榜儒学，但他实际上是一个董仲舒式的实用主义者、古为今用的今文派后学。

南宋周（敦颐）、程（程颢、程颐）等结合佛教的内省和禅悟理念，又吸收道教和玄学，结合曾参的内省功夫，创造了宋代的理学宇宙论。而朱熹将本体论理学转变为伦理化的理学，提出礼教主义。朱熹以"四书"取代"五经"，尊崇思孟的个性人格主义，把先秦的宗族主义礼教改造成家族主义的"理学"——建立起新礼教。

朱熹这种礼教强化鼓吹君权、父权、夫权的绝对性，在两性伦理上，则近乎变态地强调先秦礼教并不甚重视的贞操守节，以致鼓吹"饿死事小，失节是大"。这种伦理化的程朱礼教思想被标榜为"圣人之道"，实则成为"杀人之道"，已经远离原初以人为本、以"仁善"和"仁爱"为核心观念的孔子之道了。

程朱一派的新礼教理学在明初被明朝开国皇帝朱元璋大力弘扬。曾、思一派礼教成为圣训国教，汉代不被古文学派重视的"四书"（《论语》《孟子》《大学》《中庸》）被尊为儒门首要经典，用作八股取士的准则。甚至位列于"儒门五经"（《诗》《书》《礼》《易》《春秋》）之先。

今人所知道的儒教以及所认知的孔子，其实只是被宋明礼教改造过的伪儒、伪孔。不是孔子的本来面目。

因此明末李贽、徐渭一派起而挑战，他们非礼圣人、蔑视礼法，大搞"无厘头"，一股反对理学解构礼教的狂儒思潮随之兴起（《西游记》《金瓶梅》《肉蒲团》《笑林广记》之类都是无厘头的书），成为对新理学正统和主流的一种逆动。

十二、清初汉学在复古的名义下发生民族主义的异动

清初所谓汉学，也是批判宋学及宋明理学。最初倡导汉学与实用之学的是顾炎武、黄宗羲，他们推崇汉学的深意之一是排满，鼓吹黜斥夷狄的民族主义，此学在南方大兴。

但是康熙皇帝是聪明人，他因势利导，也提倡汉学。一方面把一批硕儒大师

都集中到北京来，由国家发银子养他们为朝廷治学和编书（著名者如《康熙字典》《渊鉴类函》《佩文韵府》以及后来乾隆时的《四库全书》），以羁縻而牢笼汉族文士。另一方面又用文字狱诛心，残酷压制那些有叛逆倾向的异端文人。后来的雍正、乾隆继承其术，于是出现了所谓"乾嘉学派"，出了一大批提倡复古主义的清代古文派经学者和文字学家，如戴震、钱大昕、段玉裁、王引之父子诸辈。

乾嘉汉学的主干是继承汉代的"古文"派经学。乾嘉学者认为要想读懂古文，所重不在推阐义理，而在先要认知和理解文字，因此必须精通字学。而汉代的古文派经学者，许多人原是古文字专家，例如写出《说文解字》的许慎。

乾嘉时代称古文字学为"小学"，原因之一是忌惮文字狱。所谓"避席畏闻文字狱，著书都为稻粱谋"。（龚自珍语）盛清时代士人不敢轻议国政。大政之学（所谓治国、平天下之学）被称为所谓"大学"，在清初特别是乾嘉时代，是非常式微的。

鸦片战争以后，中国再次面临国破家亡的厄运，于是有魏源、龚自珍一类先知先觉者的醒悟。甲午战败后，康有为、谭嗣同、梁启超更高呼变法，于是倡导经世致用，应时变法的今文学派又得盛行。公羊学、董仲舒一派的汉初今文派经学，再度受到近代改革派学者的重视，成为维新变法的思想武器。日本明治时代主张变法的儒学者中，许多人也是受到魏、龚影响的今文派学者。

康有为著作有三大名著：《孔子改制考》《新学伪经考》《大同书》。这三部书突破几千年传统思想的藩篱，当时曾经震动学界、风靡天下。正是康有为振聋发聩地指出：孔子并不是一个保守派，而是改革家，是一代政治领袖（所谓"素王"）。康氏的书成为戊戌维新变法的主要理论基础，据说曾是光绪皇帝的枕边书。

后来戊戌变法失败，康有为失意流亡。五四运动兴起以后，得到外国支持的西化派和激进革命派鼓吹打倒孔家店，孔子被塑造成一种彻底的保守反动派形象，而康有为的著作遂被沉埋。但近代巴蜀学者廖平（康有为最初思想颇受廖平影响）及蒙文通两人，仍守持类似康氏的主张，属于现代的新今文学派，大可研究。

其实康、廖、蒙这三人的观点，在经世致用方面要比主张死读书、读死书，陈陈相因、恪守旧说的 20 世纪古文派儒学人物（领军者如钱穆）高明得多。特别是蒙文通堪称通人，其学问比陈寅恪高明！

陈氏昧于经学及小学。陈寅恪自己承认"两汉三代以上书不敢观"，这不是自谦而是实话。其实陈氏只是精通于唐史的断代史家，史学上不算通人。1949年前，他的名声是洋人捧起来的，因为他懂多种西文。陈氏对经学及小学一窍不通。而蒙文通则博通经史，是近代少有的新今文派儒学大师，也是通史家、文化史家。他也因各种原因在20世纪50—70年代被沉埋多年。他的书亦多用古典文言撰写（代表作《古史甄微》《古族甄微》《古地甄微》等），文字功夫很深。今日能全部读懂他的书的人，已经不多了。

《论语》及"四书"都非孔子所作

把《论语》以及四书（《大学》《中庸》《论语》《孟子》）当成孔子以及儒家的代表作是个很大的谬误。但是今人认知普遍如此。自南宋朱熹以来，谬种流传，可谓积非成是。有必要正本清源，予以澄清。

一、《论语》不是孔子的著作，更不是儒家思想的代表作

《论语》不是孔子的著作，而是孔子生前与门人，以及门人之间互相对话的言论汇编。此书不是孔子本人的著作，今本《论语》是汉代以后的人编纂的。成书时代与孔子生活时代相距数百年。

《汉书·艺文志》对此讲得很清楚："《论语》者，孔子应答弟子、时人，及弟子相与言而接闻于夫子之语也。当时弟子各有所记。夫子既卒，门人相与辑而论纂，故谓之《论语》。"

也就是说，《论语》乃是孔子与弟子，以及弟子与弟子谈话的语录。该书汇聚了孔子关于政治、文化、历史、人生、哲学、宗教等问题的一些支离破碎的观点，不能认为是反映孔子思想的代表作。

《论语》一书的编撰者，并非一人。《经典释文·叙录》引郑玄说认为，《论语》是"仲弓、子游、子夏等撰"。而汉代的纬书《论语崇爵谶》则说《论语》乃子夏等六十四人所会撰。近代人夏曾佑则谓："七十子之傣，汇集夫子所言，以为《论语》。""夫子既卒，门人相与辑而论纂，故谓之《论语》。"

据《汉书·艺文志》记，西汉时至少曾流传三种《论语》文本，每种篇数不同，内容也有所不同，即："鲁论语"二十篇，"齐论语"二十二篇，"古论语"二十一篇。

"齐论语"据说为子张所传；"鲁论语"据说为思孟（曾参、子思、孟子）一派所传；"古论语"，则可能为卜商子夏所传。三种《论语》传承各有自，重点殊不同。

汉代儒家区分为今文、古文两大学派，斗争激烈，势同水火。汉武帝支持的董仲舒属于今文学派，倡导的是子夏、荀子一派外儒内法、古为今用的学说。

而在西汉后期，反对汉武帝搞大一统的刘姓贵族、阴谋篡汉的王莽及附庸文人刘向父子则支持古文学派。魏晋以后，古文儒学兴盛至于隋唐，齐鲁皆为古文学派大本营。故汉代后期以传习"鲁论语""齐论语"者居多。子夏一派的"古论语"，则随同今文学派而式微，后来失传。

西汉末期，安昌侯张禹以"鲁论语"为主，采择"齐论语"，汇纂而成《张侯论语》。这个版本即今本《论语》之由来。

到东汉后期，郑玄以《张侯论语》为底本作《论语注》，《张侯论语》遂成为东汉以后《论语》的通行本。

孔子生前的代表作是他亲手编订并向弟子传授的"五经"体系，即《诗经》《书经》《礼经（包括乐经）》《易经》《春秋经》。

孔子生平"述而不作"，以五经学术传授弟子。五经才是孔子与先秦儒家关于学术及道统的代表作。

二、四书与五经的意义不能并列

所谓"四书"，即《论语》《孟子》《大学》《中庸》。这四部书也都不是孔子之所作。

四书与五经的意义完全不能并列。五经传授可以溯源到孔子以及先秦；而四书，则是南宋时期由朱熹所编撰。"四书"中的《大学》《中庸》，摘自汉代以后出现的《礼记》（并非孔子所传之《礼经》），传说是孔子的孙子子思的著作。

【按，孔子门下有两个子思，一位是原宪字子思，一个是曾参弟子、孔子嫡孙孔伋字子思。出自哪个子思历代也有异说。】

《论语》《孟子》也都是汉代以后的人所编撰之书，皆不能列于先秦之儒家经典。

可信之先秦儒家经典只有五经体系。

韩非子说孔子身后儒分为八，思孟学派只是八家中之一而已。

孟轲在汉唐时代并不具有与孔子并列的地位。汉武帝独尊儒术，尊的仅仅是孔子之道，而绝对不是孔孟之道。

孟子的抬头始于晚唐的韩愈。韩愈著《原道》，祖述儒家道统称："尧以是传之舜，舜以是传之禹，禹以是传之汤，汤以是传之文、武、周公，文、武、周公传之孔子，孔子传之孟轲，轲之死，不得其传焉。"

到了南宋这一道统得到朱熹的弘扬，据此而编著"四书"。但是孟子正式被朝廷封为"亚圣"而得以与孔子并列，则在明嘉靖九年（1530 年）。此时，距孟子去世已 1800 多年了。

在此之前，孟子只是先秦诸子之一，一位平民思想家。也就是说：所谓"孔孟之道"，从来不曾流传 2000 多年，其形成以及存在，至今也不过四五百年而已。

三、儒家历史的重新分期

孔子死后，其弟子散诸四方而传其学。韩非子说"儒分为八"，荀子则著文批评"十二子"，特别批评同属儒家的子思、孟轲。

实际孔子身后儒学脉络对后来影响巨大的大概有三派：鲁阙里之学（曾参、子思、孟子）、魏西河之学（子夏、吴起、魏文侯）以及晚出的齐稷下之学（荀子，师承于子弓及子夏）。

齐国贵族田常曾与孔子交往，好儒术。其专政齐国后，重用孔子弟子子贡、颜涿聚、宰我等。田氏篡齐后，至后齐桓公（田午）乃造学宫兴起稷下之学。荀子曾为稷下学宫祭酒，因而形成讲述"五经"的齐鲁派儒学。到汉初，通过贾谊、晁错、董仲舒而深刻影响了当时的政治。

我认为，在孔子身后，历史上的儒家思想大略可分为以下三期。

第一期是子夏西河传经，到荀子主持稷下学宫，再到汉武帝用董仲舒独尊儒术，这一阶段的儒学主流是今文派儒学。

第二期是西汉后期、特别是王莽时期，以刘向、刘歆父子为代表而倡导兴起的古文儒学，直到唐初唐太宗编订《五经正义》，综合南北、杂糅今古文两派学术，是以古文派为儒学主流的时期。

第三期则始自晚唐韩愈著《原道》开始提倡孟子，将孟子作为孔子的嫡系传人。此论在南宋为朱熹所弘扬而编撰四书取代五经。至明、清，此论得到国家的正式承认，遂以"四书"为主题而立八股取士制度，于是形成以四书为主体的所谓"孔孟之道"的道统。

"文革"后期举国"批林批孔"，批所谓"孔孟之道"，殊不知孔孟之道并不同于孔子的原道。盲人摸象，瞎批一通。今人又鼓吹所谓复兴儒学，则也常把四书与五经并列，其实都属于不明本源之瞎论耳。

【诸子研究】

老子哲学中的活东西与死东西 ^①

老子的《道德经》（或云《德道经》），是古代道家的一部经典著作，也是早期中国哲学史上罕有的一部关于宇宙本体论的思辨著作。

全书不过区区五千言，而千百年来对其研究和解释则不下百千万言。一想到这一点，即足以令后起的研究者却步——试想我们对于老子，是否还能讲出任何新东西呢？

然而，尽管考虑到这一点，笔者还是相信，这一工作有必要从头做一下，为什么？

对于老子哲学，多年来的许多研究者，都把精力集中于争论一个问题——老子是唯物的还是唯心的？实际上，老子就是老子——远古一位在学术上独树一帜而极具创造性的思想家。说他是唯物的，并不能抬高他；说他是唯心的，亦不能贬低他。真正的研究只应当理解他——这就意味着：要揭示出老子哲学的基本原理。事实上，只要能找到这个主要原理，笼罩于老子哲学之上的种种神秘烟雾，就可以烟消云散了。

本文的基本目的，就是试图揭示老子哲学中起决定作用的这个主要原理，亦即它所谓"玄之又玄，众妙之门"的"道"，看看它的具体内涵究竟是什么。

一、老子一书源于口授

正如他的神秘哲学一样，老子其人也是一个谜。关于他的生平，历史上有过太多的说法，其结果却是：没有一种确凿无疑、可资凭信的说法。

---

① 此文是何新早期的一篇哲学史研究论文。本文原发表于《学习与探索》（1981 年第 3 期），曾收入《何新集》。收入本书时作者有所修订。

现在大致能相信的，只有关于他的这样一些事迹。

老子名聃。春秋末期楚地人。曾在东周宫廷中任守藏史（这个职位是世官世职，即世袭），掌管天文及文书档案。晚年周王室衰弱，乃去官，赴秦国。过函谷关时，为关尹子口述作书，即《道德经》。其后不知所终。

现在所见《道德经》的最早文本，是 1973 年出土于长沙马王堆汉墓中的两种帛书，即帛书甲本与帛本乙本。就内容看，两种帛书本与原通行于世的西汉河上公本，具有一些重要的差别。即：

1. 传世本老子一书有《道经》《德经》两部分。在通行本中，《道经》居前，《德经》在后。两帛书本则次序相反，因此也被称为《德道经》。

2. 通行传世本分全书为八十一章，帛书本则不分章。

3. 通行传世本中作为语助词的"兮"字，在帛书本中一律写作"呵"。如"渊兮，似万物之宗"写作"渊呵，始万物之示"。

4. 帛书本中多用假借字。同时同地出土的甲、乙二本，也常有不同写的借字。如，写"谓"作"胃"，写"其"作"元"，写"冲"作"中"等。又如河上公本六十一章"常以靖胜"一句，在帛书甲本写作"恒以靓胜"，而乙本则写作"恒以静朕"。

由上述差别可以做出两点重要推测：

1. 帛书甲、乙本之间以及它们与传世本存在如此显著的差异说明，直到西汉初年，《道德经》一书尚无统一的定本。

2. "呵"与"兮"相比，似更接近于口语。联系帛书甲、乙本中借代字极多、借音字互不同，并且不分节的事实可以想见，《道德经》一书实源自口授的记录。

本文对老子哲学的引证，以通行的河上公本为据，同时参用两种帛书本——

《道德经》与《德道经》

道与德，是老子哲学的一对基本范畴。关于"道"的语词含义，前人诠释甚多，此不赘述。值得一提的是黑格尔的见解。他在讲论老子时指出：

"道在中文就是道路、方向、事物的进程"，因此也就是"一世事物内在的逻辑"。参证于老子所说："道者，万物之奥也"（六十二章），可见他对道的这一理解，是正确的。

"德"，枉古字书中有两种含义：

1. "德，得事宜也"。（《释名》）
2. "德，外得于人，内得于己也"。（《说文》）

也就是说，能抓住事物之根本，从而"外得于人，内得于己"，是谓有"德"。

老子说："孔德之谷，唯道是从。"（二十一章）这里指明了德对于道的依存关系——道为本体，德为器用。从老子书中对道与德的论述看：

老子所谓道，"天之道"也，是指事物发展、变化、运动的总规律；相当于希腊哲学家赫拉克利特所说的"宇宙中永恒的逻各斯"。而老子所谓德，则是人之道，即人世上祸、福、兴、亡、成、败相互替易变化的规律。如果说《道经》是老子的自然哲学和方法论，那么《德经》就是老子的历史哲学和政治论。

由此也就可以理解老子一书为什么有《道德经》与《德道经》两套写本了。看来是这样的：要向老子一书中寻求帝王治国之术的汉初政治家所重视的是《德经》，所以马王堆西汉贵族墓中所掘出的两种帛书均以《德经》居上篇；后世的玄学家们所更重视的却是老子的形而上理论，所以西汉后期的另一种传本（河上公本）便把《道经》置于上篇了。

《汉书·艺文志》说："道家者流盖出于史官，历记成败存亡祸福古今之道，然后知秉要执本，清虚以自守。卑弱以自持，此君人南面之术也。"所谓"君人南面之术"，即治国之术、政治哲学。又说："及放者为之，则欲绝夫扎学，兼弃仁义，日独任清虚可以为治。"

在这里，班固所说的"君人"与"放者"，看来亦即指政治家与玄学家对老子哲学的两种不同态度。

其实，老子既是一位高深的思辨玄学家，又是一位有权术的政治谋略家。因而在两千年的中国历史上，《道德经》一书既是后来很多思辨玄学理论的发源之地，也是许多政治家、军事家乃至阴谋野心家从中汲取斗争策略、数术权谋的秘本珍籍。其原因，盖于此也。

二、道的二律背反

老子研究中的一个争论不休的问题，即老子的道究竟是物质实体抑或是精神实体的问题。

其实，完全没有必要陷入这种经院式的循环辩论中，而应当深入分析"道"的真实意义。如果打破老子思想的神秘外壳，通而观之，那么老子的全部哲学可以提纲挈领地概括为三句话，即：

太初有道。

其道一为"变"，二为"反"。

圣人用之：明道，通变用反。

老子说："道可道，非常道。名可名，非常名。"（一章）这两句话是《道经》的开篇之首，对于老子全书具有提纲挈领的意义。它以思辨的形式，道出了规定与否定、有限与无限的辩证关系。

斯宾诺莎曾经提出一个著名的命题："规定就是否定。"斯氏的这个命题所提示的是这样一个道理：对于具有无限性的实体来说，在质上对它的每一种确定，都必然意味着对其无限性的限制，因而意味着否定。

斯宾诺莎曾经把无限性比作一个圆圈。因为当一条线段构成封闭的圆圈时，它既无起点也无终点，因而在质上是无限的（尽管它在量上是有限的）。而其他任何一种开区性的线段，则无论在量上可以延展多么长，但在质上却总是受到起点和终点的规定，因而是有限的（正是在同样的意义上，黑格尔把"绝对理念"也比作圆圈）。

"道可道，非常道。名可名，非常名"这个命题，与斯宾诺莎的"规定即否定"这个命题具有相同的含义。老子认为，道本身无起点亦无终点，"绳绳兮不可名"（十四章），是不可规定的无限实体。但另一方面，老子又认为，道也不是栖身于宇宙之外的一个超越物，它存在于宇宙中，存在于事物中。

在这里，老子实际提出了一种蕴含矛盾结构的命题，即：

一方面——

道不可道，不可名。（"道可道，非常道。名可名，非常名。"——一章）

道无形，无象。（"是谓无状之状，无象之象。"——十四章）

另一方面——

道可道，可名。（"吾不知其名，字之曰道强为之名曰大。"——十五章）

"自古及今，其名不去，以圆众甫。"——二十一章）

道有形，有象。（"其中有物"，"其中有象"，"其中有精"。——二十一意）

在这里，我们看到了康德所谓"二律背反"，也就是逻辑上的所谓"悖论"。

黑格尔曾指出："东方的哲人每每称神为多名的或无量名的……因为有限的名词概念，不能满足理性的需要。"（《小黑辑》第109页）老子之所以视道为不可道，不可名，其原因盖也在于此。

老子认为，驾驭着超越千万年之上的道，乃是万物所生的本根。"夫物芸芸，各归其根。"（十六章）由这一观点中，他引出反感觉论的认识论。他说："天下有始，以为天下母。既得其母，以知其子。"（五十二章）"不出于户，以知天下。不窥于牖，以知天道。"（四十七章）"其出弥远，其知弥少。是以圣人不行而知，不见而名，

不为而成。"（四十七章）

宇宙中的万物纷纷纭纭，而"道"却是它们的总体、本根。由于万物形态及现象的多样性，所以任何感官的把握都只能达到片面的局部。只有理性的思辨才能把握万物的总体实体和本体——"道"，从而做到"不行而知，不为而成"。

老子贬低感性认识的原因，是因为他从宇宙现象和人世经验的流动不居中，意识到感性认识的表面性、片面性、偶然性、主观性。黑格尔指出：

"对那些断言感官对象的实在具有真理性和确定性的人，他们最好是回到那最低级学派的智慧……因为对于那些了解了这种神秘的人，不仅仅达到了对感官事物的存在的怀疑，而且甚至于对它们的存在感到绝望。他们一方面否定了感官事物，一方面也看见感官事物否定其自身。"（《哲学史讲演录》第 2 卷第 241 页）

老子正是从对感性事物的这种否定中，走向对感性知识的怀疑和否定。他要求越过感性现象而直接深入到对宇宙实体——"道"的认识。他认为只有通过对这种普遍规律的认识才可以推导出对各种特殊事物的先验性的认识。所以老子这种反感觉论的认识论，实质乃是中国古代哲学中一种尚处在萌芽形态的理性主义。

三、"道"的含义

那么，"道"的具体内容又是什么呢？老子认为，道的法则可以归结为两点：

一、道者、变也。
二、变者，反也。

他用这样三个字概括道的内容："……曰逝、曰远、曰反。"（二十五章）

逝者，消逝。远者，遁远。逝与远，都是指事物之发展变化。反者，物极必反也，也就是毛泽东常说的"事物走向反面"。

为了真正理解老子，这里有必要研究一下老子哲学中的一对重要范畴——有与无。

老子说:"天下万物生于有,有生于无。"(四十章)

"常无,欲以观其妙;常有,欲以观其徼。(于省吾《诸子新证》云:"徼者,归也。")此两者同出而异名。同谓之玄。玄之又玄,众妙之门。"(一章)

应该指出,对"有"与"无"这一对范畴的辩证分析是哲学史上(希腊、印度、中国)一切早期哲学的出发点。黑格尔的《大逻辑》和《小逻辑》亦都从"有论"开始。

在魏晋时代,玄学家也对这一对范畴甚感兴趣。然而,这一对范畴,却被王弼、何晏等一班玄学家解得玄之又玄,以至完全变成了不知所云的离奇神话。实际上,老子命题所蕴含的道理是简单的。

尝试考察一个事物在历史进程中的形态正化,即可发现这样的规律:某一事物,起初呈现为一种存在形态,而在后来的发展中逐渐变为完全不同的另一种新存在形态(例如,一粒微小的树籽,通过不断的发育变化,最终长成一棵高大的树木)。

如果对事物的这种形态变化作抽象分析,就可以指出这乃是一个二重化的过程:一方面是事物原有的旧形态通过变化过程而消失,即由有转化为无(种子)。另一方面是先前潜在的事物新形态逐渐生成出现,即由无显现为有(大树)。

例如大树先前是无,在树籽的无化中转化为有;树籽原来是有,在大树的形成中消失于无。(参见列宁《哲学笔记》:"正在开始的东西还不存在,它只是走向存在。从非存在到存在,非存在同时也就是所在。")

由这种分析就不难引出如下的结论:

1. 事物新形态是从"无"中发生的。因此,无是本原。("天下万物生于有,有生于无。"——四十章)

2. 事物之旧形态是向"无"转化的,因此,无是归宿。("夫物芸芸,各归其根,归根曰静。"——十六章)

这就是老子哲学最基本的原理。实际上,老子关于道的其他一切命题,都或者是导向这个原理的前提，或者是由这个原理中引申出的结论。

老子认为，事物由不存在（无）走向存在（有），然后积小而成大、积弱而变强，以至于全盛，最终达到顶点。再一变而为走向反面，终至灭亡而消失。如是生生不已，这就是宇宙中一切事物生生灭灭、存在发展所普遍遵循的永恒之"道"。

在老子书中，以大量的事例对道的这一原理作了具体生动的说明。他说："物壮则老。"（三十章）"强梁者不得其死。"（四十二章）"天之道其犹张弓与？高者抑之，下者举之。有余者损之，不足者补之。"（七十七章）"人之生也柔弱，其死也坚强。万物草木之生也柔脆，其死也枯槁。故坚强者死之徒，柔弱者生之徒。"（七十六章）"有无相生，难易相成，长短相形，高下相倾，音声相和，前后相随。"（二章）"曲则全，枉则直，洼则盈，敝则新，少则得，多则惑。"（二十二章）

四、老子的治国之术

正是由这一原理出发，老子引出了他的治国、平天下之术，也就是他的政治哲学、历史哲学、军事哲学和伦理学。对于老子的这一部分思想，可以归结为六个字，即以反求正之术。用老子自己的话说，即"玄德深矣，与物反矣，乃复至于大顺"。（六十五章）

实际上，老子的逻辑是极其简单的。既然一切事物总是要向相反的方向发展——大者，将变为小；强者，将变为弱；贵者，将变为贱——那么为了使大者常大、强者常强、贵者常贵，就应该反其道而求之：处大而若处小、处强而若处弱、处贵而若处贱，即自觉地、主动地使自己经常处在小、弱、贱的地位上。这样，按"道"的规律发展，结果则恰恰是相反的，即转化为大、强、贵。

至此，我们可以把老子的这种策略思想概括为以下：

处大若小

处贵若贱

不争而争

无私而私

正言若反

……

唐代以后，有人认为老子书是兵书。老子书中确实包含军事哲学的内容，但这种军事韬略并不是著于哲学的主干，而只是老子"以反求正"策略思想的副产品。

作为用兵之道，老子主张以不战制战、以退制进，甚至以败制胜。他说："以道佐人主者，不以兵雄天下……善有果而以，不敢以取强。"（三十章）"兵者不祥之器……圣人不得已而用之……胜而不美……胜以丧礼处之。"（三十一章）"用兵有言吾不敢为主而为客，不敢进寸而退尺。"（六十九章）

但如果根据这些观点以为老子是反对一切战争的和平主义者、是非攻非胜的失败主义者，那就大错特错了。老子并不反对战争，而是以非战作为作战的战略方法。老子也并非反对胜利，所谓"胜而不美"者乃是以胜为不胜、从而不断求胜以达常胜之术也。

这种以反求正的策略思想推广于"政治斗争"，则可以产生一套设队陷敌、阴谋制人的权谋术数。故老子说："将欲掩之，必固张之。将欲弱之，必固强之。将欲废之，必固兴之。将欲取之，必固与之。是谓微明。"（三十九章）又说："古之善为道者，非以明民，将以愚之。"（六十五章）"绝圣弃知，民利百倍。绝仁弃义，民复孝慈。是以圣人处上而民不重，处前而民不害。以其不争，故天下莫能与之争。"（六十六章）

这种权谋术略构成老子政治哲学中阴险的一面，亦成为后世许多政治、阴谋家张权制敌的法宝。所谓"君王南面之术"者，实即指此。

五、老子的伦理哲学

还是从"以反求正"的原理出发，老子提出了他的伦理哲学——一种独特的人生价值观点。

第一，老子依据"相反者相成"的原理，认为人类行为的善与恶、美与丑的观念都不是绝对的，而是相反相成、互为依托的。没有绝对的美，亦没有绝对的善。美和善，是与丑和恶的观念相对比较而存在的。他说："天下皆知美之为美，斯恶已。皆知善之为善，斯不善已。"（二章）又说："唯之于阿，相去几何？美之与恶，相去何若？"（二章）

第二，由这种善恶相反相成的价值观出发，老子抨击西周晚期儒家的礼义观念，他说："大道废，有仁义。智慧出，有大伪。六亲不和，有孝慈。国家昏乱有贞臣。"（十八章）"故礼者忠信之薄而乱之首，前识者道之华而愚之始。"（三十八章）

第三，既然美和善总是相伴着丑和恶、智慧总是相伴着诈伪、礼义总是相伴着堕落，总而言之，既然人类在文明形态上的每一种进步，都总是伴随着道德与淳朴人性的堕落，那么，对人性最根本的改革，就是彻底地放弃对美、善、智慧、礼义道德和社会物质文明的追求，而回归于原始淳朴、无知无欲的人性中去。所以老子主张："小国寡民，使有什伯之器而不用，使民重死而不远徙。虽有舟舆，无所乘之，虽有甲兵，无所陈之。使人复结绳而用之。至治之极，甘其食，美其服，安其居，乐其俗，邻国相望，鸡犬之声相闻，民至老死不相与往来。"（八十章）

后一段话，体现了老子的最高社会理想。这种理想与儒家的大同理想（《礼记》）是非常不同的。基本上，老子是反对物质文明、反对科技与工艺，甚至反对理智性和知识的。他说："为学者日益，为道者日损。损之又损，以至于无为，无为而无不为。"（四十八章）"圣人处无为之事，行不言之教。万物作焉而不为始，生而不有，有而不恃，功成而弗居。"（二章）"为无为，事无事，味无味，大小多少，报怨以德。"（六十三章）"为者败之，执者失之。是以圣人无为故无败，无执故无失。"（六十四章）"是以至人之治，虚其心，实其腹，弱其志，强其骨。常使民无知无欲，使夫智者不敢为也，为无为，则无不治。"（三章）

应该指出，老子这种社会理想，表面看是一种反人性、反文明、反理性、反道德的荒谬思想，但另一方面，这正是哲学史上对于人类异化所发出的第一次抗议呼声。

根据这种无为而治的人生哲学，老子阐述了他所理想的圣人模式。这种圣人"自知不自见，自爱不自贵"，"不敢为天下先"，"知其白，守其辱"，"专气致柔"——无知无欲无为如同初生的"婴儿"。

如果把老子的伦理学观点与先秦德家的伦理学观点作一对比，就会发现这两种价值观念在许多方面是相反的。

儒家主张用世，老子主张避世；儒家主张进取，老子主张无为；儒家主张"爱人"、行仁政，老子主张"绝圣弃知"；儒家重人事，老子尊天道；儒家主张"走私"，老子主张"成其私"。儒家崇奉西周礼治，主张克己复礼，实际上是以颂古的形式非今，抨击时政，主张改革政治。而老子根本摒弃礼治，认为"礼"是忠信之薄而乱之首"，主张使社会彻底退到氏族时代去。

孟子曾这样描述他所理想的政治家形象："居天下之广居，立天下之正位，行天下之大道，得志与民由之，不得志独行其道。富贵不能淫，贫贱不能移，威武不能屈，此之谓大丈夫。"（《孟子·滕文公》）

而老子所理想的圣人形象却是："微妙玄通，深不可识。豫兮若冬涉川、犹兮若畏四邻。俨兮其若客。涣兮若冰之将释。敦兮其若朴，旷兮其若谷。温兮其若浊。"（十五章）

无棱无角，无欲无争。随器赋形，与物同化。无不变之则，无必循之径。但求遗世独立，何问世之清浊？

老子这种拒绝承担伦理责任的人生哲学有其消极的一面，这种消极方面后来在庄子、列子一派的战国后期道家伦理学中得到更为极致的发挥。这种消极的道家伦理在认识论上发展到彻底的怀疑主义、相对主义，在价值论上则是彻底否定生存的责任和意义。不是使人敢于面对历史，面对社会的挑战，勇敢地承担自己的责任和使命；而是使人缩入个体生存的蜗壳，以个人的生存得失作为人生的最高价值。因此，后期道家实际是一种十分自私的苟生哲学。黑格尔曾批判中世纪基督教的"圣徒"观念说："假如这样的一批人要组成一个国家的话，那么他们的羔羊式的善良，他们那种只知关切自己个人、自己爱护自己、自己永远看到和意识到自己的优点的虚荣心就必须扫除干净。因为那普通的生活和为别人而活并不需要那种怯懦的善良，而正需要一种强毅的善良——不要求只关心自己和自己的功罪，而要求关心公众和怎样为公众服务。"

这一批评完全可以用在后期道家身上。人类降生于地球上，是担当着责任和使命的。人应该面对历史改造世界，力求有所作为，而不是逃避、无为。人应该有勇气坚持自己认为是善的原则，为一种理想做斗争，不论这种斗争使人遇到什么样的痛苦。两千年来，道家哲学中这种逃避人生责任的"无为"哲学，对我们民族的精神、性格和历史发展都造成了有害的影响。不少政治家由于受这种人生哲学的影响，在所谓"功成身退""急流勇退"的借口下，为了全身保家而逃避自己的历史责任。请看一些人生谚语如：

"危邦不入，乱邦不居。天下有道则见，无道则隐。""勇于敢则杀，勇于不敢则活。""刚易折，白易污，巧易拙。""事事求全无可乐，人非看破不能闲。""红尘白浪两茫茫，忍辱求和是妙方。""聪明难，糊涂更难。由聪明而糊涂最难。"……

诸如此类，所反映的正是这种无为与逃世的人生态度。

老子这种无为哲学的消极面，后来与儒家哲学中那种重等级、明尊卑、贵古贱新的哲学相结合，遂成为维系两千年停滞的中国封建制度的两大精神枷锁。如果说，在儒家的人生哲学中尚包含着积极进取、尊民轻君、正视人生、正视人的社会责任等人道主义成分（事实上，封建时代一切在历史上有所作为的仁人志士，正是被积极进取思想陶冶过的），那么作为一种伦理学和人生哲学的老子思想，则是不足取的。

##　结　语

黑格尔指出："每个人都是时代的产物，哲学也是这样。"老子的哲学，也是他那个时代的产物。春秋时代乃是古代中国史上一个天旋地转的大时代。在整个中国的土地上，从南到北、从东到西，社会的经济、政治、道德伦理和意识形态，都正在进入一个旧结构解体和新因素重新组合的过程。诸侯起来了，天子失势了；卿大夫起来了，诸侯又没落了。短短二百四十年间，大小战争二百九十七次，弑君三十六，亡国五十一。无数世家公侯或陵夷废灭，或降在皂隶，而昔日的贱臣庶人却纷纷登上政治权力的角逐舞台。一切传统的典章制度，都在动摇着、颠倒着、扫荡着，变革的观念深深浸润人心。当时有一位历史学家总结这种历史进程说："社稷无常奉，君臣无常位，自古已然。故诗曰：高岸为谷，深谷为陵。"（《左传·昭公三十二年》）

老子的哲学思想，是这个历史时代中的一位贵族知识分子对于当时正在发生的历史进程所做的哲学概括；也是他对于时代向他的阶级所提出的严峻挑战，所给予的理论回答。如果说，老子以物之"必交，必反"来概括时代的运动乃是深刻的，那么，他以为可以以反求正、以无为达有为，以不变之术来抗拒宇宙历史必变之流，则是貌似机智而实则愚蠢的。

作为一个哲学思想体系，老子的思想具有深刻的内在缺陷，老子的逻辑方法是有严重缺陷的。

第一，从老子书中可以看出，他的哲学命题都是作为一种先验的公理，以直言判断的形式独断地给出来的。

例如他说：道可道，非常道。为什么如此？这个命题是如何推知的？老子全然没有说明，在他看来，这个命题乃是公理，是不证自明的。然而，像这种直接给出而未经逻辑论证的思想，只能是真假值尚有待验明的命题，而根本不是什么真理。

由于老子哲学缺乏一个严密的逻辑系统，就使老子的许多命题虽然貌似有理，实际却经不起严密的推敲。

例如老子的全部哲学都是从"反可求正"这一原理出发，认为弱小必能战胜强大，柔弱必能战胜刚强。

但实际上，这个命题却只有在作为或然判断时才有真实性；若作为必然判断，就是很荒谬的。因为虽然世界上凡强大者都曾经过弱小阶段，但却绝非凡弱小者必能发展为强大。

另外，何谓"柔弱"、何谓"刚强"？这些概念在老子哲学中都没有严格的定义。诚然，新生事物发轫之初常是柔弱的，然而垂死事物在走向灭亡时也是渐趋衰弱的。逻辑的这种不严密性使老子不得不在论述中借助大量的表象和实例，并使他不得不以无内在结构的散文诗的形式表述思想。

因此，老子哲学的缺点，并非如有人所说具有过于深奥的思辨性，而恰恰是整体上的缺乏思辨性。那种散文诗的外在形式，也绝非老子哲学的优点，而恰恰暴露了它在逻辑方面的致命弱点。

第二，从内容看，老子哲学所反映的，乃是辩证法的否定一面。马克思曾指出："辩证法对现存事物的肯定理解中同时包含对现存事物的否定理解，即对现在事物的必然灭亡的理解；辩证法对每一种既成的形式都是从不断的运动中，因而也是从它的暂时性方面去理解。"

在这里，马克思所指出的，即是历史辩证法的否定特征。

生活于春秋那样一个变动的时代，老子对于历史辩证法的这种否定运动是有着深刻认识的。这一点在他的哲学中可以看得十分明显。

然而老子没有认识到，在历史的辩证否定中，同时发生着社会形态的更新即肯定运动。新的、更高级的社会文明正孕育在旧文明的破坏中。

黑格尔在论述辩证法的这种肯定运动时深刻地说过："为了争取科学的发展……唯一的事就是要认识以下的逻辑命题，即否定的东西也同样是肯定的。"

然而，这一点却恰恰是老子认识不到的。他所看到的只是旧事物、旧制度的崩溃灭亡，却看不到新的社会组织、新生活的强大萌芽。这也正是老子对人生、对历史采取那种极为悲观、消极、无为观点的原因。

悲剧时代产生悲剧的人物，而悲剧的民族总是产生悲剧时代。一个积极地、主动地寻求自我变革的时代是悲剧性的。春秋正是这样一个时代，而老子则又是这个时代的一位悲剧人物。总的来看，在理论上，老子是一个失败者，他的社会历史哲学和伦理学是反自然和反历史创建之流的。但在思想史的影响上，老子是一个成功者：他的政治哲学为历史上许多帝王将相所宗法；他的玄学思辨原理不但影响了中国两千年的自然哲学，而且后来发展成为一种宗教；他的伦理学至今还可以在现代中国人的某些处世方式中看到痕迹；在几千年的历史中，老子始终被看作最深奥、最丰富的古代思想家之一。然而，这却正是中国文化史的悲剧。因为只应该是哲学思辨之起点的地方，却被后人看成了终点。老子哲学被视为古代思辨哲学的最高产物，成为后代无数思想家不断追溯的理论源泉。甚至直到现在，我们仍可以看到被不断重复的某些老子哲学命题。黑格尔曾批评老子以"无"为本体的原理说："在纯粹抽象的本质中，除了只在一个肯定的形式下表示那同一否定外，即毫无表示。假若哲学不能赶超出上面那样的表现，哲学仍是停在初级的阶段。"

这一批评是深刻的！

老子哲学的"无为"之道

老子哲学中最具争议性的思想是关于"为无为",以及"无为无不为"的思想。

"无为",从表面语义理解之,似乎即什么都不做。问题在于,如果什么都不做,又如何能达到"无不为",即成就一切的目标呢?

如果我们理解到,老子所谓道的哲学之本质乃是"导",即引导、循导、顺导,那么就不难理解"无为"何以能达到"无所不为"。无为的本质是顺于"道"即循导,即顺从万物固有之"道"而导化之。其结果是让"万物芸芸"而"自化"。万物都各循其"道",而自我生化,其结果自然是无所不为。因为万物自身之所为,就是"道"之所为,就是运用"道"的"圣人"之所为。

所以,圣人"无为"而"无不为"!

17世纪西欧哲学家提出"自然秩序"的理念。17世纪末,法国哲学家、经济学家弗·奎内通过来华传教士的著作了解了东方老子关于"道"、道法自然的哲学思想。他将这一思想与古典希腊罗马的"自然法"思想相结合,而提出经济中的"自然秩序"观念。这一观念对17世纪西欧哲学经济影响极大。后来斯密在经济学中根据"自然秩序"提出在自然与社会中,特别是在经济活动中存在所谓"看不见的手"。

实际上,老子的"道",就是"自然秩序"。所谓"无为无不为",就是"看不见的手"。换句话说,让万物依其本性沿着自己的自然之道去运作和发展,而明智的圣人并不干预其发展,只采摘其果实,这就是"无为"。因此,对老子而言,"什么都不做"的"无为"乃是手段,而并非其所主张的人生之目的。其目的恰恰相反,并非无为,而是有为。不是一般的有为,而是一切皆有为,或有为于一切,此即"无不为"。故"无为"者——无所不为也。

《道经》言:

"是以圣人处无为之事，行不言之教。万物作焉而不辞，生而不育，为而不恃，功成而弗居。夫唯弗居，所以不去。"（二章）

此段文字所述说的，正是"无为无不为"的精要之义。

黑格尔《小逻辑》中有一段精彩的话，恰可以为老子这种"无为无不为"思想作一注解。他说：

"理性何等强大，理性即何等狡猾。理性的狡猾总是在于它的间接活动。这种间接活动让对象按照它们本身的性质互相影响，互相作用。它自己并不直接参与这个过程，但是在这一进程中，它贯穿而实现了主体的目的。"

这才是理性，即"道"之无为／无不为的真谛。

老子哲学的"本体论"

【何新按】

"有"与"无",即存在与虚无,自希腊哲人巴门尼德指出这两个范畴存在悖论以后,它们一度成为西方哲学中最重要的本体论范畴。黑格尔在其《逻辑学》中,也以专门章节详细讨论。

在东方哲学中,中国之巴门尼德——老聃也曾在《道德经》中讨论。在魏晋玄学以及中古佛教哲学中,这两个范畴则分化成为崇有论和虚无论两派,又被佛学之"有宗"及"空宗"作为思辨以及论辩的经典范畴。

但两宋以后,中国本体论哲学消亡。因此清代以来特别是近代、现代,人们对本体论之"有""无"两个概念几乎完全丧失了理解。

在现代西方哲学中,由于近代经验主义、分析哲学的兴起以及本体论、形而上学的消亡,包括罗素、维特根斯坦等所谓"大师",对这两个本体论范畴的哲学意义也完全失去了理解。

本文拟重新追溯及阐释这两个基本本体范畴的哲学含义。

《道德经》第一章乃老子之本体论。老子认为:虚无为万物之本体。虚无与存有同时并存。"天下万物生于有,有生于无。"(第四十一章)老子的这一本体论思想,自河上公及王弼以来从未能得到历代注家的真正理解。

相似的观点,亦见于古希腊的赫拉克利特、印度的《吠陀经》以及早期佛教思想中。【顺便指出,我在早年(1981年)对老子的研究中,曾将老子思想与希腊的赫拉克利特相比照。这一观点后来为很多人所沿袭。但实际上,二者之间还是具有深刻本体论和方法论的不同。赫拉克利特提出了一个"能量流"("活火"Everlivingfire)的重要宇宙概念，赫氏思想更具有科学主义的简明化倾向。这都是老子思想所没有的。但赫氏思想却缺乏老子思想中"道"一元论的系统性，而老子哲学的神秘主义色彩则更具有耐人寻味的深隽性。】

黑格尔《逻辑学》《小逻辑》的第一章均为"有论"（又译"存在论"）。在这一章里，黑格尔极其深刻地分析了关于"有/无"同一性的命题。我读过国内外许多解读黑格尔"有论"的著作，然而发现并没有人真正懂得黑格尔"有与无具有同一性"的命题。而这个命题，又正是老子哲学本体论的第一命题。黑格尔说：

"有即是无这一命题，从表象或理智性的观点看，似乎是太离奇矛盾了。甚至也许会以为这说法，简直是开玩笑。要承认这话为真理，实难做到。因为有与无就其直接性看，乃是根本对立的。……用不着费好大的机智，就可以取笑'有就是无'这一命题。"

"例如反对这命题的人可以说，如果'有'与'无'无别，那么，我的房子，我的财产，我所呼吸的空气，我所居的城市、太阳、法律、精神、上帝，不管他们存在（有）或非存在（无）都是一样的了。"

黑格尔指出："足以表示有无统一的最接近的例子是变易（Das Werden）。人人都有关于一种变易的表象，甚至都可承认变易是一个表象。而若加以分析，则变易这个表象，包含有'有'的规定，同时也包含与有相反的'无'的规定；而且这两种规定在'变易'这一表象里又是不可分离的。所以，变易就是'有'与'无'的统一。"

让我们试举一具体实例，来观察一下关于"有无同一性"这一命题是如何被抽象出来的：例如一个鸡蛋变成一只雏鸡。雏鸡对于鸡蛋，是质相完全不同的另一"他物"（贺麟译为"别物"）。但孵化的过程，也就是鸡蛋自身变异（"自我异化"）的过程中，鸡蛋的质相消失于雏鸡中。试以"有"与"无"这一对范畴对这一过程作概念分析（思辨），如果我们设定鸡蛋为最初的存在物（"有"），则当此枚鸡蛋存在（有）时，那只将生的雏鸡则尚是一种非存在物（即"无"）；而当雏鸡诞生之时，那枚鸡蛋（受精卵）则已不复存在——即由"有"而转化为"无"。由此可见，这个过程同时是如下两个过程的对逆发生：

鸡 蛋 变 雏 鸡 ／ 雏 鸡 消 解 鸡 蛋

（有）→（无）／（无）→（有）

即：当雏鸡是"无"时，则鸡蛋是"有"；当雏鸡是"有"时，则鸡蛋是"无"。因此，这个变化过程是一有相（鸡蛋）变为一无相，同时又是一无相（雏鸡）变为一有相。又因此，鸡蛋和雏鸡都是有和无的统一体：在鸡蛋（有）中潜伏着一个尚作为"无"的雏鸡，而在雏鸡中潜伏着一个曾作为"有"的鸡蛋。这就是一种对立面的统一体。

从名相的角度分析，"鸡蛋"是一个名称，而"雏鸡"则是另一个对立的名称。所以老子说："名可名，非常（长）名。"而雏鸡又将变为大鸡，大鸡又将死亡而再成为新物，这就是"道可道，非常（长）道"。（此语真正的意义是：导生又有新的导生，所以没有永恒单一的导生。）

作为无相而尚未得到命名，这是万物发生伊始（即"无名，天地之始"）。而第一物种之名，设如"鸡蛋"一名正是"雏鸡"以及此后绳绳万物演变之链的一个初始（即"有名，万物之母"）。理解了以上分析，《老子》之第一章以及黑格尔《逻辑学》的第一章，就丝毫也不难理解了。

这个观点可以泛化（具普遍性）。也就是说，同样的思辨可以应用于分析一切变易的过程，例如一个人的死亡（由有而无）以及诞生（由无而有）。

人们常以为，宇宙中的逝者是"时间"。殊不知，宇宙中并不存在所谓"时间"，存在的只是一个永恒的万物自身之流变过程。流失的并不是时间，而是万物本体自身。（《庄子》中有此寓言，已达到这一思辨。）

正是这种分析可以引导出这样一个结论：在一切存在物中，都潜伏着作为自我否定的对立物（即他物）。（黑格尔）黑格尔说：

"有过渡到无，无过渡到有，是变易的原则。所以'有'中有'无'，'无'中有'有'；但在'无'中能保持其自身的'有'，乃是变易。"

"在变易中，与无为一的'有'及与'有'为一的'无'，都只是消逝着的东西。"

"事实上，摆在我们前面的，就是某物成为另一他物，而另一他物一般地又成为另一物。某物既与另一他物有相对关系，则某物本身也是一与另一物对立之另一物。既然过渡达到之物与过渡之物是完全相同的（因为二者皆具有同一或同样的规定，即同是另一他物），因此可以推知，当某物过渡到另一他物时，只是和它自身在一起罢了。而这种在过渡中、在另一物中达到的自我联系，就是真正的无限，而成为自为存在。"

黑格尔又指出：

"在哲学史上，赫拉克利特的体系约相当于这个阶段的逻辑理念。当赫拉克利特说"一切皆在流动"时，他已经道出了变易是万有的基本规定。反之，埃利亚学派的人，有如前面所说，则认'有'、认坚硬静止的'有'为唯一的真理。针对着埃利亚学派的原则，赫拉克利特于是进一步说：有比起非有来并不更多一些。"

通过以上的示例与分析，这些听起来似若天书的神秘语言，应都可以豁然而解。黑格尔这些话不仅包含了对于作为哲学范畴的"有"与"无"相同一的深刻思辨，而且对于理解老子、赫拉克利特的思想非常重要。

然而事实上，过去从来没有一个黑格尔哲学的研究者能够真正理解和准确地解释黑格尔的上述思想。因而他们也就无法真正理解老子关于"有与无"即"存在与非存在"的概念分析。从哲学与宗教理性的历史看，有与无的思辨乃是早期哲学及宗教思辨所普遍关注的一个最重大问题。

实际上，存在与非存在即有相与无相的问题，也就是关于生命与死亡的问题，以及关于存在和生存之意义的问题，印度古经《梨俱吠陀》说：

"无即非有，有亦非有。"

"死即非有，不死亦无。黑夜白昼，二无迹象。"

讲的也正是这个道理。

中古佛教名僧龙树《中论颂》中说：

"不生亦不灭，不常亦不断，不一亦不异，不来亦不出。"
"一切实非实，亦实亦非实，非实非非实，是名诸佛法。"

这些话听起来神秘无比，其实讲的也不过就是上述有／无均非实相的道理。

在中国思想史上，老子及《易经》经传中最早提出这个问题。而在魏晋玄学和隋唐佛学中，关于有／无问题以及空与不空的名相（关于实体及符号与现象）的问题，曾两度形成哲学与宗教思辨大争论的高潮。

我们还有必要指出的一点是，在现代物理学中，关于古典哲学中所抽象讨论的"有无"变迁问题，已经在关于相变与临界现象的研究中发展成为一个极其重要的学科。物理学之所谓"相"，可对应于黑格尔《逻辑学》之所谓"质"，亦即古典哲学家之所谓"有"。

"相"即一定序态的物理"质"，它潜伏于另一质态中。通过可定量分析的临界条件的参量连续变化（"量变"），达到打破平衡态的临界突变（即相变／质变）。

1969 年，普利高津将非平衡相变中出现的有序和结构发展为"耗散结构"理论。1977 年，他由于这一理论而获得诺贝尔化学奖。他后来曾对记者说他的理论受益于中国的老子。这是十分耐人寻味的。

【附录】

何新：佛教的济世情怀

问：佛教的目标何在？人们说学佛的目的是要进入西方极乐世界。这种极乐世界存在吗？

何新：学佛的目的，是追求对人生与世界达到彻悟（觉醒）的境界。小乘极力渲染和宣讲极乐世界。但大乘主张诸法无常，诸法无我，一切境由心造，"境"只是主体、本体的虚幻意识，是缘起性空的变动之流，因此，哪有什么永住不迁的极乐世界？佛学的涵摄性极广，其流派亦繁多。般若的基本原理是主张"性空"。般若学中的"缘起性空"论，指诸法（法即现象）的自性空。因此，真正的般若智慧，是了悟于"他性空"及"自性空"的。研求之要探索"中观正见"，决非念佛即可得佛。所以，所谓"极乐世界"，只是佛教面对俗世的一种象征的说法。实际上，何来极乐世界，哪有仙山琼阁？

问：那么学佛的目的又何在呢？

何新：在于追求和实现一种超越自我，进而普济众生的济世情怀。这正是大乘佛教修持的目标。最重要的一点是，大乘理性佛学认为佛陀并不是神。佛陀被看作导师、引路者。佛学认为，众生平等。人与佛也是平等的。自然万物和人，没有一息不与全宇宙呼吸相通。一手指可以搅动四洲的海水，一呼吸可以变换全宇宙的空气。大乘佛教最基本的修行就是发"四无量心"，即慈无量心、悲无量心、喜无量心、舍无量心。其中慈就是爱；悲就是同情；喜就是随喜（例如看见别人好就高兴而不嫉妒）；舍就是舍弃，对人生的一切拿得起、舍得下、不执着。达到这种境界就是所谓"看破红尘"，也就是了悟。一物多相，诸法无常。法相俱空，空亦非空。其来勿喜，其去勿悲。研究佛学的最高境界是追求精神的这种了悟，实现人生境界的提升。不迷，不执，不妄，不滞。由这种精神的彻悟中方能领略到"极乐"，实际这恰恰也是无乐。所谓不悲不喜、不嗔不怒，从而随境而安，缘起性空，获得精神的自我解放——大解脱。

问：这实际是要追求一种精神境界？

何新：这是一种至明至哲的精神境界。精神越痛苦，就越需要追求这种境界。宋代的两大名士王安石、苏东坡，在政治上一生对立。但在晚年却都浸心于禅悦，结果和解而成为朋友。这也是解脱。达到这种境界才有幸福可言。因为佛教认为人生是苦，如何能够度过这苦难的人生呢？就靠这种精神境界。小乘佛学上座部中有毗昙一派。这一派最讲究"戒、定、慧"之学。戒是持戒，坚忍而有所不为。

定即"禅定"，实际是凝想主观，主体意志的坚定。慧就是明哲，以慧观"数"——数非数字之数，而是"数法"（这个概念相当于哲学中所谓规律、尺度）。在此三谛中，慧是目标，戒是根本，定是方法。以戒立定，以定求慧。以智慧而寻求从人生欲界、物界、情界、苦界的解脱。学佛修持，目的就是唤醒人心中本有的智慧（即慧根，儒学所谓良知）。这个命题与柏拉图的命题相似。柏拉图认为理性（理念，Idea）先验地存在于宇宙及人心。因此学习就是回忆。佛道与仙道不同。佛的境界比仙的境界要高。高在哪里呢？仙人只是长生的俗人。求仙是为了使世俗的享乐永恒化，保持世俗的一切物欲享乐。所谓"一人得道，鸡犬升天"，因为成仙后还需要鸡和犬。而佛则不同。成佛是追求达到一种精神境界。这种境界超越了感性的物界、感情的情界、欲望的欲界，超越于整个世俗世界。佛的智慧有三大特性：一是对一切事物有彻底的认知与把握。二是他的智慧与行为都达到至高的境界，止于至善，即所谓"正觉"（正确认识）、"等觉"（普遍认识）、"圆觉"（贯通融汇的认识）的境界。三是佛教伦理主张对人世间一切生灵充满关爱，对人类中弱者、苦者、不幸者充满同情（大悲心）和冷静刚毅（大雄）的父性爱（大慈）。

问：常常听到人们说佛时谈"缘"，谈"缘分"。究竟什么是缘？

何新：缘，在汉语中是个复杂概念。（1）缘是遇，遭遇，机遇，机缘，即偶然。（2）缘是联/连，关联，牵连，攀缘，也是缘。（3）缘是果报。有因才有缘，有前因才有后缘。佛教的人生论是一种非常广义的因果论，又是一种非常广义的泛生命论。佛教认为人生并非一世，人性与非人性（包括动植物以至山水沙石等无生物）在本性上相通。此生本是沙石，是竹木，是动物，来生可以成人，而再来生又可能堕入轮回道，再成为畜生，或花木，或沙石。这种广生性的生命循环论，听起来似乎荒谬，实际上具有深刻的理性根据。个人生命的起点是一个受精卵，但若再追究这个受精卵的前身，却是父母体内所摄食的动植物、维生素与矿物质等。人死后或腐化而入泥土，或烧炼而成灰烬，都是将本体内的物质还原于大自然，而再入循环道，又转化成为沙、石、植物、动物……生生不已，物质不灭，能量不灭，永在宇宙生命的不尽循环之中。这种循环的一个阶段，就是"业"，其所暂寄就是"缘"。执着于一"业"，就是"障"，就是"执"。执障必会破，不想破也会破。"缘"的形成则有因。因缘相连，有恶有善。这就是佛教所谓慈悲心的根据之一，通过观想事物及自我缘起性空，而认识到我与事物或他人都没有自性，其位相都只是暂（时）性。所以"他""你"和"我"都是动态的，不断与外界发生相互作用而不断改变着的，是宇宙整体的一个动态的部分，"他"和"我"，"内"和"外"都是人为的划分。

问：我也曾参习佛理。但是每读佛教史，就感到宗派林立，异说横出，术语奇僻，佛经浩瀚。您对此有何看法？

何新：不论研究任何学术，治学必须要找到一个纲，治学必须提纲挈领，纲举才能目张。研求佛学也如是。佛教发展的第一阶段是印度佛教。创始于佛祖释迦牟尼。在梵语中，"释迦"是族名，"牟尼"是圣人。这个名号的本义即释迦族的圣人。释迦牟尼的思想学说大致可分为：佛心，即宗门；佛言，即教义。前者，以灵山法会，世尊（释迦）心心相印为宗旨，在西天从迦叶至达摩，共传了二十八代。后者，以"四谛"为中心说，对机说法，形成了大、小乘的分别。为了保存和发展佛教的学说，传说释迦生前十大弟子在佛陀逝世当年，用口传记诵的方法，举行了第一次大结集。结集的内容共分经、律、论三藏。释迦逝世百年后，因为教团内对律藏的理解和践行发生分歧，而出现了宗派的分裂。以后，在学说观点上不断出现分歧，产生了部派佛学，由上座部和大众部分裂成为十八部或二十部大 / 小乘派系。许多佛教徒以及阿育王和迦王，都曾为统一教团内部的分裂做出努力。他们在不同时代和地点，先后主持了第二、第三、第四次的大结集。自从释氏开创佛教，然后发展、演变，直到佛教在印度本土衰颓，前后大约历时 1500 年。

问：佛教何时传播到中国？

何新：应在秦汉之间，佛教来自西域。当时佛教的主流（大乘）已由印度传到中国西部的雪岭大漠之外，如月氏、于阗、龟兹。晋、隋、唐之际，我国僧人冒千辛万苦西行，欲求佛教之真谛。理解渐精，不仅能融贯印度之学说，而且自创宗门，如天台宗、禅宗，已成为纯粹的中国佛教，而与印度本来佛教义理发生迥然分别。

问：你说秦汉之间佛教东传，但一般的看法是在东汉，这是为什么呢？

何新：据我看来似应提前。《史记·秦始皇本纪》记始皇三十三年，用事于西戎，"禁不得祠，明星出西方"。所谓"禁不得"，语颇难解。其实"不得"一语古音通于"浮屠"，似即佛陀入华的初名。"不得祠"似就是指初传于秦之西陲的佛祠。此虽孤证，但可备一说。又汤用彤曾据鱼豢《魏略》的一则材料，指出西汉初年已有月氏使者来汉传写佛经。总的来说，中土与西域、印度的往来，早在夏商周三代已颇频繁，宗教文化浸渐而入，互动影响，时代可能比近世人们所想象的更早得多。佛教入中国不是直接传自印度，而是通过西域，自西向东、自北而南传播。到隋唐以后，佛教浸为大流，形成了具有中国特色的一种有哲理、有伦理、有体系的伟大宗教，即中国佛教。

问：佛教在中国主要有哪些部派？

何新：中国佛教中最有中国特色的是禅宗、天台、净土、真言以及中国密宗五大宗门。这五大宗门，与本生的印度及西域佛教，都已具有深刻的不同，而形成了中国独有的特色。众生都诵持"南无阿弥陀佛"六字。但你是否知道这个佛号的真实义谛？

问：那不就是对释迦牟尼的颂称吗？

何新：不。"南无阿弥陀佛"是梵文，汉译文的意思其实乃是："衷心顶礼洞彻一切的智者。"因此，佛学、佛理的本质，是理性主义。正是佛学中这种理性主义的超越性，深深地吸引了唐宋元明以来中国的许多学者和仁人志士。

子夏与"西河学派"

在先秦思想史上，子夏卜商乃是一位承前启后的重要思想家，也是中国思想史上一位长期被忽视的人物。说他被忽视，一是因为其学说主要靠口耳相传，所遗留者秦代以后多散佚。二是因为现在通行的中国哲学史、思想史书中，一般都没有关于子夏的记述。

实际上，卜商子夏是春秋战国之际孔门中由儒学礼治思想过渡到法家政术思想的一位枢纽人物，名震当时、学泽后世，是孔子经世思想的嫡传弟子，是法术政治思想的先驱，也是中国古代思想史中一位不能被忽视的人物。

一、子夏生平

在孔门弟子中，子夏属于晚辈。孔子卒于公元前479年，子夏少孔子四十四岁。孔子卒时，子夏年方二十八。孔子生前已注意到其才干，曾称赞子夏"博学而笃志，切问而近思"（《论语·子张》）。是好学深思有志务实的人。综合秦汉史料记述，子夏之生平大略如下：

子夏，卫人，出于殷商遗族。子姓，夏氏。善卜，名商，故又称卜商。约生于公元前507年，相传子夏老寿，晚年失明。古以七十为老，则子夏卒年应晚于公元前437年（据钱穆说）。子夏出身贫寒。孔子说："商之为人也，甚短于财。"《荀子·大略》篇也说："子夏家贫，衣若悬（玄）鹑。"

子夏曾有从政经历，中年曾经出仕担任过鲁国莒城父宰。孔子死后，子夏去鲁到魏，被魏文侯延请为师。晚年子夏聚徒讲学于魏国故卫地之西河。

【何新按：西河地有异说。或说乃战国时魏之西河，地约略在今陕西韩城周边，乃吴起戍秦之地。然此说不足信，盖战国时韩城周边是秦、魏激烈战争争夺之战场要冲，不可能使子夏安居讲学数十年也。

子夏乃温县人，温县境内平皋即古之邢丘。周初于邢丘封温国。僖十年，狄人灭温，温子奔卫。汉时，温县属河内郡。其地春秋属卫，战国属魏。汉之河内，即殷商之朝歌。朝歌，晋称汲郡，今称淇县，古称沬邑，即商之牧野。殷虚即安阳。安阳乃秦建郡名，战国时称邺邑。商王庚自奄（曲阜）迁殷虚（今安阳小屯）。朝歌是商之牧野牧场。魏文侯七年，建都于邺。邺，即殷（古音衣）之音转。周初封康叔于朝歌。齐桓公时狄人灭卫，桓公徙卫都于楚丘，后又迁濮阳。朝歌遂并于晋，战国属魏。《史记》谓"右太行，前带河，后被山"。"常山在其北，大河经其南"。其地要居天下之中也。黄河自温县、淇县西南方向东北流去，故古称河内，亦称西河。又，战国初之谋略家鬼谷子亦温地人。我颇疑"鬼谷子"或即子夏别号，"鬼谷"者，"诡谲"也。】

子夏讲学于魏国之"西河"，即殷虚安阳，古之邺城也。其地乃南北要冲，东接齐鲁，西倚太行，北濒赵燕，南临黄河，怀抱中原。西河学派，即创立于此。

从子夏学者有三百多人，其中人才辈出。《史记·儒林传》记："如田子方、段干木、吴起、禽滑厘之属，皆受业于子夏之伦。"战国时一批著名政治家、军事家如李悝、吴起及商鞅，也直接、间接出其门下。而荀子、李斯、韩非则是其隔二或三代的再传弟子。其门风之盛，使当时许多人甚至误以为子夏就是孔子。这个西河学派既传授儒家经典"六艺"，也是法家政术思想的先驱。

子夏是一个有操守和气节的人。有人劝他出仕做官，他回答："诸侯之骄我者，吾不为臣。大夫之骄我者，吾不复见。"子夏晚年丧子，由于悲痛导致目翳而双目失明。

二、子夏的政治思想具有法家倾向

在孔门弟子中，子夏并不像颜回、曾参辈那样恪守孔子之道。他是一位具有独创性因而颇具有异端倾向的思想家。他关注的问题已不是"克己复礼"（复兴周礼），而是与时俱进的当世之政。因此，子夏发展出一套偏离儒家正统政治观点的政治及历史理论。

子夏说："君子有三变：望之俨然，即之也温，听其言也厉。"（《论语·子张》）由此可见，子夏心目中的君子是知权术、有心计的君子，已不再是孔子倡导的那种"温文尔雅""坦荡荡"的醇儒。这些观念，体现出法家察势和用权的精神。与儒家主张恪守礼义、一以贯之的君子之道显然相悖，因而被儒家正统学派认为是投机。以致子夏的再传弟子荀子也曾指摘子夏城府深沉："正其衣冠，齐其颜色，俨然而终日不言。"（《荀子·非十二子》）但吴起、商鞅变法，都首先采取示民以信的政治策略，显然源出于子夏之术。子夏注重君王用权之术，认为君王必须注意研究政治历史。他说："有国有家者不可以不学《春秋》。""善持势者，早绝奸之萌。"（《韩非子·外储说》）主张治国者要学习《春秋》等史书，汲取历史教训，消除危机于萌芽状态，防止失权以至政变。

三、子夏是儒学经典的主要传授者

汉代学者多认为子夏是大部分儒家经典的主要传授者。《后汉书·徐防传》记："《诗》《书》《礼》《乐》定自孔子。发明章句，始于子夏。"

《诗经》一书自孔子之后至汉代有两派传人，一是毛派即"毛诗"，一是韩派即"韩诗"。而这两派的始传者都是子夏。据汉儒徐整云："子夏授高行子，高行子后三传至大毛公，大毛公授小毛公，为河间献王博士。"则毛派《诗经》实为子夏所传。汉代流行的另一种说法则谓："子夏传曾申，曾申传李克，再二传至荀子，荀子传大毛公。"其源头也是子夏。此外韩诗也是子夏首传。

子夏尤精于《春秋》历史之学。汉代讲授《春秋》经义有三种主要传本，即《公羊春秋》《穀梁春秋》和《左氏春秋》。传述《公羊春秋》和《穀梁春秋》的公羊高与穀梁赤，均为子夏门人。

四、子夏传述《左氏春秋》

《春秋》传本中，最著名的是"左氏传本"。汉儒刘向附会"左氏"为《论语》中所提到的左丘明，但自唐宋以后学者多疑之。

因《左传》书中记有战国时事，而左丘明乃春秋时人也。那么"左氏"究竟是谁？其实，"左氏"乃是卫地都邑名（有说在今山东定陶），《左氏春秋》之"左氏"，可能是地名借为人名，那么这个"左氏"之真人究竟是谁？这个问题一直是个谜。

战国时之一代名将、子夏著名弟子吴起也是"卫左氏中人"。因此章太炎、钱穆曾推测"左氏"即吴起。近代学者卫聚贤在《〈左传〉的研究》一书中，则认为《左传》作者是子夏。他说："子夏居西河，为魏文侯师。时晋都在魏所辖，子夏得晋国史稿而著《左传》，故《左传》记晋事特多。"

子夏讲述《春秋》，多引录史事。其门弟子（可能主要是吴起）纂其所述，经历数代成书即《春秋左氏传》。

这些推测不无根据。"左氏"即左邑，又称左丘，故地在卫，可能是子夏故里（子夏与其弟子吴起可能是同邑之人）。上古以地为氏号，因此左氏、左丘很可能是子夏的别号。后来被汉儒刘向误会而混淆于春秋时代另一个学者"左丘明"。

司马迁说："左丘失明，厥有国语。"钱穆说："子夏居西河，晚年失明，疑左丘失明，或自子夏误传。"

王树民说："《左氏春秋》的作者虽难确定，而有一定的迹象可循。如其书好作预言，凡在战国中年以前者多验，涉及其后者多不验，可知其书之编撰应在战国中上期，而不能更晚。其书记事止于知伯灭亡，并称及赵襄子之谥号，是其成书已在诸事之后。又其书中于魏之先世多用美誉之词，明示作者与魏国有一定的关系。"

我们知道，子夏氏"卜"，可能出于占卜者的世家。子夏精于易术，有《子夏易传》传世。这与《左氏春秋》中常以易术论未来可相印合。故徐中舒也认为："《左传》作者即使非子夏，也可能就是在子夏门下编写成书的。"

综合汉儒所论及上述，《左氏春秋》的传授来源大约如下：

鲁之瞽史左丘明传《春秋》于孔子（汉儒说），孔子传《春秋》于子夏，子夏传之吴起，成《春秋左氏传》。

五、子夏创立"西河"儒学

据司马迁关于孔门弟子的记载，子夏少孔子四十四岁，为孔门中较年少者。又说："孔子殁后，子夏居西河教授，为魏文侯师。"（《史记·仲尼弟子列传》）王树民说："子夏本为学习历史颇有成就者，居魏之时间已在战国初年，从时间和地域等方面观之，《左氏春秋》的作者通过子夏受到孔子的影响，是无可置疑的，其书中多取孔子之言，也就不是偶然的了。"（王树民《曙斋文史杂论》）

孔子死后，子夏讲学于魏地西河，向弟子传授六经，对《春秋》的讲授尤为注重。这是子夏本人经世致用的学术观点所决定的。

子夏传《春秋》，将历史学导入政治。他所最注重的首先是"微言大义"，后来传授于公羊学派，形成对汉初政治影响极大的《春秋》公羊之学。汉代著名大思想家董仲舒即是这一派的传人。

晚清时代著名改革派思想家魏源、龚自珍、康有为，也都属于公羊学派（今文学派）。魏、龚主张经世致用、变古适今的政治改革思想，当时流传到日本，对明治维新时期日本的政治思想产生了重大影响。另一方面，子夏也极其注重春秋时代的史事故实，此在《左氏春秋》中保存最多。此外，子夏也注重于训诂之学，这一学派即《谷梁春秋》。

以现代学术的观点看，可以说"公羊学"注重于政治意识形态和历史哲学。而《左氏春秋》注重于史料和政治历史，《谷梁春秋》则偏重于语言分析哲学。如果说《春秋》之学开创于孔子，则子夏正是将其学说发扬光大而形成上述三大学派的最早传承者。

法家之学源出儒家

"文革"期间，"四人帮"将百家学派简化为儒法两家，拟构了一个儒法斗争贯穿全部中国史的体系，其说久已随其政治破产而湮灭。

但我在检读先秦史料的过程中却惊讶地发现，就其本源来说，战国时的儒法两家非但不相对立，而且其实共出于一源，其学说最初都是来自孔子所开创的儒家。

这个问题，对于中国学术及政治思想史关系甚大，因此有必要略加考述。

一、儒分为八，汇聚于二

韩非子说，孔子死后，儒分为八，即子张之儒、子思之儒、颜氏之儒、孟氏之儒、漆雕氏之儒、仲良氏之儒、孙氏之儒、乐正氏之儒。

历战国秦汉的大变迁后，儒家的这八个学派中，真正使儒家在秦汉以后仍能够薪火相传的，只有三家，即子思之儒、孟氏之儒与孙氏之儒。

孟氏即孟轲（孟子）。其学术出于曾参、子思之门，子思是孔子之嫡孙。

孙氏即孙卿，亦即荀子。荀子之学，则师承于孔子弟子子张与子夏。

子思和孟子一派儒学，一方面仍坚持孔子的礼制思想，另一方面提出"内圣"之学，即人格主义的儒学。唐宋以后演变为韩、程、朱之理学。

而荀子之学，则源于子张和子夏，主要是"外王"之学，亦即辅助王侯用权与法术之学（故有所谓"小人儒"之讥）。战国中后期的法家一派，实际主要源自子夏学派。

孔子死后，孔门晚期弟子的子夏受魏文侯之弟魏成子邀聘，晚年讲学于魏国之西河，在这里建立了子夏学派。这个学派就是战国兴起的三晋法家之祖，其门生首先是魏文侯。

《史记》说："文侯受子夏经艺。"其弟子中包括李悝、段干木、田子方、吴起。

战国初的魏国，是为寻求富国强兵之道而率先变法的国家，而魏文侯则是这一变法的推动者。

魏文侯以礼贤下士闻名于历史。他也是战国初期第一位招客讲学养士的诸侯。《史记》中记："秦曾欲伐魏。客曰：'魏君贤人是礼，国人称仁，上下和合，未可图也。'文侯由此得誉于诸侯。"子夏及其诸门生都受到魏文侯高度礼遇，"以师礼事之"。

曾从子夏问学的李悝与吴起，后来都成为一代著名变法者、政治家、军事家。《吴子兵法》（图国篇）："吴起以兵法见魏文侯。"可见其确出儒门，儒门亦传兵学。子夏之西河学派，实开后来齐稷下学派之先河。

子夏之学后来为荀子有所批判地继承。而思孟及夏荀两派，在战国末世，成为儒学中并立的两大流派。

二、李悝之学受自子夏

李悝一向被认为是战国法家的开山鼻祖，而李悝的老师则是子夏。

实际上，战国法家是针对贵族政治而出现的政治学派。法家的法治思想主张法律平等主义，"齐贵贱"，在法律面前人人平等，王子犯法与庶民同罪。法治与传统的礼治思想鲜明不同。礼治主张正名，严分尊卑等级制度。"刑不上大夫，礼不下庶人。"因此礼治的本质是贵族主义的等级分层制度，是一种特权制度。礼法之争，是战国时之一大争也。

李悝一名，典籍中或记为李克，是同一个人。其生平时代约在公元前455—前395年（据钱穆说）。据《汉书·艺文志》班固注，李悝从学于子夏。《儒林传》又记子夏传《诗经》之学于曾申（曾参之子），曾申传魏人李克。《汉书·艺文志》有"李克"著书七篇，编次在儒家。又有李悝所著《李子》三十二篇，列于法家之首，当由其门人所撰集（班固认为李克、李悝是两人）。魏文侯时，李悝先任中山相，后来又做过国相。班固《汉书》说："李悝相文侯，富国强兵。"

在中国法制史上，李悝（克）是一位有开创意义的人物。战国初期，魏秦两国先后进行了变法，对此后中国政治经济之变革与发展影响深远。

魏文侯任用李悝为相，目的是变法图强，其政策一是重农主义，"尽地力之教"，二是法治主义，以法治取代礼治。变法使魏文侯时代的魏国成为战国初的头号强国。

李悝曾审订诸国旧法，著成《法经》六篇。李悝《法经》为秦、汉以后历代法典之所本，因而李悝一向被公认为战国法家之始祖。

三、商鞅学术源出李悝

商鞅学术源出李悝。《史记》记商鞅携《法经》（李悝著）由魏国入秦，被秦孝公用为国相，以《法经》作为秦国变法的理论指导。

商鞅本为魏国贵族公孙痤之养子。公孙痤是魏文侯之子、魏武侯兄弟、魏惠王之叔父。痤曾任国相，惠王尊其为"公叔"，故又称"公叔痤"。商鞅本是卫人，因此本名卫鞅（值得注意的是，子夏、李悝、吴起也都是卫人）。魏国兼并了卫地。商鞅入继公孙痤为中庶子，故改宗从公孙氏，又称公孙鞅。入秦后受封于商，故以"商鞅"知名于世。

商鞅法术源于李悝《法经》，其少年时代可能从学于李悝。《史记》说：商鞅"少好刑名之学，事魏相公叔痤为中庶子。公叔痤将死，荐鞅于惠王曰：'年虽少，有奇才，愿王举国而听之。'王嘿然。痤又曰：'不用鞅，必杀之，勿令出境'。"但魏惠王藐视年轻的卫鞅，没有听信公叔痤的遗言，既未重用，也未杀害。当时秦孝公新就秦君位，图谋变法，招贤于天下。因此卫鞅于公孙痤死后入秦，被秦孝公重用，而于秦国实施李悝的变法。

商鞅以李悝《法经》为指导，依照秦国实际，在秦两度变法。推行县制，统一度量衡制，从而统一法令，发展自耕农经济，使国富兵强，奠定此后秦统一中国之基础。

王充谓："商鞅相孝公，为秦开帝业。"（《论衡·书解》）青年毛泽东曾称赞商鞅说："商鞅之法，良法也。今试一披吾国四千余年之记载，而求其利国福民之伟大政治家，商鞅首屈一指。"

秦孝公去世后，商鞅虽遭杀害，其变法新制度则仍被贯彻执行而有效。变礼治为法治的法术学派，在有秦一代成为主流政治思潮。而由以上所述简略脉络可知，实际上，法家政治学说的确演变而源于儒家，是儒家政治思想"与时俱进"的产物。

值得注意的是，战国法家之集大成者韩非，是历史上最早尊孔子为"圣人"的人之一。他说："仲尼，天下圣人也。……而为服役者七十人。"

四、先秦法家皆与孔子有关

法家是周礼的破坏者。商鞅说："圣人苟可以强国，不法其故。苟可以利民，不循其礼。"（《商君列传》）

法家之学最早在春秋时期源于管仲和子产。孔子一生崇敬管仲，而早年曾从子产问学。

法家代表非贵族的"庶子"的政治思想，根本主张是"齐贵贱"，要求平等而反对贵族的特权制度，主张"选贤"、用贤人，而反对"世亲世贵"的世袭制度。

概而观之，先秦法家可分三大流派：

1. 刑名法家

这一派法家出现较早，是法家的先驱，先于孔子或与孔子同时，代表人物包括邓析、子产、赵简子。他们主张以法代礼，"循名责实"，"不法先王，不是礼仪（荀子论邓析语）。"

子产，郑国名相，是孔子的老师之一。子产在郑国变法，是春秋法家最早的代表人物，邓析是其盟友。子产执政后即铸刑鼎，将法条录之于鼎铭。邓析作"竹刑"，将全部法条录之于竹简。

向社会公布法条，明正典刑，是由习惯法向成文法的制度性转变。是对贵族领主口含天宪、随心所欲设法施刑传统的冲击。

邓析（前545—前501）是一个平民之士，先开私家讲学之风。以现代观点看，邓析也是律师之祖师，他帮人打官司，并且收取酬谢物。他聚众讲学，教平民论辩术，"从之学讼者不可胜数"。

邓析是辩士、诡辩家，也是名家的先驱。"操两可之说，设无穷之辞。""持之有故，言之成理。"他发明了桔槔，利用杠杆从井中取水。邓析通过讲学，主导郑国社会舆论，影响政局，"与民之有讼者约，大狱一衣，小狱一襦。民之献衣而学讼者不可胜数。"

《吕氏春秋》曰："子产治郑，邓析务难之。以非为是，以是为非，是非无（尺）度。而可与不可日变，所欲胜因胜，所欲鼎因鼎。郑国大乱，民口欢哗，子产患之。于是杀邓析而戮之。民心乃服，是非乃定，法律乃行。"

但是据《左传》，杀邓析的人不是子产，而是当时的执政大夫驷颛。前501年，执政大夫驷颛将邓析杀死。虽然杀死了邓析，但是他的竹刑并没有废除。"郑驷颛杀邓析而用其竹刑。"左丘明评论曰："君子曰：'故用其道，不弃其人。'""苟有可嘉于国家者，弃其邪也。"

当子产发动变法时，孔子也在郑国从学于子产。《左传》这种看法应也反映了孔子的观点。

2. 术势法家

第二种法家是辅导人主励行变法，用权强国的政治法家，代表人物是商鞅。政治法家的特点是反对西周传统的贵族民主制度，而主张推行君主集权专制。商鞅思想有《商君书》传世。书云："权者，君主所独制也。权制独断于君，则威。"

战国初年此派法家开始得势，如李悝、吴起、商鞅、慎到、申不害等都属于此派。子夏，就是三晋此派政治法家的宗师。

3. 礼法家

此流派是结合孔子礼学与法术思想的成熟法家学派，反映战国后期儒法汇合的思想，以荀子、韩非子为代表。此派法家形成了外儒内法，即外礼内法、礼法兼用的成熟政治思想。

墨学源出孔门 ①

一、墨子的姓氏

春秋战国交替之际，中国思想界影响最大的学派，除儒家外，就是墨子所创立的墨家之学。《韩子·显学》："世之显学，儒（与）墨也。"孟子云："杨朱、墨翟之言盈天下。天下之言，不归杨，则归墨。"孟子乃儒门弟子。可见在战国后期，墨学的影响甚至一度在孔学之上。

墨子，先世本宋人，后迁鲁。子姓，名墨翟。故《墨子》书中称墨子为"子墨子"。

故墨子与孔子系出殷商同族。

顾颉刚对墨子的姓氏有过考证，其略曰：

按《史记·伯夷列传索隐》引应劭说："（孤竹）盖伯夷之国，君姓墨胎氏。"又《周本纪正义》引《括地志》："孤……殷时诸侯孤竹国也，姓墨胎氏。"是知伯夷姓墨胎。《通志·氏族略》引《元和姓纂》说：墨氏"孤竹君之后，本墨台（胎）氏，后改为墨氏……战国时宋人墨翟著书号《墨子》，则以墨子为孤竹君之后，由墨台（胎）缩短为墨姓的。"又考《史记·殷本纪》殷后有目夷氏。《潜夫论·志氏姓篇》以目夷氏为微子之后。《广韵·六脂》"夷"字注云："宋公子目夷之后，以目夷为氏。"则公子目夷之后为目夷氏，这个目夷氏又作墨夷氏，《世本》说："宋襄公子墨夷须为大司马，其后有墨夷皋。"（《广韵·六脂》及《姓氏急就篇》引）"宋襄

································

① 前人论墨子、墨学，多着眼于墨家与儒家思想之对立。何新此篇研究则指出墨家实际脱胎而独立于儒家之思想渊源，并分析揭示了儒墨学派思想对立的真实本质。何新认为，从学术思想和现实行动看，墨子其实是中国历史上最早的一位平民思想家、博爱主义者和民主主义者。

公子"当是"宋襄公兄子"的传讹。《左传·僖公八年》载宋太兹父与公子目夷互相以仁让国，兹父说"目夷长且仁"，目夷说"能以国让，仁孰大焉！"……墨子是伯夷之后，实则就是公子目夷之后。《论语正义》引《春秋少阳篇》："伯夷姓墨。"则墨夷亦可去其下一字而单作墨。这可证墨子的受姓之始。

据此，墨子确是殷人之后，与孔子一样为子姓，墨乃是其从氏。

清代学者俞正燮说："墨以殷后，多感激，不法周而法古。"童书业说："墨子实为目夷子后裔，以墨夷为氏，省为墨也。"杨向奎说："'目夷'也作'墨夷'，而'翟'与'夷'古音可以通假，因之，我颇疑'墨翟'即'目夷'的别写。"

二、生年

据近世学人方授楚所考，墨子生年约在周敬王三十年（前490），即孔子死前十余年。死于周威烈王二十三年（前403），活了八十多岁。

墨子之学，源出于儒门。但墨子改革了儒党之学，从而新创了自己的一派学术。

《淮南子·要略》："墨子学儒者之业，受孔子之术。以为其礼烦扰而不说。厚葬靡财而贫民，久服伤生而害事，故背周道而用夏政。"

钱穆谓："盖墨子初年，正值孔门盛时，故得闻其教论，受其术业，非（必）谓墨子受业于孔子也。""墨子幼年，正当孔子晚节，或竟不得与孔子并世。"

墨子精通儒家经典。这些典籍在春秋晚期已几乎失传，全赖孔子拯救、绍述和传承。墨子书中对儒家经典《诗》《书》《春秋》多所引述，博学而精通，表明墨子确曾受教于儒门。

所以，墨子思想多出于孔子的儒门。例如：尚贤而反对世亲世贵，本于孔子；尚同而主张平等，本于孔子"有教无类"。但儒家思想中自身存在矛盾，如：其用周礼、主张亲亲尊尊，与"尚贤""无类"之思想相抵牾。墨子则将孔子思想中的平民主义贯彻到底，而自成一派新学说——墨学。

墨子生活之年代，约略与子思、子夏同时。

三、墨家思想源于儒家《礼运》

金德建曾指出，墨子之学，其社会理想源于子思一派的《礼运》之学。墨家思想大致的基本要点，确实与《礼运》思想可相印合。

1. 兼爱

兼爱是整个墨子思想的重心所在。《礼运》中也同样主张兼爱。《礼运》说：

"故人不独亲其亲，不独子其子，使老有所终，壮有所用，幼有所长，矜寡孤独废疾者，皆有所养。"

这种主张和孟子说中"老吾老，以及人之老；幼吾幼，以及人之幼"，有些区别。孟子说中主张先己后人，《礼运》则要求破除己身、己家的观念。这是主张兼爱的墨子同样有的观念。《墨子·兼爱下》说：

"吾不识孝子之为亲度者，亦欲人爱利其亲与！意欲人之恶贼其亲与！以说观之，即欲人之爱利其亲。然即吾恶先从事即得此？若我先从事乎爱利人之亲，然后人报我爱利吾亲乎！意我先从事乎恶人之亲，然后人报我以爱利吾亲乎！即必吾先从事乎爱利人之亲，然后人报我以爱利吾亲也。"

这种论调，亦即《礼运》的"不独亲其亲，不独子其子"。《墨子·兼爱下》又说：

"今吾将正求与天下之利，而取之，以兼为正。是以聪耳明目，相与视听乎！是以股肱毕强，相为动宰乎！而有道肆相教诲。是以老而无妻子者，有所侍养，以终其寿。幼弱孤童之无父母者，有所放依，以长其身。"

这种论调，实际等于《礼运》的"使老有所终，壮有所用，幼有所长，矜寡孤独废疾者，皆有所养"。

2. 尚同

墨子主张尚同。《礼运》亦主张"大同"。《礼运》说：

"大道之行也，天下为公……是谓大同。"

所谓"天下为公"和"大同"，实际就等于墨子所谓"尚同"。

3. 天志

墨子以"天志"论破商周的"天命论"。《礼运》里也有类似观念：

"是故夫礼必本于天，肴于地，列于鬼神，达于丧、祭、射、御、冠、昏、朝、聘。""故圣人参于天地，并于鬼神以治政也。""故人者，天地之心也。……故圣人作则，必以天地为本。""以天地为本，故物可举也。"

诸如此类，《礼运》里"本于天"的观念，实际和墨子所说的"天志"意思相当。

墨子思想中拿"天"做衡量一切事物的标准。例如《天志中》说：

"天之意也，上将以度天下之王公大人为刑政也；下将以量天下之万民为文学出言谈也。观其行，顺天之意，谓之善意行，反天之意，谓之不善意行。"

其中所谓"度""量"云云，都可以看出是拿天的意志来做标准的一种讲法。《礼运》所说"礼必本于天""政必本于天"云云的所谓"本于天"，自然也是拿天来做标准的意思。《礼运》所说"故圣人作则，必以天地为本"的"作则"云云，墨子的观念都极其相像。

4.明鬼

孔子儒家的思想本来看鬼神是若有若无。例如《论语》说："祭如在，祭神如神在。""敬鬼神而远之。""子不语怪、力、乱、神。"只有墨家才彻底地讲到明鬼（崇鬼）。而《礼运》也以鬼神并列为说："列于鬼神。""致其敬于鬼神。""并于鬼神。""鬼神以为徒，故事可守也。""山川所以傧鬼神也。""事鬼神之大端也。""所以养生送死，事鬼神之常也。"可见墨家明鬼的思想与《礼运》也相似。

5.尚贤

道家反对贤人政治，主张"不尚贤"。但《礼运》则主张尚贤，与墨子主张相同。《礼运》说："选贤与能。""选贤"当然就是尚贤的意思了。墨子所称"尚贤"具有民主"选贤"之意。例如《尚同上》说："是故选天下之贤可者，立以为天子。……又选择天下之贤可者，置立之，以为三公。……又选择其国之贤可者，置立之，以为正长。"这种民主选君、选王公、选官吏的思想，在战国时唯见于墨子和《礼运》。墨子认为自己是法先王、用夏政的。孔子的早期儒家主张法后王，但子思一派儒家则主张崇古法先王。

6. 节用

墨子主张节用、节欲。《礼运》说：

"大夫具官，祭器不假，声乐皆具，非礼也，是谓乱国。"

"故礼之不同也，不丰也，不杀也，所以持情而合危也。"这些和墨子崇尚朴实俭约的宗旨也相符合。

7. 非攻

非攻也是墨子学说的要点之一。《礼运》却也同样主张非攻。例如说："讲信修睦。"这不外要国与国之间保持友好，使得战争不致发生。又说："城郭沟池以为固。"墨子非攻学说，本来也着重在防守的一方面；《墨子》里就有《备城门》等多篇，专门讲究防守城池。《礼运》所说固守城池，与之正合。又说："冕弁兵革，藏于私家，非礼也。"私家不许收藏兵革武器，当然就是要避免发生斗杀，其实这也是与墨子非攻的主张相似的。

从上面分析看，《礼运》的各项主张，都与墨子思想相合。墨子时代与子思约略同时，其思想可能具有相同的来源，即孔子。

四、墨子是手工业工匠的政治代表

《汉书·艺文志》论述墨家源流说：

"墨家者流，盖出于清庙之守。茅屋采椽，是以贵俭；养三老五更，是以兼爱；选士大射，是以上贤；宗祀严父，是以右鬼；顺四时而行，是以非命；以孝视天下，是以上同；此其所长也。"

《艺文志》这一段论述墨家的源流，主要是出自臆测。但我们注意到：

第一，《艺文志》所谓"清庙之守"指古时候掌管郊庙之礼的官守。《吕氏春秋·当染篇》说："鲁惠公使宰让请郊庙之礼于天子，桓王使史角往，惠公止之。其后在鲁，墨子学焉。"《吕氏春秋》和《艺文志》都主张墨家的来历出于清庙之守，以为墨翟当时曾经学过郊庙之礼。清庙之守，先秦称胥或相，也就是祭师，实际就是孔子之儒的源出由来。

第二，所谓"清庙"其实是指周代的明堂制度。蔡邕《明堂月令论》说："取其宗祀之貌，则曰清庙；取其正室之貌，则曰太庙；取其尊崇，则曰太室；取其乡明，则曰明堂；取其四门之学，则曰太学；取其四面之周水，圆如璧，则曰辟雍。异名而同事，其实一也。"所谓墨家出于"清庙之守"，也就是"明堂之官"。

第三，《艺文志》论述墨家源流，还有可以注意的就是所谓"养三老五更，是以兼爱"。

"三老"即社老、闾老、里老。五更则前人无确说，我以为，五更即五工。亦即所谓清庙之官。周礼明堂之制设五工之官，就是工匠之官。工商食官，五工之官也归于清庙之守（大司空，即大司官、大司工）。

墨子出身卑贱，自称"贱人"。方授楚云："周时所谓贱人，与后世良贱之分不同。凡士以下之庶民，皆贱人也。"其说甚是。按，"贱人"也即所谓"小人"。

先秦制度，士以上为贵人，士以下为庶人、贱人。贱人即小人，但是身份高于奴隶，是自由民。百工、商贾、农夫皆属贱业，小人也。《左传》所谓"庶人力于农、穑、商、工、造、隶，不知迁业"者。

孔子自称"吾少也贱"；商汤之贤相伊尹，曾操庖厨之业，亦被目为贱人。

墨子也是贱人出身，其世业其实就是木工。据说墨子木艺之巧，可以争胜于当时的名匠鲁班（公输般）。惠施曾称赞他："墨子大巧，巧为輗，拙为鸢。"（鸢，即雁，见《韩非子·外储说》）所以当时贵族君子认为墨子之说是"役夫之道"。

墨子出身工匠，其学风颇朴实。韩非子言："墨子者，显学也，其身体则可，其言多而不辩。"墨子引《诗》《书》，常改之以适合当代口语。

墨子主张尚贤、尚同、非攻、兼爱（爱人）、交利（利人）、节财、薄葬、卑服、非乐（反对享乐）、生产（强节），此皆手工业者之价值观念也。

所以我窃以为，墨子之学，乃共工氏（工官）之学。共工氏一族，世官世业。

墨子相信果报和宿命，他说"爱人利人者，天必福之。恶人贼人者，天必祸之"。（《法仪》）

五、墨者也是一个政党

与儒家相似，墨家之学团并不单纯是一个学派，而是一个组织严密的政治团体——雏形政党。

可以认为，墨子学习孔子，将自己的学派组织成为一个有政治主张的团体，其内部组织之严密、纪律之严格甚至过于儒党，有似一秘密会党。而且其内部具有共财（共产）、平等（尚同）的原始共产主义倾向，要求成员过一种禁欲式的生活，与希腊之毕达哥拉斯学派相似。

【何新按：毕达哥拉斯建立了一个据称抱有伦理、宗教和政治目的的社团。他的理想是要在其门徒中间发扬政治品德，教诲他们要为国家的利益而活动，使自己服从整体。为了实现这个目的，他强调道德训练的必要性：个人应该懂得约束自己，抑制情欲，使灵魂旷达；应该尊重权威，尊重长者、教师和国家的权威。这个毕达哥拉斯社团似乎是一个实际的公民训练学校，在这里试验毕达哥拉斯的理想。它的成员培育友爱的美德，训练自我检查的习惯以提高其品性。他们形成一个公社，像一个大家庭那样同吃同住，穿同样的衣服，专心从事艺术和工艺，又研究音乐、医学，特别是数学。通常它的成员都要经过一段学徒时期，格言是先倾听后理解。这个社团最初可能是当时出现在希腊、大规模流行的宗教复兴的一种形式，其目的在于纯净生活，使全民参加礼拜，特别是参加所谓神秘宗教仪式的礼拜。这种神秘宗教的教义，指出灵魂未来的命运取决于人们在尘世生活中的行为，而且为掌管他们的行为制定了一些规章。】

墨者这个政治组织的领袖称为巨子。巨子，就是执掌规矩者。

《淮南子·泰族训》云：

"墨子服役者百八十人，皆可使赴火蹈刃死不旋踵，为之所死也。"

《庄子·天下》记：

"以巨子为圣人，皆愿为之尸（死），冀得为其后世。"

此所谓巨子，又记为钜子。"钜子"就是墨家之首领。墨者须绝对服从之。又，所谓"冀得为其后世"一语，殊可注意。冀者，皆也。厉进者，继承人也。墨者内部是平等的，成员皆有资格以选贤成为候选之继承人。

六、墨者多苦行

《墨子·公输》：

子墨子曰："公输子之意，不过欲杀臣，杀臣，宋莫能守，可攻也。然臣之弟子禽滑厘等三百人，已持臣守圉之器，在宋城上而待楚寇矣，虽杀臣不能绝也。"

此可见墨子弟子三百人，还是一个具有一定战斗力的准军事团体。若非平时训练有素，有人组织之、指挥之，而徒激于一时之义勇，断难如是步伐整齐矣。

不仅全体墨者必须绝对服从钜子，钜子也必须绝对服从团体内之纪律。《吕氏春秋·去私》云："墨者有法。"此种墨者之法，森严如铁，违之则罚，以致处死。唯革命团体与秘密社会之所谓纪律庶几似之。

不仅墨者之死生大故，固受"钜子"之干涉，即普通出处及生活亦由"钜子"指挥。

据《墨子》书中记，墨子不但对子弟传教学术，而且为弟子安排职业（孔子也曾如此，如安排子路为季氏宰）。墨子本人虽然未仕，但却曾安排其子弟出仕。

《鲁问》记：

"子墨子使胜绰事项子牛。项子牛三侵鲁地，而胜绰三从。子墨子闻之，使高孙子请而退之曰：'我使绰也，将以济骄而正嬖也；今绰也禄厚而谲夫子。夫子三侵鲁，而绰三从，是鼓鞭于马靳也。'翟闻之：'言义而弗行，是犯（弗）明也；'绰非弗之知也，禄胜义也。"

由胜绰之事观之，如果出仕的弟子有悖于墨子之道，则给以免职"退之"的处罚。

墨家组织之严密如是，加以墨子之才，好学而博。《庄子·天下》言"摩顶放踵，利天下为之"之牺牲精神，及"席不暇暖，突不得黔"之勤劳状态，宜其倡之遂成显学也。

墨子过的不是贵族的生活，他和他的学生所过的是当时"贱人"的生活："量腹而食，度身而衣"，"以裘褐为衣，以跂蹻为服；日夜不休，以自苦为极。"有的学生"短褐之衣、藜藿之羹，朝得之，则夕弗得"。简直完全是贫民。同时墨家懂得工技，墨子就是个大技师，会制造武器等手工品，他和他的弟子至少从事一些手工业劳动，并不完全脱离生产。墨子自称"贱人"，经常步行，丝毫没有贵族架子，表示是庶人的身份。

墨者崇尚苦行，庄子云：

"墨者多以裘褐为衣，以跂蹻为服，日夜不休，以自苦为极曰：'不能如此，非禹之道也，不足谓墨。'墨子真天下之好也。将求之不得也，虽枯槁不舍也，才士也夫！"

《淮南子》言墨子用"夏政"，所谓"夏政"，即大禹治水，十年不入家门，苦行之道也。

《墨子·贵义》云："必去喜、去怒、去乐、去悲、去爱、去恶，而用仁义。手足口鼻耳目，从事于义，必为圣人。"

七、墨子相信"天人感应"

墨子主张"天志"，天志就是天之意志。志，知也，天志即天智，天有智知；志，择也，天志亦即天择，谓天有意志，有选择。天志，天意也。

总之，墨子认为天是有智知、感情、知觉、意志，能主动作为的天。而人本于天，墨子以天志否定孔子所信仰的天命。命者，定也。天命论是必然论、决定论。天数已定，则人力无能为。天志论是选择论、反决定论，是主张存在先于本质的存在主义。所以墨子说：

"实以为治法而可？莫若法天。以天为法，动作为为，天之所欲则为之，天所不欲则止。然而天何欲何恶者也？天必欲人相爱相利，天必恶人相害相贱。"（《墨子·天志》，略引）

墨子相信鬼神也有意志：

"有天鬼，亦有山水鬼神者，亦有人死而为鬼者。"（《墨子·明鬼》）"执无鬼者，疑天下之众，是以天下乱。""今若使天下之人偕若信鬼神之能赏贤而罚暴也，则夫天下岂乱哉？"

墨子这种以天为有意志之天、以鬼神为赏善罚恶者的思想，后来被董仲舒吸收改造，融汇入西汉儒家的"天人感应"论中。

因此，墨子以"天志论"，否定了孔子天命不可改变的"天命论"。他认为：

"在于商夏之诗、书曰：命者，暴王作之。"（《墨子·非命》）

"执有命者不仁。"（同上）

传统的天命论是一种本质先于存在的宿命论。认为人生一切都有定命，人当安于所命，放弃努力和选择。这实际是商周世官世业、世工世守的种姓制度的意识形态反映。

墨子认为，存在先于本质，选择决定生活，是历史中最早的"存在主义"者。"在于桀纣，则天下乱，在于汤武，则天下治：岂可谓有命哉！"（《墨子·非命》）

"执有命者之言曰：上之所赏，命固且赏，非贤故赏也；上之所罚，命固且罚，不暴故罚也。"（同上）

历史中并没有不改的天命，只有随时赏善罚恶的天志。没有承受天命世官世守的贫卑富尊，而应当以善德为标准，让贤人（哲学家）成为统治的君王。这就是他主张的"尚贤"论。他说：

"执有命者之言曰：命富则富，命贫则贫，命治则治，命乱则乱，命寿则寿，命夭则夭，命虽强劲，何益哉？上以说王公大人，下以阻百姓之从事。故执有命者不仁。"（《墨子·非命》，略引）

八、"天命"与"天志"论的对立

墨子所批评的天命思想，也是直接针对孔子的。孔子崇天信命。谓"获罪于天，无所祷也"。(《论语·八佾》)"不知命，无以为君子也"。(《论语·尧曰》)"道之将兴也与，命也。道之将废也与，命也"。(《论语·宪问》)认为"死生有命，富贵在天"。(《论语·颜渊》)后来孟子阐发孔子说："莫之为，而为者，天也。莫之致，而致者，命也"。(《孟子·万章》)孔子认为，"志于学"，最终目的是"知天命"。因此，孔子是宿命论者。

天命论是一种决定论，限制人类的作为。而墨子主张人可以有为，行为的结果取决于行为的价值本身。天的意志体现于人类自身行为的结果中。因此善则有善报，恶则有恶报，人应当趋善避恶，这就是墨子反对天命（《墨子·非命》）而主张天志论和明鬼论的实质。

实际上，这是墨子用他的学说来改造当时的政治。我们可以把它叫作"托神改制"。这就是墨子的"天志""明鬼"学说在当时的现实意义。后来，墨子的这种思想被融合到荀子、孟子所代表的今文儒学的思想中。

墨子对统治者说：

"在于桀纣，则天下乱；在于汤武，则天下治；岂可谓有命哉！"(《墨子·非命》)

"执有命者之言曰：上之所赏，命固且赏，非贤故赏也；上之所罚，命固且罚，不暴故罚也。"(同上)

这就是说，你们如果主张有"命"，那么你们的赏、罚，也就不需要行了。而且暴王的时候天下乱，圣王的时候天下治，这就可以证明"命"是没有的。墨子又对被统治者说：

"昔上世之穷民，贪于饮食，惰于从事，是以衣食之财不足，而饥寒冻馁之忧至，不知曰：我罢不肖，从事不疾，必曰：我命固且贫。……"(同上)

这就是说：你们如果相信有"命"，不好好从事生产，你们就要受到饥寒的痛苦，这是你们自作自受，并不是什么天命。

九、墨者重视实践

墨子主张以神鬼之道设教而教民。因此，墨子相信不仅存在鬼神，并且在冥冥之中有一双眼、一颗心，能够赏善罚恶。

"子墨子曰：古今之为鬼非他也，有天鬼（神），亦有山水鬼神者，亦有人死而为鬼者。"（《墨子·明鬼下》）"今执无鬼者曰：鬼神者固无有，旦暮以为教诲乎天下，疑天下之众……是以天下乱。"（同上）

"今若使天下之人，皆若信鬼神之能赏贤而罚暴也，则夫天下岂乱哉？"（同上）

但是，另一方面，墨子又是一个理性主义者，他是中国学术史上最早研究形式逻辑的人。他提出了"三表法"：本→原→用三段论的归纳推理形式。

"何为三表？子墨子言曰：有本之者，有原之者，有用之者。于何本之？上本之于古者圣王之事；于何原之？下原察百姓耳目之实；于何用之？废（发）以为刑政，观其中国家、百姓、人民之利，此所谓言有三表也。"（《墨子·非命上》）

墨子主张以实践（行）来检验理论：

"子墨子曰：言足以复行者常之，不足以举行者勿常，不足以举行而常之，是荡口也。"（《墨子·耕柱》）

先秦诸子百家中，只有墨子、荀子、名家注意过逻辑问题。但名家注重的是语言中的逻辑问题，流于诡辩；墨子所注重的则是认识中的逻辑问题，几乎构成了一套有系统的逻辑学。孔子已开始注意语言和语意的问题，但对逻辑问题则缺乏反思，他的言论述而不作，多是宣谕式的直言命题，很少证明与推论。墨子反对儒家这种模糊不清的思维方法。

"子墨子问于儒者（曰）：何故为乐？曰：乐以为乐也。子墨子曰：子未我应也。今我问曰：何故为室？曰：冬避寒焉，夏避暑焉，室以为男女之别也，则子告我为室之故矣。今我问曰：何故为乐？曰：乐以为乐也；是犹曰：何故为室？曰：室以为室也。"（《墨子·公孟》）

他说：我问儒者们为什么要造房屋，他们本应说明，冬天用房屋来避寒，夏天用它来避暑，同时也用它来分别男女的住所。他们却回答我：什么是房屋？房屋就是房屋，那不是等于白说吗？

同义反复，确是常见于儒家思维。

墨子在实践中，也以非常强的逻辑理性为指引。例如：

"子墨子北之齐，遇日者，日者曰：帝以今日杀黑龙于北方，而先生之色黑，不可以北。子墨子不听，遂北，至淄水，不遂而反焉。日者曰：我谓先生不可以北。子墨子曰：南之人不得北，北之人不得南，其色有黑者，有白者，何故皆不遂也？且帝以甲乙杀青龙于东方，以丙丁杀赤龙于南方，以庚辛杀白龙于西方，以壬癸杀黑龙于北方；若用子之言，则是禁天下之行者也，是围（违）心而虚天下也，子之言不可用也！"（《墨子·贵义》）

十、以"兼爱"反"私仁"

儒者主张"仁"，但"仁"是有等级亲疏远近之施取的。墨子反对这种"仁"。他说：

"今天下之君子之名仁也，虽禹汤无以易之，兼仁与不仁，使天下之君子取焉，不能知也。故我曰：天下之君子不知仁者，非以其名也，亦以其取也。"（《墨子·贵义》）

在墨子看来，这种"仁"不是真正的"仁"，因为它不是兼爱，而是偏爱。尽管儒家说得很漂亮，要"博施于民而能济众"，但是实际做起来，主要还是"亲亲"，这样儒家的"仁"就很难越出贵族阶级的范围。

墨子认为，儒家的"仁"，仅仅是从爱己出发的，为爱自己，推广一步，就爱自己的父亲、兄弟、子女，这便是所谓"亲亲"；再推广一步，才爱到其他人。所谓"亲亲而仁民，仁民而爱物"，所谓"修身齐家治国平天下"，都是这个意思。

儒家这种以"孝悌"为本的"亲亲"的"仁"，墨子认为并不是真"仁"，而只是"专爱"和"私爱"。他反对"孝"，而主张均爱于天下，博爱一切人。

因此墨子认为，必须倡导用"兼爱"代替"仁"；不但要"兼相爱"，而且要"交相利"。只有"交相利","兼相爱"才有实际的内容。只有"兼相爱",才能体现真正的博爱天下之大"仁"。

儒家主张复活周礼,恢复尊卑有秩的等级阶级制度。墨子则主张打破等级身份的界限,实行阶级身份平等（尚同）,主张破除私爱（孝、悌）和专爱（仁）,而实行博爱（兼爱）。

"子墨子言曰:以兼相爱,交相利之法易之。"

孔子主张君子不言利,墨子则是一个务实的功利主义者。墨子认为讲义,就要讲利,"义者,利也"。在这里,墨子是使用了声训,义借为益。有益,就是今语所谓"好"。好事就是给人带来利益之事。不但于己有利,而且于众人、社会有利,方为"大益"大义也。

十一、"尚同"即民主

什么人能给众人带来大利益呢?墨子认为,只有贤人。所以墨子主张推举贤人执政。值得注意的是,通过"选贤"的方式,墨子提出要求回到古代民主选举制的思想,这就是"尚同"。所谓"尚同",就是尊重众意之"同",多数决定政治,墨子是中国古代一位真正的民主主义者:

"是故古者圣王之为政也,言曰:不义不富,不义不贵,不义不亲,不义不近。……故古者圣王之为政,列德而尚贤,虽在农与工肆之人,有能则举之,高予之爵,重予之禄,任之以事,断予之令。……故当是时,以德就列,以官服事,以劳殿（定）赏,量功而分禄。故官无常贵,而民无终贱,有能则举之,无能则下之。……故古者尧举舜于服泽之阳,授之政,天下平;禹举益于阴方之中,授之政,九州成;汤举伊尹于庖厨之中,授之政,其谋得;文王举闳夭、泰颠于罝罔之中,授之政,西土服。……夫尚贤者,政之本也。"（《墨子·尚贤上》）

"故古者圣王甚尊尚贤,而任使能,不党父兄,不偏贵富,不嬖颜色。贤者举而上之,富而贵之,以为官长;不肖者抑而废之,贫而贱之,以为徒役。……古者舜耕历山,陶河濒,渔雷泽,尧得之服泽之阳,举以为天子,与接天下之政,治

天下之民。"(《墨子·尚贤中》)

实行这种民主选举制的前提，是必须打破等级身份制度的礼制，首先承认一切人在身份上的平等，这就是所谓"尚同"。墨子说：

"古者民始生，未有刑政之时，盖其语人异义……是以人是其义，以非人之义，故交相非也。是以内者父子兄弟作怨恶，离散不能相和合，天下之百姓，皆以水火毒药相亏害，至有余力不能以相劳，腐朽余财不以相分，隐匿良道不以相教，天下之乱若禽兽然。

夫明乎天下之所以乱者，生于无政长，是故选（择）天下之贤可者，立以为天子；天子立，以其力为未足，又选择天下之贤可者，置立之以为三公。

天子、三公既以（已）立，以天下为博大，远国异土之民，是非利害之辩，不可一二而明知，故划分万国，立诸侯国君；诸侯国君既已立，以其力为未足，又选择其国之贤可者，置立之以为正长。

正长既已具，天子发政于天下之百姓，言曰：闻善而（与）不善，皆以告其上；上之所是，必皆是之；所非，必皆非之；上有过则规谏之，下有善则傍（访）荐之；上同而不下比者，此上之所赏，而下之所誉也。

意若闻善而（与）不善，不以告其上；上之所是，弗能是；上之所非，弗能非；上有过弗规谏，下有善弗傍荐；下比不能上同者，此上之所罚，而百姓所毁也。上以此为赏罚，甚明察以审信。是故里长者，里之仁人也。……乡长者，乡之仁人也。……国君者，国之仁人也。……察天下之所以治者何？天子唯能壹同天下之义，是以天下治也。天下之百姓，皆上同于天子，而不上同于天，则（天）灾犹未去也。……是故子墨子言曰：古者圣王为五刑，请（诚）以治其民，譬若丝缕之有纪，罔罟之有纲，所（以）连收天下之百姓，不尚同其上者也。"(《墨子·尚同上》)

（值得注意的是，墨子的这一国家起源论与近代霍布斯的利维坦理论颇为相似。）

因此，墨子主张建立层层选择的制度，由下对上进行监督，重新组建一个理想的国家，连国君也由民选的仁人、贤人来担任。

过去许多人没有读懂墨子的"尚同"，以为"尚同"就是儒家的"大同"即大一统，甚或以为是主张建立中央集权制，这完全是荒谬的误解。同者，通也。尚者，等也。尚同即上下通，是主张众意选举、上下通气的民主制。

墨子说：

"古者上帝、鬼神之建设国都，立正长也，非高其爵，厚其禄，富贵（放）佚而错（措）之也，将以为万民兴利除害、富贵贫寡（富贫众寡）、安危治乱也。"（《墨子·尚同中》）

墨子还是一个反对战争（非攻）的和平主义者。

但是，墨家不反对一种战争，就是所谓讨伐不义的"征诛"之战。墨子说：

"……昔者禹征有苗，汤伐桀，武王伐纣，此皆立为圣王。是何故也！子墨子曰：子未察吾言之类，未明其故者也；彼非所谓攻，（所）谓诛也……"（《墨子·非攻下》）

孟子云："杨氏为我，是无君也。墨氏兼爱，是无父也。无父无君，是禽兽也。"（《孟子·滕文公》）

十二、儒墨对立的根源

从学派渊源说，墨家是出于儒家的。但由于立场不同，墨家从儒家分离出来以后，就成了儒家的对立物。

儒墨两家的思想斗争，是先秦各学派中思想斗争最激烈的。差不多整个战国时代，儒、墨两家并峙为两大政党、两大学派。墨子脱离儒家创立自己的学派后，对于儒家一直进行激烈的思想批判（现传的墨子书中有《非儒》，据说就是后期墨家的作品）。

"子墨子谓程子曰：儒之道，足以丧天下者，四政焉：儒以天为不明，以鬼为不神，天鬼不说，此足以丧天下。又厚葬久丧，重为棺椁，多为衣衾，送死若徙，三年哭泣，扶后起，杖后行，耳无闻，目无见，此足以丧天下。又弦歌鼓舞，习为声乐，此足以丧天下。又以命为有，贫富寿夭，治乱安危，有极矣，不可损益也，为上者行之，必不听治矣，为下者行之，必不从事矣，此足以丧天下。"（《墨子·公

孟》第四十八）

这里墨子攻击儒家四点：一、不信天鬼；二、厚葬久丧；三、弦歌鼓舞；四、相信天命。

儒墨的思想斗争其实是阶级斗争。"儒者曰：亲亲有术（杀），尊贤有等，言亲疏尊卑之异也。"所以墨家反对这种思想，归根结底，是反对儒家以等级身份制（礼制）为核心的贵族宗法思想。

"儒者曰：君子必服（法）古言，然后仁。应之曰：所谓古之言服者，皆尝新矣，而古人言之服之，则非君子也。……又曰：君子循而不作。应之曰：……然则今之鲍、函、车、匠皆君子也，而羿、伃、奚仲、巧垂皆小人邪？且其所循，人必或作之，然则其所循，皆小人道也。又曰：君子胜不逐奔，掩函（陷）弗射，施则助之胥车。应之曰：若皆仁人也，则无说而相与……何故相（与）？若两暴交争，其胜者欲不逐奔，掩函弗射，施则助之胥车，虽尽能，犹且不得为君子也。意暴残之国也，圣（人）将为世除害，兴师诛罚……暴乱之人（也）得活，天下害不除，是为群残父母，而深贱（贼）世也，不义莫大焉！"（《墨子·非儒下》）

儒家主张保守，墨家主张改革；儒家着重在"述"，墨家着重在"作"；儒家以仁义为用，墨家主张彻底实行；儒家主张妥协之中道，墨家则主张对于敌人应当竭力攻击，不除不止。

儒家主张国家主义，君权至上。墨子主张民粹主义，平民至上。墨子学说中已经具有一种庶民革命的倾向。在孔子、子夏之后，儒家演变为专谋治国之术的法家。而墨学的平民主义、庶民主义，则随着手工业者地位的低落而在秦汉以后消亡了。

孔子之后出了墨子，墨子之后又有杨朱。杨朱之学是商人之学，是彻底反对墨子的。墨子主张摩顶放踵、牺牲个人以利天下。杨朱则主张彻底谋私为我，"拔一毛而利天下，不为也"。杨朱以自我为中心、极端崇尚自我存在的个人主义、存在主义，来反对墨子的原始共产主义。这也是战国思想中极其有意思的一种演变，十分耐人寻味。

墨家"巨子"考释

晚周之墨家，不仅为一学派，亦乃一组织严密之教门。其首领称"巨子"。(《淮南子·泰族训》："墨子服役者百分十人，皆可使赴火蹈刃。"《庄子·天下》："以巨子为圣人，皆愿为之尸。"）"巨子"一名，乃墨者所独创。旧释皆训"巨"为大，谓"巨子"即"大子"（郭庆藩《庄子集释》疏：巨，大也）；然私意常疑此非正诂，兹辨之如次。

《说文》工部："巨，规巨也。从工，像手持之。"则巨乃矩之本字，即木工所用之方尺也。又"巨"可作规巨之省称。段玉裁言："规矩二字犹言法度，古不分别。规圆矩方者，圆出于方。圆、方皆出于矩也。"（《说文解字注》）以是可知，训大非巨字本义。所谓"巨子"者，从今字当作"矩子"，亦即执规矩者，乃墨派内部执掌法度领袖之专称也（巨子，或书作矩子；矩亦通矩，例见《周礼·考工记》）。《墨子·天志上》曰："我有大志，譬如轮人之有规，匠人之有巨。轮匠执其规巨以度天下之方圆曰：中者是也，不中者非也。……天志者，亦我之度也。"此言正合"巨子"命名之取义。又汉代画像中伏羲，手中掌执一方矩（见东汉武梁祠石室画像及重庆沙坪坝出土汉棺画像）。古代传说中，"伏羲制嫁娶"，造器创法。故其画像以手中执矩为象征，所取义与墨家"巨子"正同。

墨子画像

澄清"巨子"之本义，则可解决墨学中一悬疑已久之问题，即墨子之出身与职业应为木工。

1. 墨派首领称"巨子"。规、矩，乃木工所必备之器。又墨子姓墨，墨，于古为贱字，凡言墨者，皆无美称（《国语·吴语》："墨，黑气也。"《释名》："墨，晦也。"《荀子·解蔽》杨注："墨，谓闭塞也。"《左传·昭公十四年》杜预注："墨，不洁之称。"《汉书·刑法志》："墨，黥也。"）故以墨命氏者，唯百工中操"绳墨""矩墨"为世业者能之，而此即木工也（或曰墨翟出身夷氏，其说晚出，不足据）。

2. 墨子为当世贵族及儒者所轻贱。《荀子·王霸》："役夫之道，墨子之说也。"役夫者，身隶官府之百工也。又墨子见楚献王，王目墨子之道为"贱人之称为"。"贱人"之称，犹恶于小人。春秋贵族所称"小人"常指农夫（《史记·仲尼弟子列传》：樊迟请学农，孔子曰："小人哉樊须也！"）。"贱人"之称则唯指社会等级在农夫以下之工、商、皂、隶也。

3. 墨子尝自言所业非士亦非农夫（《墨子·贵义》："翟上无君上之事，下无耕农之难。"），而《庄子·天下》谓："后世墨者多以裘褐为衣……日夜不休，以自苦为极。"《墨子·备梯》谓："禽滑厘子事于墨子三年，手足胼胝，面目黧黑，役身给使，不敢问欲。"于此可见墨子与其门徒谋生作业之艰苦行状。

4. 墨子与春秋名匠鲁班同时代，交往多且深。而墨子之木工技艺，则过于鲁班。如《墨子·鲁问》记："公输般（据《孟子·离娄》赵注，即鲁班。并见王引之《春秋名字解诂》：公输班，字若，即公输般，鲁班）削竹木以为鹊。鹊成而飞之，三日不下，墨子谓公输般曰：子之为鹊也，不如翟之为车辖。须臾，刻三寸之木，而任五十石之重。"（事并见《韩非子·外储说》，所异者，谓制木鹊者乃墨子也）。此事或以为虚妄（王充《论衡·儒增》："儒书称鲁般、墨子之巧，刻木为鸢，飞之三日……夫刻木为鸢以象鸢形，安能飞而不集乎？既能飞翔，安能至于三日？"），然余谓此事可信为实录。鲁、墨之鹊，以竹木构成，不假动力，实即人类最早发明之风筝也。

鲁班又曾发明攻城之云梯，然亦为墨子发明守城新器多种而挫败（事见《墨子·公输》）。

5. 墨子所行道术，与晚周诸子皆不同，尤与儒家对立最甚。儒家乃贵族之礼教派，墨家则务实之功利派。兹举一例。孔子曰："君子喻于义，小人喻于利。"（《论语·里仁》）而墨子则曰："利，所得而喜也"，"功，利民也"，"凡费财劳力，不加利者，不为也"（《墨子·辞过·经上》）；乃公然以谋利为宗旨。以儒家观点视之，所行为"小人"之道无疑矣。然此种功利之态度，亦正墨子出身及务实观念之反映也。

总以上五证，当可论定，墨子木工出身，其学所本乃出于古共工之官及世传工艺之学。春秋时期，工商食官之旧制渐形瓦解，百工散于民间。因无田地无恒产，工匠遂沦于平民社会之最底层，其地位不惟低于"士"与"庶人"，且在"小人"（农夫）之下，而被视作"贱人役夫"。墨派社团，正是以社会中此种阶层为主要成分之团体耳。唯此，则墨者集团当可视作中国历史上最早之手工业行会组织也。

【附注：拙文《释巨子》训巨子为持矩者，近又得几点旁证。《汉书》中有称天子为"巨公"者。按，《说文》："父，巨也。家长率教者，从又举杖。"《白虎通·三纲六纪》："父者，矩也。以法度教子。"矩（巨）实即古代之权杖。此皆可证，古俗以持矩为立法者之象征。巨子即墨家团体共同拥戴之父也，故称"巨子"。古称国君亦天下之父也，故亦得称"巨公"。】

【古经新考】

论《易经》

一

今人多视《易》为上古卜筮之书，这是极常见的流行说法，其实是不确切的。《易经》不是一部原始占筮之书。汉儒谓："易道深矣，人更三圣，世历三古。"

《易·系辞》云："是以明于天之道而察于民之故，是兴神物，以前民用。《易》与天地准，故能弥纶天地之道。是以明于天之道而察于民之故，是兴神物，以前民用。"

《庄子·天下》："易以道阴阳。"董仲舒云："易要天地，故长于术。"

道，推导。易，推演。推导阴阳，以明历变，乃易学之本义。因此，《易经》不是原始形态的占卜术，也不是一种宗教学说，而是一个隐藏在神秘符号和晦涩词句下的形而上学体系。李约瑟说《易经》是一个含义丰富的概念库，此说是有见地的。

二

从现代学术的立场去分析，我认为《易经》包括四个方面：

第一，图像（卦笔画）的数字意义；

第二，图像的符号学象征性意义（卦象）；

第三，卦辞（象辞）及爻辞文义的理解和解释；

第四，卦辞及爻辞的哲学、政治、宗教及道德人文意义（以上合称义理）。

以上四个层面的解释不同，乃形成象数（1/2）及义理（3/4）两大学术流派。

《系辞》云：

"《易》之为书也，广大悉备，有天道焉，有人道焉，有地道焉。兼三才而两之。"

《系辞》以天地人为三才。其实所谓"三才"，即宇（地，空间）、宙（天，骤也，时间）与人（主体）之三大存在。天为动（宙），地为静（宇），人在其中。三才也就是中国天人学之三维。

《管子·轻重》：

"伏羲造六计以迎阴阳，作九九之数以合天道。"

俞樾云：

"周王循六计，则伏羲已有六画卦矣。"

《史记·周本纪》云：

"文王囚羑里，盖益易之八卦为六十四卦云。"

《史记正义》云：

"太史公言'盖'者，乃疑词也。"

《史记·日者列传》：

"自伏羲作八卦，周文王演三百八十四爻而天下治。"

三

《易经》经文之所以神秘，原因在于其每一句话的意义并不是本身，而都是一种象征。意象相似的类比是比喻（如言某物圆似月亮），意象没有直接相似性的类比是暗喻或象征。如《左传·襄公七年》记讽喻卫君好色的卫国民谣："如鱼窥尾，横流而彷徉。"疏引郑玄："彷徉，游戏，喻卫侯好淫也。"卫侯之好色与游鱼，两者并没有直接的相似性或可比性。这种设喻，就是象征。《易经》中之意象多为此类之象征。

《易经》之经文文义勘破之后，有些内容实甚浅显。我颇疑著经之人有意设用冷偏字词，使之难以卒读，模棱两可，以便于以神道设教，遂使《易经》成为不可解之天书也。

《易经》本经包括六十四篇，一篇称一"卦"。

每卦的内容均由三部分组成：

第一部分是卦名及卦象。卦象的创造者传说为伏羲（太阳神及中华文明的始创者），如"乾"，卦名为"乾"，卦象为"☰"。卦象分为六画，每一画配一句辞曰"一爻"。六爻乃象征阴阳六气及天之六道。

第二部分是卦辞，是一卦内容的提纲。如"乾"卦之卦辞为："元亨，利贞。"卦辞的作者传为周文王。

第三部分是爻辞。爻，字亦作繇，即谣，即歌谣。爻，即谣也。扬雄《太玄》拟《易》称其辞为赞，计七百二十九赞。《易》则三百八十四谣（爻）。谣辞的系附者传说是周公。

《易本义》云："易气从下生。易本无形，自微及著，故易逆数也。"

每卦之爻辞分为六句（唯乾、坤两卦则为七句）。爻辞以"下读法"（自下而上）读之，所对应之爻位自下而上之顺序为"初、二、三、四、五、上（六）"。

数字"九"代表阳爻，数字"六"代表阴爻。以爻而象征阴阳二气之交变。

对应于爻象的每一画，均有一句爻辞。如"乾"之初爻，其辞为"潜龙勿用"。上爻之辞为"亢龙有悔"。综观这些爻辞，内容包括三类：

第一类，隐语或谜语；

第二类，歌谣；

第三类，历史事件。

先有卦及象，再有名及义。卦辞以释名，爻辞以示义，明义而知吉凶。观象玩辞，参其义而明其理，是谓义理学派。王弼舍卦象而纯求义理，是刻舟求剑之举也。

《易经》经文本来的用处在于占卦者在得到爻象后，索引爻辞，然后根据爻辞的意义去理解卦象所象征指示的成败吉凶，悔、吝、休（喜）、咎（灾）。

《易经》中确有历史，而与商周之际史事相关。胡朴安言：

"乾坤两卦是序论，既济未济两卦是余论。自屯卦至离卦为草昧时代至殷末之史。自咸卦至小过周初文武成时代之史。"

《易经》自古流传，传述之本亦有所不同。张燧《千百年眼》卷八记：

"唐司户参军郭京作《周易举正》三卷，云曾持王辅嗣、韩康伯本，比较今世流行本，或将经作注，或用注作经，小系中间以下句居其上，爻辞注内移后义却处于前，兼有脱遗谬误者。"

代王刘恒入主汉宫成为文帝前，曾占龟卜，得卦曰："大横庚庚，余为天王。夏启以光。"大横，即乾，北斗也。此卦辞亦不见于今本《易经》。

四

八卦符号之起源，实源于结绳。阴、阳二符，一记号纪有绳结，即阴（——）。一记号纪无绳结，即阳（—）。若以三绳，有结、无结相参，即成八卦。若以六绳，有结、无结相参，即成六十四卦。

六十四卦中，其行文用韵之处计二十四卦。其用韵之法不一，有以平正胜者，如：

"无平不陂，无往不复，艰贞，无咎，勿恤，其孚，于食有福。"（泰九三）

"观，国之光，利用宾于王。"（观六四）

"鸣鹤在阴，其子和之，我有好爵，吾与尔靡之。"（中孚九二）

有以奇诡胜者，如：

"屯如邅如，乘马班如。匪寇，婚媾。"（屯六二）

"困于葛藟，于臲卼，曰动悔有悔，征吉。"（困上六）

"见舆曳，其牛掣，其人天且劓。"（睽六三）

"震索索，视矍矍。"（震上六）

有句法错综变化而仍用韵者，如：

"其亡，其亡，系于苞桑。"（否九五）

"日昃之离，不鼓缶而歌，则大耋之嗟。"（离九三）

"得敌，或鼓或罢，或泣或歌。"（中孚六三）

就以上引例观之，卦爻辞之使用文字，极变化之能事。不特全部组织复杂，即其涉及事象之繁博，辞旨意绪之生动，涉笔取象之精辟，较之商代卜辞之平板无所变化，为进步多矣。

"周易"释名

一

对《易经》之名，历代注家好作凿空或迂曲之论。实际对"易"字之本义，仍应探诸"易经"之本身。

周，本音为畴。畴，"耕治之田也"（《说文》）。周本字正像栽艺之田畴。周、畴音通，周乃畴之本字，畴为后起形声之字。周、畴音又与筹通，筹即策也。《史记·天官书》云：秦乱后，"畴人子弟分散"。畴人，即策人，策筮之人也。

"易"字通"演"。《周易尚氏学》云："说者（郑玄）以'简易、不易、变易'释《易》之得名，皆非。"其说甚是。尚秉和以为，"易"乃动词，意义为"占卜"，并引书证云《史记·大宛传》："天子发书《易》，云'神马当从西北来'。[①]"谓发书卜也。又《武帝轮台诏》云："'易之，卦得大过'。易之，卜之也。"其说以"易"为"卜"，认为"易"的词性是动词，因之认为"易"有占卜之义，甚是。但何以"易"有占卜之义？其说则未达。实际上，"易"即"演"之别名。

所谓"易"者，即"演"也。易、演一音之转，语义相通。纬书《易稽览》郑康成注："推易天地人三元术。"所谓"推易"，俗语谓之"推演"。

（"推演"是一个古代早有的词。北魏宣帝名"推演"。《魏书·序记》曰："因其人多谋，故号曰推演。盖俗云钻研之义也。"）

综上所述，"周易"者，筹易、策易也，演易也，筹演也，推演也。策者，策筮也。《易经》者，演经也，演变之经。

---

① 《汉书·张骞传》。

二

易，本字为蜥蜴（及鳄鱼）之象形，本义即龙。龙（蜥蜴）中有随环境不同而隐形善变色者，俗名"变色龙"。故"易"有变易之义。《玉篇》："易，转也，变也。"《广韵》："易，变易也，改也。"易古音又与递、代通（喻定准旁纽，锡部叠韵）。《九辩》："四时递来而卒岁兮。"①

演亦有变义，"演"与"衍"为同源字。《说文》释"演"之本义，为水流漫延，"衍"之本义亦为水流广布或长流。"衍"字从水、从行，以水行为会意。演字从水、从寅，从寅得音，是形声字。易、演、衍，此三字之音义俱相通（段玉裁《说文注》谓"演"之古音读引，与易乃一音之转）。又《系辞》称"大易之数"为"大衍之数"。演、衍及易，三字在上古典籍中常可互用。

故唐一行著《大衍论》，称"大衍之数"为"演天地之数"，亦称"大易之数"。

《大戴礼记》有"易四时"，即演四时也。汉纬书有《易阴阳》，即《演阴阳》也。

演，即推演，演算。《史记·太史公自序》："昔西伯拘羑里，演'周易'。"《三国志·魏书》记《易》博士淳于俊曰："包羲因燧皇之图而制八卦，神农演之为六十四。"表明《易经》之名本与演卦有关。《礼记·祭义》："昔有圣人建阴阳天地之情，立以为易。易（者），抱龟南面，天子卷冕北面。"

三

模拟阴阳天地之情，建立演法，其法有三，即所谓"三易之法"，亦即三演之法也。演者，演卦。三易之法即三种演卦之法：一曰连山（历山、黎山、骊山）；二曰归藏，即龟宫、九宫；三曰周易、周演，即筹演、策易、策筮也。此词现代仍用，"策筮"音转为"测算"也。

以筹设卦，其本质乃数字占卜。所以最早之易卦，乃为数字之卦（张政烺说）。

---

① 递，更易也。《周礼·考工记》释文："易，改也。"

历山乃神农之号，即神农之演法，归藏即九宫之演法。周易即设筹、策、筮而演算。或曰周易即周（交）旋之演法。所谓交演，叠卦之法也。

但"易"之布卦还有另一传统，即以天文四时之运动而序卦象之演变，以测人事之吉凶。

《春秋纬说题辞》："《易》者，气之节，含五精，宣津历。上经象天，下经计历。"京房传《易》古法则谓："以卦象值日。余考之易数而得其说。盖以坎、震、离、兑四卦，卦别六爻，爻生一气，主二十四声气。其余六十卦，三百六十爻，爻在一日。余五日四分月之一，以通闰余。"（桂馥《札朴》）

《易经》之策数与天文历法数有关。《系辞》："二篇之策万有一千五百二十，当万物之数也。"张衡《灵宪》："中外之宫，（星）常明者百有二十上，可名者三百二十。微星之数盖一万一千五百二十。"星数与爻策之数相同。

故易术即"大衍之术"，本身正是一部以天文运动为模型，以卦画为阴阳二气之符号，推变演算，用以历计推占时日及事件的预测之术。《易经》则是记录其占象与卜辞的上古经典。

因"易"之基本内容是"演"，即演数及演筮为卦，所以此书古人称其为"易经"，亦即"演经"——推变演算之古经。

易的演算有两个目的：一是以计算结果求数，以数配成卦。二是以计算的方法推算时辰和所值神位。所得卦象，结合爻辞，而预占行事之成败吉凶。所以在《易》的演算中包含两个传统。这就是数占和天文占（占星术）。这两种传统本是独立的，似在商周之际而汇合。

二术在汉以后，由于天文学的进步和专门化而再度分离。式占（星占）逐步衰微，而数占则一直保存下来。东汉魏晋以下盛行的是数占（如管辂），星占在唐宋后重新引起学者们的兴趣。邵雍、陈抟发现"河图"所复兴的，实际是天文占。故《易》学并非原始巫术性占筮，而是一种具有较高思辨形态的数理和天文神秘测算体系。它的形成依托于一个极长的传统，记录了早期华夏文明演化的历程。

四

易术产生于筮策，起源于演数。《礼记·曲礼》："龟为卜，为筮。"段玉裁引作"策"。策，即古代计数的工具，或以竹，或以蓍草，或以骨为之。故策、卜、筮，本为一事也。《左传·僖公十五年》："龟，象也。筮，数也。物生而后有象，象而后有滋（增）①，滋而后有数。"谓龟取于象，庄策取于数②。

西周懿王时铜器兴皿须，铭文有易筮之实录："隹四年二月既生霸戊戌，王才（在）周师录（灵）宫（即鹿台／灵台），各（至）大室，即立（位）。司马共右兴，王乎（呼）史年册易。"册（策）、筮古字通，册易即筮易。又，兴壶："隹三年九月丁子，王才奠，乡醴，乎虢叔召兴易，羔俎（郊祖）"。作壶之臣名"兴"，即为专事易（演）策之人，易毕即卦宪作壶而记录其事也。

五

"周易"一名，始见于《左传·庄公二十二年》："有以'周易'见陈侯者。"司马光《说玄》："周者，复也。""复者，返也"。返复其道曰"周"。

环圆曰围，沿环而动曰周。环而复始，即周而复始，故周又有反复不穷之义。"周者复也。"复者，返也。返复其道亦曰"周"。故《广雅疏证》曰："周，施也。"施，即旋也。

概而言之，周者，有反复、交替、循环、周旋之义。周复变易，亦称"周易"。也就是说，所谓"周易"，即兼反复循环之推演、演变、演算，即"周演"之义。

《淮南子·原道训》："钧旋毂转，周而复币读如师，始也。"③此言天体之运转，亦正为"周易"或"周演"之本来意义。唐经学家孔颖达云："《周易》以纯乾为首，乾为天，天能周匝于四时，故名《易》为《周易》也。"此说颇合古义。

---

① 滋者，增也，长也，大也。

② 这正是辩证法所谓"质量互变律"。象者，形态，质也。滋者，增长，量也。

③ 币即师之本字，旗帜也。以音近借为始。

后世或以周为周朝之名，而谓《周易》即周朝之易，以区别于商易及夏易。其说虽亦可通，但夏易今不可见。商之"归藏"，其卦名与"周易"多近同，经文似亦近同。唯演法与卦序有所不同耳。故以"周易"为代名之说，似不如以之为交覆变易之名更为达诂。

六

《易大传》云："易之行，于何见之？见之于四时行、百物先。见之于消息、盈虚，动静、开闭。见之于往来、上下、进退、存亡。见之于变化、无为、出处、语默——无往而非'易'也。"

在这里，列出了十二组对立相：

（1）消——息（灭——生）；

（2）盈——虚；

（3）动——静；

（4）开——闭；

（5）往——来；

（6）上——下；

（7）进——退；

（8）存——亡；

（9）变——化（不变）；

（10）无——为（有）；

（11）出——处（止）；

（12）语——默（沉默）。

所谓"易之行"，就是运动变化于这些相互对立的矛盾范畴之中。由此观之，所谓"易之行"，又即"矛盾演变"之义。所谓无往而非"易"，即无往而非变易、演变。无往，即无处不在。履卦上九："视履考祥，其旋元吉。"《周易本义》释之云："周旋无亏，故得元吉。"此说甚确。故，《易》中之履、谦、复、恒、损、益、困、井、巽九卦，为孔子所特重。元张理谓："夫子三陈九卦之意。"

要之，《易经》即演卦之经，亦即论变之经。"易之为道也屡（数）迁。变动不居，周流六虚。上下无常，刚柔相易，不可为典要，唯变所适。"（《系辞》）而"周易"兼寓周旋变易、循环交错、生生不休变易之义。是方为"易经"及"周易"之确诂。

《易坤灵图》："丘序曰：天经曰乾元亨利贞，爻曰飞龙在天利见大人。"称乾卦为"天经"，则坤卦为"地经"也。

夫《易》之为书，小之明人事之吉凶，大之则阐天道之变化。圣人观象设卦，无非表示物变之分位，依分位则能辨其吉凶之由，明其变化之理。

仲尼称"易"中具君子之道四焉："以言者尚其辞，以动者尚其变，以制器者尚其象，以卜筮者尚其占"（《后汉书·方术传》序）。

《易经》及八卦爻辞的起源

一

《易经》是一本神秘之书。其神秘首先是由于其来源的神秘。

关于《易经》的起源，《系辞》中有一个重要的说法，认为《易经》起源于上古包牺时代的结绳记事："上古结绳而治，后世圣人易之以书契。"又云："古者包牺氏之王天下也，仰则观象于天，俯则观法于地……于是始作八卦，以通神明之德，以类万物之情。"

易辞中的这段话人们耳熟能详，但其真义，历代治《易》者却未能解释。问题在于，所谓"结绳而治"——以及人们常说的"结绳记事"，其究竟与《易经》以及八卦有什么关系？实际上，所谓"结绳而治"，不是讲政治（以结绳治理国家，那是讲不通的）。所谓"治"，乃是"志"，志，记事也。结绳而治，即结绳而志，即结绳记事。

关于上古结绳记事之说，自古有之，但这里特别值得注意的是关于结绳记事的方法及其与《易经》及八卦的关系。《说卦》："卦者，挂也。悬索以示人。"《易纬》言："卦者，挂也，言悬挂物象以示于人，故谓之卦。"指出"八卦"的本源似乎来自结绳记事。但怎样记事呢？

郑玄解释为：在绳索上，有大事打个大结，小事则打个小结。"事大，大结其绳。事小，小结其绳。"（唐孔颖达《周易正义》引郑玄注）

这就是说，结绳记事的方法，就是悬挂绳索，以绳结为符号，象征物象而示于人。这挂起来的绳索，就是"卦"（挂）。通常有八条绳索，因此亦称作"八索"[1]

---

[1] 《尚书序》："八卦之经，谓之八索。"《左传·昭公十二年》云：楚左史倚相能读"三坟，五典，八索，九丘（九州）"，尝谓上古之遗书也。

或"八卦"。于省吾说:"古称绳为索,八索即八条绳子。"

但是,由此就有几个问题:

一是,这种八卦的绳索与占卜及政治有何关系?

二是,八条绳索的八卦,与《易经》中作为八种记号的八卦有何关系?

对这两个问题,历代治《易》者均未能说明,这里尝试作一解释。

古人结绳记事的方法,今已失传。"礼失而求诸野。"柳诒徵《中国文化史》云:"欲知太古结绳之法,当求之今日未开化之人种。古今人类思想,大致相等,唯进化之迟速不同耳。美洲之秘鲁,亚洲之琉球,皆有结绳之俗。吾国古代之结绳,当亦与之相近。"

二

16世纪,西班牙殖民者初到南美洲,看到这个国家广泛使用结绳来记数和记事,方法是用较细的绳子系在较粗的绳上,有时用不同颜色的绳表示不同的事物。这种记事绳有一个专名叫作"基普"(Quipu),印加时代的基普有的还保留到今天。这种结绳制度在秘鲁高原一直盛行到19世纪。

下面是一个典型的印加记数基普,现藏在纽约美国自然史博物馆。A、B、C、D四根绳上打了许多结,所表示的数目写在下面,E绳表示的数是这4个数的总和。

在日本琉球群岛的某些小岛如首里(Shuri)、八重山列岛(Yaeyama)等至今也还在使用这种结绳记数的古老方法 ①。

我国台湾学者林尹指出:"我国上古之有结绳,是很可信的。据严如煜的《苗疆风俗考》及林胜邦的《涉史余撮》记载,苗胞、琉球同胞也有结绳为记的风俗。

---

① Karl Menninger, Zahlwort und Ziffer, Gottingen(1958),英译本 Paul Broneer, *Number Words and numbols*, The M.I.T.Press,P.252.

在非洲、美洲，也发现土人有结绳记事的事实。我们可以说，世界各地民族在未有文字之前都有结绳助忆的阶段。"

关于我国苗族与琉球及秘鲁结绳记事的方法，有关记载如下：

"苗民不知文字，父子递传，以鼠、牛、虎、马记年月，暗与历书合。有所控告，必请士人代书。性善记，惧有忘，则结于绳。为契券，刻木以为信，太古之义犹存。"（《苗疆风俗考》）

"琉球所行之结绳，分指示及会意两种。风物品交换，租税赋纳，用以记数者，为指示类。使役人夫，防护田园，用以示意者，则为会义类。真材料，多用藤麦草茎或木叶等，今其民尚有用此法者。"（《涉史余撮》）

"秘鲁国土人，不知文字。……凡人民之统计，土地之界域，合种族及兵卒之标号，命令之宣布，刑法之制定，以及死者之墓志，莫不赖之。甚至有远省来者，无论观风、避贡成宣战策，必须带结子以为通告之符信。其法以一主绳系有定距离之各色绳子，因事之种类，而各异其结，且以各种颜色以代表等等事项，如：红色代表军事及兵卒；黄色指明黄金；白色表明银及和睦；绿色象征禾等类。又单结表示十，双结为二十，重结为百，二重结为二百，余类推。古秘鲁各城中皆有专门讲解结子之官吏，名为结子官。此种官吏对于结子讲解之技艺极为娴熟，唯须借口语之助，始瑞将意思达出，现今秘鲁南方之印第安人，尚有精通于古代所遗留之结子者。"①

概括而言，"结绳文字"的主要部分是一根粗绳，连着一些带有大结小结的细绳，细绳和结的数目、大小、位置和颜色都含有一定意义。例如：如果细绳不带色就用来记数或者用来记住有重大意义的日期，有颜色的细绳用来表示更复杂的信

---

① 蒋善国：《中国文字之原始及其构造》，武汉古籍书店 1987 年版。《易纬乾凿度》："乾古文天字，坤古文地字，离古文火字，巽古文风字，震古文雷字，艮古文山字，坎古文泽字。"但先秦古文字及甲金文、契刻符中均不见此类文字。高亨云："此以八卦为文字，汉人之说也。"纬书之说多存上古义。此以二元符号"—""∧"组词即结绳符号，"—"为单结，"∧"为三结。单结三结，即天；双结之三，即地；其余可类推之。

息。例如：黑色表示死亡、灾祸、战争，白色表示和平，黄色表示金子，绿色表示五谷。美国史学家 G.la Vega（其母出生于印第安）记印第安人的结绳方法谓："为了表示战争、徭投、贡赋，使用不同的结绳。每一种结绳有许多结并系有不同色线——红线、黑线、白线等。我们用不同方式把英文中的二十六个字母排列组合以表达不同音素时，能够分清它们的含义。印第安人如我们所做的一样，他们利用结绳的不同排列及不同颜色而表示不同的意义。"

据报道，结绳方法实际上遍及世界各地，不仅古代中国、印加帝国、希腊、波斯、罗马、中东地区及伊斯兰国家都有记载或实物标本。和中国早期文明有渊源关系的古埃及字母及巴比伦楔形文字等亦与结绳有关。

由这些记载显示，人类在没有文字或者不知文字以前，关于生活中各方面的大大小小事情皆以结绳为记事方法，其作用与文字记事方法相同，俨然形成公认的一种制度。先民生活在尚无文字或不知符号文字的岁月中，用结绳记事是公认的制度，亦即实质存在的习惯法（Customary law）。

值得注意的是，在进一步的演变中（由于结绳的复杂性及携带不便），印第安人的结绳方法后来逐渐演变为在木棍上契刻刻痕和记号的记事方法。所谓"上古结绳记事，后世圣人易之以书契"，书契就是在木棍上书写或契刻记号。

三

《易》云："上古结绳而治（志）。"李鼎祚《周易解集》引九家易："古者无文字，其有约誓之事。事大，大其绳。事小，小其绳。结之多少，随物众寡。各执以相考，亦足以相治也。"这说明以绳之大小及结之多少作为标记和符号，传递信息，记录事件。这种记事的方法，与印第安人的结绳记事方法非常相似。两相比照，可以使我们对于我国上古结绳而治有所了解。"殷之先人，有册有典。"实际上，册与典都是结绳记事的产物。册，就是竹木简策。册、策、栅、筮（算）这几个字，在古汉语中音义相通。册的本义，是竹或木简，就是远古的记事工具，以细竹条或木条削成，连缀于一条绳索，事件则记于竹、木条上。竹策、典册显然是由结绳记事演进而来的。

《周礼·春官·内史》郑玄注："以简策书王命。""策，简也。"策、册字通，策（册）上所记之辞，就是史事。《尚书·金縢》："史乃册祝。"《尚书大传》郑注："史为册书祝辞也。"杜预《春秋序》："大事书之于策，小事简牍（即方板）而已。"《释文》："策，异本作册。"典字字形为册在几上，书册陈布于几案，就是"典"。典其实就是远古的记事档案，所以《说文》云："典，五帝之书也。"

<h1 style="text-align:center">四</h1>

由册与典的由来，我们可以探知《易经》及卦爻辞的来源。所谓"八索"，即几根绳索。"八索，八卦也"（《周易正义》引马融注）。

"五帝时名八索。坤（之）索，于乾而得之男。乾之索，于坤而得之女，遂成八卦。八八相索，产生六十四"（《经典释文》注）。《左传·昭公十二年》："索，本又作素。"素，即结绳也。每索系八结（结古音亦与卦同），一结即一卦。每结与结间系有六枚竹（木）简为记事，其辞即系辞，称为谣（歌谣），又称"爻辞"。爻字的本义，是绳索的绞接、绞索。爻、绞叠韵相通。绞编于绳索上的记事之辞，就是爻辞。

《左传·定公四年》："启（继）以商政，疆（治）以周索。"周索，其实就是周易（宋《玉海》引《勾微》）。

古结绳之法，今已失传。但大体可以推测如下：

有两种结：一种结为单数结，称"阳结"；一种结为偶数结，称"阴结"。结自下端向上结扎。第一结称初，最上者称上。

8道索，每索上系8根绳，每绳上有6个结。结有单结及偶结两种。

8×8=64×6=360+24=384爻（结）（爻辞附纪于上）

在分为两组的8根（每组各4）的绳子上，不打结代表阳爻，打结代表阴爻。后来有了象形文字，就把这种记事编码的图像刻画下来，此即"后世圣人易之以书契"的画卦。

应该指出，从信息论的观点来分析这种打结（ ∧ ）与不打结（ — ），实际正是一种二元编码系统。

莱布尼兹说："这恰恰是二进制算术。……在这个算术中，只有两个符号：0 和 1。用这两个符号可以写出一切数字。……阴爻就是'0'，阳爻就是'1'。"

从信息论的观点看，莱布尼兹对《易经》符号的这种解释是非常有意思的，因为任何消息（事物）不管多么复杂，事实上都可以只用 0、1 这两个不同的符号组成编码序列来传输。只要在编码时将要传递的消息（事物）给定一个号码 i（$i=1$，2^n）就可以了。因为 0 和 1 两个符号可以组合成无限大的任何数字。

在文字尚未发明的远古（即传说中的包牺时代），先民采用这样一种编码组成的符号系统——结绳语言来传递和记录信息，并非是不可能的。

五

无文字时以结绳记事。所谓"记事"，首先是计时，悬绳为期，一事系一结汇集而成系。历法的本质是天文周期。天文周期即中国古代哲学所常说的"道"——天道。对这种天文周期的认识经历了不同的阶段。最早是结绳，后来是契刻，最后发展到观天象而计时。结绳的方法是最早的方法，从某一个夏天（或冬天）开始，每过一天在绳子上打一个结，一直到第二个夏天（或冬天）的来临。然后再从第二个夏天（或冬天）开始计算到第三个夏天（或冬天），如此等等，日积月累地做下去，人们就发现了一定的规律，那就是相邻的两个夏天（或相邻的两个冬天）其间所打的绳结数目大致差不多。这样，根据绳结的数目就可以大致预见到季节的来临。这种结绳式的历法，甚至在 20 世纪初还被某些偏僻地方的民族所采用。关于契刻，在 19 世纪末，在沙皇俄国的某些省份里，还流行着在木棍上砍记号的木制历法。当然，这种原始的历法是极其粗糙的，它所定年的长度与真正年的长度可以差到四五十天之多。

文字发明后，易之以书契，将记事契刻于竹木简片上，每日一记，所记即"日书"。以绳相连贯，将单片的竹木册（策），连之如栅（篱笆），其名即册。

一年而过，另置新绳。旧册撤去，置于几上，此即为"典"，所以世典亦可称世系。这就是典册的由来。每年编有一典，以一根经绳相系，系字别体记作"经"，又记作"继"。系、经、继是同源词。一典一经（系），这也就是经典的由来。所以经典起源于上古记事的竹册历史。《易经》经文也来源于记事之史。

六

20 世纪以来，大批竹木简牍相继出土，一批古代历书及日书实物陆续呈现在世人面前。出土历书给研究工作提供了可信的第一手资料。

从编制形式来说，有学者曾将汉简历谱分为四种类型，即：单板横读月历谱、单板直读月历谱、单板直读简便年历谱、编册横读日历谱。形式不同，却都以实用为首要特征。其中编册横读日历谱恐怕最具代表性，如汉宣帝《神爵三年（前 59 年）历谱》。这种历谱一般由 31 枚竹简编册而成，最右一枚从上到下连续书写一年的月份，其余 30 枚由右至左，顶端书写日期，每简一日，从一日到卅日，然后在各月该日内容中书写记日干支以及相应的历法（二十四节气、三伏、腊、建除、干支等），实际相当于一个表格，使用起来极为便利。敦煌石窟所出《北魏太平真君十一年（450）、十二年历日》的形式，相当于汉简的简便年历谱；吐鲁番出土的《高昌延寿七年（630）历日》，其形式同前述汉简编册横读日历谱一脉相承。从现存材料看，汉至南北朝历日形制未起太大的变化。

七

由上述，我们即可以解开关于《易经》中遗留的一些重大疑惑。

爻之本意：关于爻及爻辞来源，《说文》曰："爻，交也，象易六爻头交形。"爻，初文乂。乂即结绳。绳结曰绞，"爻"正是绞绳的象形。爻辞又称系辞，即系于绳结上的记事之辞。

《系辞》："爻也者，效天下之动者也。"384 是古年历法。360 是整年日数，这种历数与古玛雅历法相似，为十月太阳历（1 个月 36 日，10 个月共计 360 日）。

余 24 爻，或为闰。即殷甲骨文历法中之"十三月"。

古人云："上古结绳记事，后世圣人易之以书契。"可知最早记事的"史"是系于绳上。又参证以古文字：

学：学习结绳（爻者，绕也，绞也）。

教：教"子"结绳。

所以《易经》正是系在结绳上的史事。

结绳记数，系辞记事，学即学习结绳，教即教授结绳。

结绳记事之终束法：即冬，即终，即穷，即尽（结）。

《史记·太史公自序》："《易》著天地阴阳四时五行。故长于变。"

八

我们知道，《易经》的形成在传说中经历了四个阶段：

（一）伏羲／黄帝，太古历法天文八时（八节）计时及记事的时代。此即传说中的伏羲时代，结绳记事而作八索、八卦（经），这是起源。这种八索记事的方法，又经历了"后世圣人易之以书契"，也就是说将八索上的绳结符号转变为书面符号，刻之于竹简或木简。这种刻符，是二元编码，即阳符为"—"，阴符为"Λ"。

（二）周文王时代，文王因于羑里，以八卦为记日记之工具。很可能正是文王为记时日事及大事的需要，而将八卦重叠为六十四卦，每卦六爻，共 384 爻。

$64 \times 6 = 384$

$384 = 360 + 24$（其中 360，一年日数。24=4×6，四季及二十四节气数。）

《史记·高祖本纪》正义引古微书《合试图》："水火土金水名居一方，一岁三百六十日，四方分之，各得九十日。土居中央并索四方各十八日，俱成七十二日。"（此 360 日历法之遗迹，并见《管子》之书。）

爻数与历法数密合无间。一爻，一策，"策以记日"。当与二十四节气（《夏小正》）同时代也。故 384 爻的出现，应设定于夏历二十四节气发明之后。

一爻为一日，并记其大事，占卜而预测。每日一卜，卜后则记其事以验之。

记事即"史"（"史"又为颁布月令（历）之吏）。这也就是各卦爻辞的起源。

（三）周公重新编录卦爻辞，并引进结合周初史事，以传教成王，使之学习历算，同时不忘历史。故《易经》中爻辞之来源盖有四类：

1. 古歌谣。

2. 结绳记事所系之辞，即为占验而作的记事（类如甲骨卜辞记事）。

辞系之于绳，以证验占验结果。（洛书、历书、古史）

3. 圣人加以重新编纂。

重新编纂者，一为周文王，二为孔子。

4. 系辞，亦即竹简之起源。

记事于竹木简片，一结一辞（一记事）。一结即一束，多束为一串绳结，称一系册，即一编，结即记。

九

《周易》爻辞，即"谣辞"，皆是隐语。

沈括《梦溪笔谈》记：

"古之卜者皆有谣辞。《周礼》：'三兆，其颂千有二百。'如：'凤凰于飞，和鸣锵锵。间于两社，为公室辅。''一熏一获，十年尚有臭。''鱼窥尾，横流而方洋。裔焉，大国灭之，将亡。''大横庚庚，予为天王，夏启以光'之类是也。今此书亡矣。"（象数一）

易之爻辞，即谶辞也（摇签）。纬者，寓也。贞者，谶也，占也。二者皆为隐语、谜语。甲骨为史，周易为谶。纬书即寓言、谶书、预言。

筮起源于记事。古人认识到天道周期，认为人事当顺应天道之周期，记事成败系于日历，有事则考日历，而验其吉凶。日积月累，抽象之即"日书"及"月历"。在《礼记》则名曰"月令"。郑玄："名曰月令者，以其记十二月政（贞／正）之所行也。"（《礼记·月令》注）

卦辞、爻辞是周史官长期占辞的积薪式的记录。一卦或一爻中辞义每不连属，叙述毫无通例。历时甚久，颇有断烂，故文字不免讹夺错误。

古代有卜筮资料存档制度。《周礼·春官》："凡卜筮，既事则系币以比其命，岁终则计其占之中否。"《系辞》说《易》有"藏往知来""彰往察来"的功用。可见古人十分珍视筮辞——鬼神给人们的指示，每次占筮所得的筮辞，都由卜官谨慎地存档，每年年终还要把全年积累的筮辞整理一次，统计其应验情况，作为"察来"的参考。这种制度与商人对待卜甲卜骨的态度是一致的。时间越久，筮辞档案积累越多，人们为了参考方便，把它加以挑选编排，便形成《周易》的筮辞。这就是《周易》爻辞的形成途径。传说古有"三易"，《周易》之外还有《归藏》《连山》，也都可能是这样形成的。《归藏》之称明显地表示其内容为所藏龟甲卜辞。

古代贵族进行卜筮，一般都留下记录以备考察。龟卜和骨卜的记录可以直接写刻在占卜用的龟甲和兽骨上（商周时代的"甲骨文"，绝大部分就是占卜记录），也可以另写在竹帛上。筮所用的工具应当是竹策，后来简化为蓍草等，但蓍草不适于书写，筮占的记录应该都是另写在竹帛上的。

《周礼·春官·占人》："凡卜筮，既事，则系币以比其命。岁终，则计其占之中否。"汉儒杜子春认为"系币"是用帛记上古卜结果"系之于龟"，郑玄则认为"币"指礼神之币，"命龟之事"和兆的吉凶是另记在简册上而和币合藏的。《尚书·金縢》记周公为武王疾病祷告先王，愿以身代武王，并为此进行了占卜。占卜后，"公归，乃纳册于縢之匮中"。郑氏认为周公所纳的册就是"命龟书"（龟书即《易经》）。

十

从湖北望山一号墓简文所记的占卜工具如"宝蓍""小筹"等来看，似乎当时主要是用筮或与筮相类似的方法来占卜的。龟卜大概使用得不太多，只是有时在筮过以后再用"黄灵"重复占卜一次。郑玄注《周礼》只提到龟卜有册。贾公彦《周礼》疏补充说："即筮，亦有命筮之辞及卦。不言可知。"这是正确的。望山1号墓竹简主要就是记录命筮之辞和卦的吉凶的。

这批竹简包含多次占卜的记录，可惜由于竹简残碎，没有一次占卜的记录是完整的。但通过残简的缀合以及对相关简文的参互比较，占卜之辞的格式大致还可以看出来。通常最先记录筮问的日期，如"客问王于栽郢之岁，刑尸之月，癸未之日"。不过并不是每次筮问都记年。例如简首完整的 2 号、9 号简就不记岁名而只记月日。日期之后照例记某人以某种占卜工具"为 ×× 贞"。"贞"字以下是记所问事项之辞，即所谓命辞。以关于疾病的命辞为例，通常先举出病情，然后用"尚毋死""尚毋以其故有大咎"一类话结束。命辞之后是根据筮的结果判断吉凶之辞，可以称为占辞。占辞通常先说"占之吉"或"占之恒贞吉"，接着就讲"吉"的具体内容，如"不死""无大咎"等。绝大多数占辞还指出墓主仍然有祸祟，应该采取哪些措施加以禳除。

简文中有不少关于祭祀鬼神之辞，多数显然属于占辞，意思是说为了解除祸祟该用什么方法来祭祀哪些鬼神，或是说如果祸祟得以解除，应该如何答谢鬼神。但是其中也许有一些是祭祀鬼神的记录。

跟命辞紧接的以"占之吉"或"占之恒贞吉"开头的占辞，都不记占人之名。大概做出这种占辞的人就是问卦的人自己。有些占辞之后，又出现"某某占之曰吉"的话，这种占辞大概是由另一个人做出的。也有可能"某某占之曰吉"是"某某习之黄灵（或其他占卜工具）占之曰吉"的省文。

从现存竹简中的筮占日期看，这批简文似乎记录于分属两年的三个月份之中，即客问王之岁的刑尸之月（夏历正月）和爨月（夏历八月）以及齐客问王之岁的献马之月（夏历九月）。这两年估计是相次的。

根据贞问之事的内容，这批卜筮记录的内容大体上可以分为三类。

一类问走趋事王、大夫能否"得事"；另一类问"出入侍王"之事；还有一类问疾病的吉凶，这一类简文数量最多。

何新译本《系辞传》

《系辞传》（上）

第一章

【译文】

天尊贵地卑低，是由乾坤的关系确定的。

卑低与高尊相排列，贵与贱便区别出来。运动与静止是有规律的，刚强与柔弱由此而分别。

交配以同类相聚，物种以族群划分。

吉与凶之发生，天文有兆象，地上有物形，由此可以预见变化。

所以刚与柔相互交变，八风相互推荡。雷霆如击鼓，风雨来润泽。日月运行，使寒暑交替。

强健产生男性，柔顺产生女性。

强健主导事物的肇始，柔顺造就万物的育成。

乾纲简易为主宰，坤道简约而有能为。

简易则容易知晓，简约则容易效仿。容易知晓则多亲和，容易效仿则有成就。

有亲和则可长久，有成功则可壮大。谋求长久，这是贤人的德行；谋求强大，这是贤人的事业。

从易道简明领会天下的道理。掌握了天下之道理，便可确定自己在天地之间的位置。

【原文】

天尊地卑，乾坤定矣。

卑高以陈，贵贱位矣。动静有常，刚柔断矣。

方（风）以类聚，物以群分。

吉凶生矣，在天成象。在地成形，变化见矣。

是故刚柔相摩，八卦相荡。鼓之以雷霆，润之以风雨。日月运行，一寒一暑。

乾道成男，坤道成女。

乾知大始，坤作成物。

乾以易知（知，制），坤以简能。

易则易知，简则易从。易知则有亲，易从则有功。

有亲则可久，有功则可大。可久，则贤人之德。可大，则贤人之业。

易简而天下之理得。天下之理得，而成位乎其中矣。

第二章

【译文】

圣人布卦观察物象，附上文字说明吉凶。用刚柔相推生出变化。

所以，所谓"吉凶"，是失与得之象。

所谓"悔吝"，指忧虑之象。

所谓"变化"，指进退之象。

所谓"刚柔"，指昼夜之象。

六爻的变动，模拟着天地人的变化法则。所以，君子安居的处所，是易理所标定的顺序。所乐于把玩的，是所附的爻辞。

所以，君子日常居处，则观《易》之象而玩味《易》之爻辞。行动之时，则观察《易》之变化而玩味《易》之占。

所以，得到天的庇佑，吉祥而没有不利。

【原文】

圣人设卦观象，系辞焉而明吉凶。刚柔相推而生变化。

是故吉凶者，失得之象也。

悔吝者，忧虞之象也。

变化者，进退之象也。

刚柔者，昼夜之象也。

六爻之动，三极之道也。是故君子所居而安者，易之序也。所乐而玩者，爻之辞也。

是故君子居则观其象而玩其辞，动则观其变而玩其占。

是以自天佑之，吉无不利。

第三章

【译文】

所谓"彖"，是在谈卦象。所谓"爻"，是在谈变化。所谓"吉凶"，是探讨失与得。所谓"悔吝"，是说有小毛病。所谓"无咎"，是因为善于补过。

所以，分别贵贱的界限在于爻位，权衡小大在于卦象，辨别吉凶在于卦辞。忧虑心悔吝在于细微，有动而无咎在于改悔。

所以事物的趋势卦有小大的区别，辞有险易的不同。辞的功用，在于各有指明事物的趋势。

【原文】

彖者，言乎象者也。爻者，言乎变者也。吉凶者，言乎其失得也。悔吝者，言乎其小疵也。无咎者，善补过也。

是故列贵贱者存乎位，齐小大者存乎卦，辩吉凶者存乎辞。忧悔吝者存乎介，震无咎者存乎悔。

是故卦有小大，辞有险易。辞也者，各指其所之。

第四章

【译文】

《易经》以天地为准绳，所以能统括天地的大道。

仰面而观察天文，俯身而考察地理，从而知晓光明与黑暗的成因；探究事物发展的始末，从而知晓死生的气数。

精气聚而为物，游魂散而为变，从而知晓鬼神的情况。以天地为原型，所以不违背天地之道。智慧周圆遍及万物，从而周济于天下，而不会过分。

周行天下而无所留止，乐其天然知其必然，所以心无所忧。安于其境厚施于仁，所以怀有爱心。

囊括天地的变化而不偏离，成就万物而无遗佚，能通明昼夜、阴阳的道理，而尽知其中奥妙，所以"神"没有固定处所而变易无常。

【原文】

《易》与天地准，故能弥纶天地之道。

仰以观于天文，俯以察于地理，是故知幽明之故。原始反终，故知死生之说（数）。

精气为物，游魂为变，是故知鬼神之情状。与天地相似，故不违。知周乎万物而道济天下，故不过。

旁行而不流，乐天知命，故不忧。安土敦乎仁，故能爱。

范围天地之化而不过，曲成万物而不遗，通乎昼夜之道而知，故"神"无方而"易"无体。

第五章

【译文】

一时阴一时阳就是天道，顺应它就是仁善，成就事物乃是天性。

仁者见了说它是仁，智者见了说它是智。百姓每天都在利用它却不自知，所以君子之道是很少被了解的！

显现于外是仁德，潜藏于内是功用，催生万物却不使圣人忧费心机，盛德大业才达到极限！

富有就是大业，日新就是盛德。生而又生就是变易，成就物象就是刚健，善于效法就是柔顺，以计数测知未来之事就是占，贯通变化就是事，阴阳变化难以揣度就是神灵。

【原文】

一阴一阳之谓道，继之者善也，成之者性也。

仁者见之谓之仁，知者见之谓之知。百姓日用而不知，故君子之道鲜矣！

显诸仁，藏诸用，鼓万物而不与圣人同忧，盛德大业至矣哉！

富有之谓大业，日新之谓盛德。生生之谓易，成象之谓乾，效法之谓坤，极数知来之谓占，通变之谓事，阴阳不测之谓神。

第六章

【译文】

《易》的演变，广大啊！谈及其远则无可驾驭，谈及其近则随处可证。谈及天地之间则无处不在。

刚健者，就其静止而言是圆的，就其运动而言是直的，所以而有生育。

柔顺者，就其静止而言是封闭的，就其运动而言是开放的，所以才有生育。

广大而与天地相匹配，变通而与四时相匹配，以阴阳的意义而与日月相匹配，以简易之道而与至德相匹配。

【原文】

夫《易》广矣大矣！以言乎远则不御，以言乎迩则静而正。以言乎天地之间则备矣。

夫乾，其静也专，其动也直，是以大生焉。

夫坤，其静也翕，其动也辟，是以广生焉。

广大配天地，变通配四时，阴阳之义配日月，易简之善配至德。

第七章

【译文】

孔子说："《易经》是至高无上的！《易经》，让圣人高扬道德而开拓事业。其智慧高明、礼节谦卑。高明效法于天，谦卑效法于地。天地确定了位置，《易经》运用于其中！修养人性成就事业，步入道义的门户。"

圣人洞察天下的幽深，模拟了它的形态，象征物理的意义，所以设之为"象"。

圣人洞察天下的运动，观察它们的规律，遵行它们的规范，附上文字用以记录吉凶，所以称之为"谣"（爻）。

说明天下最幽深的东西，是不可胡说（恶，诬也）的；说明天下极致的运动，是不能没有条理的。模拟之而说明，说明之后再推动，模拟、观察它们的规律并讨论，从而确认它的变化。

【原文】

子曰："《易》其至矣乎！夫《易》，圣人所以崇德而广业也。知崇礼卑。崇效天，卑法地。天地设位而《易》行乎其中矣！成性存存，道义之门。"

圣人有以见天下之赜，而拟诸其形容，象其物宜，是故谓之象。

圣人有以见天下之动，而观其会通，以行其典礼，系辞焉以断其吉凶，是故谓之爻。

言天下之至赜，而不可恶也，言天下之至动，而不可乱也。拟之而后言，议之而后动，拟议以成其变化。

第八章

【译文】

"鸣叫的仙鹤隐身在树荫里，它的小鹤与它对鸣：我杯中有好酒，我与你共饮吧。"

孔子说："君子即使在自己家里，说出的话有益，那么千里之外也有人会响应，何况近处的人呢？在自己家里，说出的话有害，那么千里之外也会有人反对，何况近处的人呢？话从自己嘴里说出，影响及于百姓；行为发生于近处，影响及于远处。言行，这是君子的关键；关键一旦发动，是荣是辱也就定了下来。言与行，是君子能够影响天地的东西，能不谨慎吗？"

【原文】

"鸣鹤在阴,其子和之:我有好爵,吾与尔靡之。"

子曰:"君子居其室,出其言善,则千里之外应之,况其迩者乎?居其室,出其言不善,则千里之外违之,况其迩者乎?言出乎身,加乎民;行发乎迩,见乎远。言行,君子之枢机;枢机之发,荣辱之主也。言行,君子之所以动天地也,可不慎乎?"

第九章

【译文】

"同人,先号啕大哭而后笑。"

孔子说:"君子之道,或是行走或是站立,或是沉默或是谈论。两人只要同心,力量可以折断金属。知心的交谈,气氛犹如兰草一般芳香。"

"初六,借用白色茅草,没有灾害。"

孔子说:"哪怕放在地上也是可以的,用茅垫上它,哪里会有过错呢?谨慎呀。茅草作为一种东西是很轻薄的,却被用于重大之事。行事保持这种慎重的态度,就不会有闪失!"

"有功劳还仍保持谦虚,君子有善果。吉祥。"

孔子说:"有了劳苦而不炫耀,有了功绩而不骄傲,特别仁厚。告诉人有了功劳还要居人之下。德才能硕大,礼才能恭敬;所谓'谦',就是以恭敬来保持自己地位。"

"龙飞得过高会有悔恨。"

孔子说:"尊贵而脱离了自己的位置,居高而没有民众的支持,贤人处在下位无所辅佐,妄自行动会有悔恨。"

"不出家门,没有灾祸。"

孔子说:"动乱之所以产生,总是以言语作为阶梯的。君王行为不缜密就会危及臣子,大臣行为不缜密就会危及自身,机密之事不缜密就会危害成功。所以君子慎重而不出门呀。"

孔子说:"作《易》的人大概懂得盗贼的心思吧!《易》:'背着东西又坐着车,招引来盗贼。'背东西,这是奴仆做的事呀;乘坐的车,这是有钱人的器物呀。作为奴仆去乘坐有钱人的器物,盗贼才想到要抢劫他;在上位的懈怠、在下位的暴戾,盗贼才想到要攻伐他。有财物不收藏是在招引盗贼,打扮妖艳是在招引奸淫。《易》说:'又背着东西又驾着车,招引了盗贼。'这是讲之所以招盗贼的原因。"

【原文】

"同人,先号咷而后笑。"

子曰:"君子之道,或出或处,或默或语。二人同心,其利断金。同心之言,其臭如兰。"

"初六,藉用白茅,无咎。"

子曰:"苟错诸地而可矣,藉之用茅,何咎之有?慎之至也。夫茅之为物薄,而用可重也,慎斯术也以往,其无所失矣!"

"劳谦,君子有终。吉。"

子曰:"劳而不伐,有功而不德,厚之至也。语以其功下人者也。德言盛,礼言恭;谦也者,致恭以存其位者也。"

"亢龙有悔。"

子曰:"贵而无位,高而无民,贤人在下位而无辅,是以动而有悔也。"

"不出户庭,无咎。"

子曰:"乱之所生也,则言语以为阶。君不密则失臣,臣不密则失身,机事不密则害成。是以君子缜密而不出也。"

子曰:"作《易》者其知盗乎!《易》曰:'负且乘,致寇至。'负也者,小人之事也;乘也者,君子之器也。小人而乘君子之器,盗思夺之矣;上慢下暴,盗思伐之矣。慢藏诲盗,冶容诲淫。《易》曰:'负且乘,致寇至。'盗之招也。"

第十章

【译文】

推演天地变化的蓍草是五十根，只使用其中的四十九根。

将四十九根蓍草分为两束，用以象征天地；拿出一根挂于两束之间，以象征作为第三个的人；以四根为一组分数一束蓍草，以象征四时；将余下的蓍草归于手指之间，以象征闰月；五年再闰月，所以再将另一束蓍草的余数归于手指之间，之后将两次余草合在一起挂于两束之间。

天文数字有五个，地理数字有五个，五个数字相合而成和数。天数之和是二十五，地数之和是三十，所有天地之数之和是五十五。这些数字是成就变化、追踪鬼神的根据。

【原文】

大衍之数五十，其用四十有九。

分而为二以象两，挂一以象三，揲之以四以象四时，归奇于扐以象闰；五岁再闰，故再扐而后挂。

天数五，地数五，五位相得而各有合。天数二十有五，地数三十，凡天地之数五十有五，此所以成变化而行鬼神也。

第十一章

【译文】

乾卦的蓍草数是二百一十六；坤卦的蓍草数是一百四十四。一共是三百六十，与一个年度的天数相当。《易经》上下两篇的蓍草数为一万一千五百二十，与万物的数目相当。所以四次经营而完成《演算》。

经过一十八变而完成卦，画成八卦便达到了小成。

由此引申，碰到同类便扩展，天下可以做的事就全都在其中了。

彰显道理完善德行，所以可以应酬世事，可以协助神力。孔子说："知晓变化法则的，大概也就知道神的作为了吧！"

《易经》包含着圣人的行为标准有四种：

用以说教时，注重它的辞；用以行动时，注重它的变化；用以制器时，注重它的象；用以算命时，注重它的占筮方法。

所以君子将有所作为，将有所行动的时候，先求问卦爻词，接受询问如同应声之响。

不分远近幽深，预知未来结果。

不精通天下之精妙，怎能做到呢！

以三与五匹配推演变化，交错综合其数理：通达万物的变化，勾勒天地的纹理。

穷尽变数，以确定天下的现象。

不是精于天下最为复杂的变化，怎能做到这些呢！

《易经》不作思考，未有作为，静静地在那里没有行动，却感悟而通达天下的因果。不是天下最为神妙的东西，谁能做到这些呢！

《易经》，圣人深奥地研究其微妙。唯其幽深，所以能开通天下的心思；唯其微妙，所以能成就天下的事务。唯其神奇，所以不急却迅速，不行动而却实现。

孔子说"《易经》中包含着圣人四种大道"，就是这样说的！

【原文】

乾之策，二百一十有六；坤之策，百四十有四。凡三百有六十，当期之日。二篇之策，万有一千五百二十，当万物之数也。是故四营而成《易》。

十有八变而成卦，八卦而小成。

引而伸之，触类而长之，天下之能事毕矣。

显道神德行，是故可与酬酢，可与佑神矣。子曰："知变化之道者，其知神之所为乎！"

《易》有圣人之道四焉：

以言者尚其辞，以动者尚其变，以制器者尚其象，以卜筮尚其占。

是以君子将有为也，将有行也，问焉而以言，其受命也如响。

无有远近幽深，遂知来物。

非天下之至精，其孰能与于此！

参伍以变，错综其数：通其变，遂成天地之文。

极其数，遂定天下之象。

非天下之至变，其孰能与于此！

《易》无思也，无为也，寂然不动，感而遂通天下之故。非天下之至神，其孰能与于此！

夫《易》，圣人之所以极深而研几也。唯深也，故能通天下之志；唯几也，故能成天下之务；唯神也，故不疾而速，不行而至。

子曰"《易》有圣人之道四焉"者，此之谓也。

第十二章

【译文】

天一，地二，天三，地四，天五，地六，天七，地八，天九，地十。

孔子说："《易》是做什么用的呢？《易》，推演事物成就事务，囊括天下的法则，也就是如此而已。"

所以，圣人用来开通天下的心思，用来确定天下的事业，用来判断天下的疑惑。

所以蓍草的秉性圆通而神奇，卦象的秉性方正而智慧，六爻的意义在于变化和告知。

圣人用它来净化心境，退隐僻处，与民共担吉凶。

神可至于预知未来，智可至于收藏往事，谁能做到这样呢？

只有古代那聪明睿智、神武而不施暴的人。

由于明晓天的法则，洞察人间事由，于是起用神草以引导众人行事。圣人以此斋戒，从而洞彻它的秉性。

所以，关闭门户叫作"坤"，打开门户叫作"乾"；一关一开叫作"变"，往来不断叫作"通"；显现事物叫作"象"，有形事物叫作"器"；制器而用叫作"法"，利用它、出入它、众人都这样使用它叫作"神"。

【原文】

天一，地二，天三，地四，天五，地六，天七，地八，天九，地十。

子曰："夫《易》何为者也？夫《易》，开物成务，冒天下之道，如斯而已者也。"

是故圣人以通天下之志，以定天下之业，以断天下之疑。

是故蓍之德圆而神，卦之德方以知，六爻之义易以贡。

圣人以此洗心，退藏于密，吉凶与民同患。

神以知来，知以藏往，其孰能与于此哉？

古之聪明睿知、神武而不杀者夫。

是以明于天之道，而察于民之故，是兴神物以前民用。圣人以此斋戒，以神明其德夫。

是故阖户谓之坤，辟户谓之乾；一阖一辟谓之变，往来不穷谓之通；见乃谓之象，形乃谓之器；制而用之谓之法，利用出入、民咸用之谓之神。

第十三章

【译文】

所以，《易经》出于太一，生而出阴阳，阴阳产生四季，四季产生八方，八种卦象可以判定吉凶，判定了吉凶便可成就大的事业。

所以，效法的典范没有比天地更伟大的；通达变化，没有比四时更伟大的了。悬在天上、闪着光明，没有比日月更伟大的了。

地位之崇高，没有比富贵更伟大的了。备好物品供人使用，制成器具便利天下，没有比圣人更伟大的了。

探求隐微，勾勒深远，以判定天下的吉凶，成就天下万物万事，没有比蓍龟更伟大的了。

所以，天生下神物，圣人依照它办事；天地变化，圣人仿效它办事；天显示气象、显现吉凶，圣人遵从它办事。

黄河现出鼍龙，洛水现出神书，圣人依照它办事。

《易》有四种象来展示人；所附的辞呀，是告知于人的；确定其吉凶，则要依靠决断。

【原文】

是故《易》有太极，是生两仪，两仪生四象，四象生八卦，八卦定吉凶，吉凶生大业。

是故法象莫大乎天地，变通莫大乎四时。县象著明莫大乎日月。

崇高莫大乎富贵。备物致用，立成器以为天下利，莫大乎圣人。

探赜索隐，钩深致远，以定天下之吉凶，成天下之亹亹者，莫大乎蓍龟。

是故天生神物，圣人则之；天地变化，圣人效之；天垂象，见吉凶，圣人象之。

河出图，洛出书，圣人则之。

《易》有四象，所以示也；系辞焉，所以告也；定之以吉凶，所以断也。

第十四章

【译文】

《易经》说："来自上天的护佑，吉祥而无不利。"

孔子说："'佑'，就是帮助哇。天所帮助的是顺天道的人，人所帮助的是诚信的人。遵从诚信、向望顺、随天道，再加上崇尚贤德，所以说'来自上天的护佑，吉祥而无不利'呀。"

孔子说："文字不能完全表达出人的言语，言语不能完全表达出人的思想。"那么，圣人的思想是不可能展现出来的了？

孔子说："圣人创立象用以完全表达思想，设立卦用以完全揭示真伪，附上辞用以完全倾诉言语，推演它、疏通它，使它完全达到便利；催动它，驱使它，使它尽情发挥神奇。"

【原文】

《易》曰："自天佑之，吉无不利。"

子曰："'佑'者，助也。天之所助者顺也，人之所助者信也。履信思乎顺，又以尚贤也，是以'自天佑之，吉无不利'也。"

子曰："书不尽言，言不尽意。"然则圣人之意，其不可见乎？

子曰："圣人立象以尽意，设卦以尽情伪，系辞焉以尽其言，变而通之以尽利，鼓之舞之以尽神。"

第十五章

【译文】

乾坤两卦，大概是《易》的精妙之所在吧！乾坤排列组合，则《易》便确立于其中了。乾坤散乱，则没有可能显现《易》。《易》不可显现，那么乾坤也就接近止息了。

所以说，超越有形之上者称为道，存在有形以下者称为器，演化而有裁断称为变，推动而能运行称为通，拿它实施于天下民众之中称为事业。

所以，这个象，是圣人对天下的奥妙有所发现，从而模拟它的形态容貌，象征物所适宜，所以称为象。

圣人对天下的运动有所发现，从而研究它的枢纽，以遵行它的常规，附上文字说明用以断定它的吉凶，所以称为爻。

极尽天下奥妙在于卦，鼓舞天下行动在于辞，演化中的裁断在于变，推动而能运行在于通，神妙而能明晓在于人，默默而能成就，不言而能灵验，在于德行。

【原文】

乾坤，其《易》之缊邪！乾坤成列，而《易》立乎其中矣。乾坤毁，则无以见《易》。《易》不可见，则乾坤或几乎息矣。

是故形而上者谓之道，形而下者谓之器，化而裁之谓之变，推而行之谓之通，举而错之天下之民谓之事业。

是故夫象，圣人有以见天下之赜，而拟诸其形容，象其物宜，是故谓之象。

圣人有以见天下之动，而观其会通，以行其典礼，系辞焉以断其吉凶，是故谓之爻。

极天下之赜者存乎卦，鼓天下之动者存乎辞，化而裁之存乎变，推而行之存乎通，神而明之存乎其人，默而成之，不言而信，存乎德行。

《系辞传》（下）

第一章

【译文】

八卦排列，万物之象就在其中了。八卦重为六十四卦，六爻位置就在其中了。阳刚阴柔相互推移，卦爻变化就在其中了。联系卦爻辞而明辨，变动结果就在其中了。

吉、凶、悔、吝四者，来自人们的行动。阳刚阴柔，是一切的根本。变化会通，要趋向合宜的时机。人事吉凶，在于以正道取胜。天地规律，在于以正道观察。日月之道，以正道焕发光明。天下的变动，都统一于正道。

天道刚健，将平易显示给人；地道柔顺，将简约显示给人。

卦爻，效果在此中蕴含。卦象，是模仿变动之情态。

爻和象发动于卦内，吉和凶表现于卦外。功绩事业体现于变通，圣人的情感体现在卦爻辞中。

天地最根本的性质是化生万物，圣人最宝贵的东西是统治地位。用什么来守护地位？用人才。用什么来聚集人才？用财富。

管理财富端正名辞，禁止民众为非作歹，就叫作"合宜"。

【原文】

八卦成列，象在其中矣。因而重之，爻在其中矣。刚柔相推，变在其中矣。系辞焉而命之，动在其中矣。

吉凶悔吝者，生乎动者也。刚柔者，立本者也。变通者，趋时者也。吉凶者，贞胜者也。天地之道，贞观者也。日月之道，贞明者也。天下之动，贞夫一者也。

夫乾，确然示人易矣。夫坤，聩然示人简矣。

爻也者，效此者也。象也者，像此者也。

爻象动乎内，吉凶见乎外。功业见乎变，圣人之情见乎辞。

天地之大德曰生，圣人之大宝曰位。何以守位？曰人。何以聚人？曰财。

理财正辞，禁民为非，曰"义"。

第二章

【译文】

古时候伏羲为天下之王者，仰头观察气象，俯身观察地脉，观察飞禽走兽的往来，观察适宜种植的园地。近则取法人的身体，远则取象的各种物形，于是创作了八卦。用来会通天地之性质，分类万物之情状。

他发明了编结绳子的方法而织成罗网，用来打猎捕鱼，设计了《离卦》。

伏羲去世之后，神农继位。他砍削树木制成铲耜（农具），弯曲木料制成掘耒，有了农具很便利，于是传播于天下。于是设计了《益卦》。

他在每旬中日建立集市，邀来天下百姓，会聚天下货物，进行交易，各得所需，于是设计了《噬嗑卦》。

神农去世之后，黄帝、尧、舜又继之而起，他们继续变通，为了使百姓不再劳烦，神妙地创造，使百姓方便有利。

《易经》的道理是：穷极就要生变，变化才会畅通，畅通才能长久，所以"有上天保佑，吉祥，没有什么不利"。

黄帝、尧、舜垂着衣袖而天下大治，由是制作了《乾》《坤》两卦。

挖空独木制成舟船，削直木材制成桨楫，有舟船桨楫的便利，于是可以横渡江河，从而便利天下，于是制作了《涣卦》。

牛马驾车，拖运重物直达远方，从而便利天下，于是制作了《随卦》。

设置多重门户、夜间敲梆警戒，以防备暴徒强盗，于是制作了《豫卦》。

斩断木头做成杵，挖开地面做成臼，有杵臼的便利，让万民获益，于是制作了《小过卦》。

用弦绳弯木制成弓，削尖木杆做成箭，有弓箭的便利，于是威慑天下，于是制作了《睽卦》。

上古之人居住在洞穴和野地，后代的圣人发明了房屋，上有栋梁下有檐宇，可以避风雨，于是制作《大壮卦》。

古代人丧葬，只用柴草包裹遗体，掩埋在荒郊野外，不修坟墓也不植树，服丧日期也没有定数。后代圣人发明棺椁，改变了人们的丧葬习俗，于是制作了《大过卦》。

远古的人用绳结记数管理事务，后代圣人发明文字，刻在竹简上，改变了记事的方法，便利百官行政，便利万民察考，于是制作了《夬卦》。

【原文】

古者包牺氏之王天下也，仰则观象于天，俯则观法于地，观鸟兽之文（往），与（舆，囿，苑）地之宜。近取诸身，远取诸物，于是始作八卦。以通神明之德，以类万物之情。

作结绳而为罔罟，以佃以渔，盖取诸《离》。

包牺氏没，神农氏作，斫木为耜，揉木为耒，耒耨之利，以教天下，盖取诸《益》。

日中为市，致天下之民，聚天下之货，交易而退（兑），各得其所，盖取诸《噬嗑》。

神农氏没，黄帝、尧、舜氏作，通其变，使民不倦，神而化之，使民宜之。

《易》穷则变，变则通，通则久。是以"自天佑之，吉无不利"。

黄帝、尧、舜垂衣裳而天下治，盖取诸《乾》《坤》。

刳木为舟，剡木为楫，舟楫之利，以济不通，致远以利天下，盖取诸《涣》。

服牛乘马，引重致远，以利天下，盖取诸《随》。

重门击柝，以待暴客，盖取诸《豫》。

断木为杵，掘地为臼，臼杵之利，万民以济，盖取诸《小过》。

弦木为弧，剡木为矢，弧矢之利，以威天下，盖取诸《睽》。

上古穴居而野处，后世圣人易之以宫室，上栋下宇，以待风雨，盖取诸《大壮》。

古之葬者，厚衣之以薪，葬之中野，不封不树，丧期无数，后世圣人易之以棺椁，盖取诸《大过》。

上古结绳而治，后世圣人易之以书契，百官以治，万民以察，盖取诸《夬》。

第三章

【译文】

所以《周易》一书，它的本质特征就在卦象。卦象，模仿着外物的形象。

彖辞，需要裁决。六爻之象，就是仿效天下事物之变动的。

所以人们的行动会产生吉、凶、悔恨、羞辱等不同的结果。

【原文】

是故《易》者，象也。象也者，像也。

彖者，材（裁断）也。爻也者，效天下之动者也。

是故吉、凶生，而悔、吝著也。

【译文】

阳卦中阴爻多，阴卦中阳爻多。那是什么缘故呢？

因为阳卦以奇为主，阴卦以偶为主。

这两者各自说明什么德行品行呢？阳卦一个君主两个百姓，是君子之道。阴卦两个君主一个百姓，是小人之道。

【原文】

阳卦多阴，阴卦多阳。其故何也？

阳卦奇，阴卦耦。

其德行何也？阳一君而二民，君子之道也；阴二君而一民，小人之道也。

第四章

【译文】

《易经》说："频频往来，顺从你的心愿。"

孔子说："天下事何必思索、何必忧虑？天下的道理途径不同、归宿于一。

千百种思虑宗旨只有一个，何必还多思虑？

白天去了黑夜到来，一天天过去一夜夜到来。日月交互推移而互相萌生。

冬天过去夏天到来，夏天过去冬天到来，于是冬夏交替度过年岁。

去了的去了，回来的回来，一去一来而生命发生。

毛虫弯曲其腰，是为了向前伸展；龙蛇冬天蛰伏，是为了保存生命。

精细地研求神妙，是为了能够运用；修利器用身有所安，是为了提高德能。

除此之外，都不必加以追求。穷尽神妙变化，就是最高的德行。"

【原文】

《易》曰："憧憧往来，朋从尔思。"

子曰："天下何思何虑？天下同归而殊途。一致而百虑，天下何思何虑？

日往则月来，月往则日来，日月相推而（萌）生焉。

寒往则暑来，暑往则寒来，寒暑相推而岁成焉。

往者屈也，来者信也，屈信相感而利生焉。

尺蠖之屈，以求信也；龙蛇之蛰，以存身也。

精义入神，以致用也；利用安身，以崇德也。

过此以往，未之或知也。穷神知化，德之盛也。"

【译文】

《易经》说："受困于石枷，号哭于荆棘。回到宫中，见不到妻子。凶。"

孔子说："不应当受困的地方而被困，其名誉必然受到侮辱；不适宜依靠的东西而去依靠，其生命必然遭遇危险。既受侮辱，又遇危险，死亡的日期即将来临，怎么可能见到他的妻子？"

【原文】

《易》曰："困于石，据于蒺藜，入于其宫，不见其妻，凶。"

子曰："非所困而困焉，名必辱；非所据而据焉，身必危。既辱且危，死期将至，妻其可得见邪？"

【译文】

《易经》说："公侯射鹰隼于高墙之上，擒获之，无不利。"

孔子解释说："隼，是一种禽鸟；弓矢，是一种器械。发矢射隼的，是人。

君子预藏器械，待时而行动，哪会有不利呢？

行动而无逆阻，所以外出必有收获。这是讲先备好器械再行动。"

【原文】

《易》曰："公用射隼于高墉之上，获之，无不利。"

子曰："隼者，禽也；弓矢者，器也；射之者，人也。

君子藏器于身，待时而动，何不利之有？

动而不括，是以出而有获，语成器而动者也。"

第五章

【译文】

孔子说："小人无羞耻、不仁善，无畏惧、不行义，不见到好处就不奋力，不受到威胁不知警惕。

受到小的惩罚而获得大的教戒，这是小人的幸运。

《易经》说：'戴上脚镣遮住脚趾，'讲的就是这个道理。"

"不积累善行不足以成名，不积累恶行不足以灭身。

小人把小善看成没有益处，而不去做。把小恶看成无伤害，而不改正。直到过错积累无法掩盖，罪过扩大到不可挽救。

所以《易经》说：'枷械伤了，有凶险。'"

【原文】

子曰："小人不耻不仁，不畏不义，不见利不劝，不威不惩。

小惩而大戒，此小人之福也。

《易》曰：'屦校灭趾，无咎'，此之谓也。"

"善不积不足以成名，恶不积不足以灭身。

小人以小善为无益，而弗为也，以小恶为无伤而弗去也。故恶积而不可掩，罪大而不可解。

《易》曰：'何校灭耳，凶。'"

第六章

【译文】

孔子说："恢复其倾危的，使其位平安。灭亡的，保持其生存。动乱的，恢复其治理。

因此，君子安全而不忘危险，活着而不忘消亡，稳定而不忘动乱。

所以能够让个人平安，国家就可保住。

《易经》说：'去哪里？去哪里？归依在扶桑。'"

【原文】

子曰："危者，安其位者也。亡者，保其存者也。乱者，有其治者也。

是故君子安而不忘危，存而不忘亡，治而不忘乱。

是以身安，而国家可保也。

《易》曰：'其亡其亡，系于苞桑。'"

【译文】

孔子说："才德浅薄而地位尊高，智慧狭小而图谋宏大，力量微弱而肩负重任，很少有不招来灾祸的。

《易经》说：'鼎折足，弄翻了奉献祖宗的米粥，王公为此汗颜。凶。'就是讲不胜任的情况。"

【原文】

子曰："德薄而位尊，知小而谋大，力小而任重，鲜不及矣！

《易》曰：'鼎折足，覆公铩，其形渥，凶。'鼎卦，九四。言不胜其任也。"

【译文】

孔子说："知晓机会才算是神妙吧？

君子与上位的人交往不谄媚，与下位的人交往不轻慢，可以说是知晓机会吧。

机会，就是事物的征兆，吉凶的预示。

君子发现机会立即行动，决不等待一天。

《易经》说：'栖身于岩石，不能长久，出行，吉祥。'

判断明确，坚定如石，这是断然可知的。

君子既知微又知彰，既知柔又知刚，必然得到万民的仰望。"

【原文】

子曰："知几其神乎？

君子上交不谄，下交不渎，其知几乎！

几者，动之微，吉之先见者也。

君子见几而作，不俟终日。

《易》曰：'介于石，不终日，贞吉。'

介如石焉，宁用终日？断可识矣！

君子知微知彰，知柔知刚，万夫之望。"

【译文】

孔子说："颜回这位弟子，他的道德大概接近完美了吧！一有过失，没有不自知的；一知过失，没有再重犯的。

这就是《易经》所说：'不远则复归，不会导致悔恨，大吉。'"

【原文】

子曰："颜氏之子，其殆庶几乎！有不善，未尝不知；知之，未尝复行也。

《易》曰：'不远复，无祇悔，元吉。'"

第七章

【译文】

"天地之气交融渗透，万物化育而醇厚；男女阴阳交合精气，万物化育而创生。

《易经》说：'三人出行，则减一人；一人独行，则得一友。'就是讲归于一的道理。"

【原文】

"天地纲缊，万物化醇。男女构精，万物化生。

《易》曰：'三人行，则损一人；一人行，则得其友。'言致一也。"

【译文】

孔子说："君子先安定自己的处境，然后才试图行动；先平心静气，然后才有所谈论；先确定交情，然后才求助于人：君子做到了这三条，就可以得到保全。

如果冒险行动，别人就不会赞同跟随；如果内心惶恐而发表议论，别人就不会响应；

如果没有交情就向人求助，人家也不会帮助；不仅无人助益，还会受到他人的伤害。

所以《易经》说：'不要既助益他，又打击他。立心不专，凶。'"

【原文】

子曰："君子安其身而后动，易其心而后语，定其交而后求。君子修此三者，故全也。

危而动，则民不与也；惧而语，则民不应也；

无交而求，则民不与也；莫之与，则伤之者至矣。

《易》曰：'莫或益之，或击之，立心勿恒，凶。'"

第八章

【译文】

孔子说："《乾》《坤》两卦，是《易经》之门户吧？

乾卦为阳，坤卦为阴。阴阳的德行相结合，而刚柔有体，从而体现天地之事，与神明之德相通。

所称道的名物，尽管繁杂却不乱；考察所表述的事类，反映出兴衰的交替？

《易经》，能彰明过去而察考未来，显示细微的而阐明幽隐。

开释卦爻名当其实，物辨其类，正言其理，断以吉凶，都可具备。

它所称道的事物之名虽然细小，所取类比喻的事情却很广大；它的词句虽然饰以文采，其意义却十分深远。其言语虽然曲折弯转，然而却切中事理；所论之事虽然广泛而明显，但其道理却深刻而幽隐。

由于人们有所疑惑，所以指导人的行为，说明得失的根源。"

【原文】

子曰："《乾》《坤》，其《易》之门邪？

乾，阳物也；坤，阴物也。阴阳合德，而刚柔有体，以体天地之撰，以通神明之德。

其称名也，杂而不越，于稽其类，其衰世之意邪？

夫《易》，彰往而察来，而微显阐幽。

开而当名，辨物，正言，断辞，则备矣。

其称名也小，其取类也大。其旨远，其辞文。其言曲而中，其事肆而隐。

因贰，以济民行，以明失得之报。"

第九章

【译文】

《易经》的兴起，大概在中古时代吧？

创作《易经》的人，大概心怀着忧患吧？

因此，以《履卦》作修养道德的根基，以《谦卦》作修养道德的要柄，以《复卦》作修养道德的根本，以《恒卦》巩固德行，以《损卦》修补德行，以《益卦》，充实德行，以《困卦》辨别德行，以《井卦》容畜德行，以《巽卦》节制德行。

《履卦》，和顺而崇高；《谦卦》，尊显而光明；《复卦》，微小而能辨别万物；《恒卦》，杂而不乱。《损卦》，先难而后易；《益卦》，不断增进而不困乏；《困卦》，身处困境而道转向通达；《井卦》，历迁变而仍安居其位；《巽卦》，由显而隐。

《履卦》,调和行为;《谦卦》,调整礼节;《复卦》,自知过失;《恒卦》,专守一德;《损卦》,远离祸害;《益卦》,增加福利;《困卦》,减少尤怨;《井卦》,明辨道义;《巽卦》,随时应变。

【原文】

《易》之兴也,其于中古乎?

作《易》者,其有忧患乎?

是故《履》,德之基也;《谦》,德之柄也;《复》,德之本也;《恒》,德之固也;《损》,德之修也;《益》,德之裕也;《困》,德之辨也;《井》,德之地也;《巽》,德之制也。

《履》,和而至。《谦》,尊而光;《复》,小而辨于物;《恒》,杂而不厌;《损》,先难而后易;《益》,长裕而不设;《困》,穷而通;《井》,居其所而迁;《巽》,称而隐。

《履》以和行;《谦》以制礼;《复》以自知;《恒》以一德;《损》以远害;《益》以兴利;《困》以寡怨;《井》以辨义;《巽》以行权。

第十章

【译文】

《易经》这部书,是不能离身的;但它所体现的道理却随时变迁。

爻象变动不止,循环流转于六位之间,上下往来无常态,阳刚阴柔相变易,不可确立不变的纲要,只能顺应变化的趋向。

爻象出入于外卦和内卦,使人知道有所警惕,又能明白忧患与变故。

虽然没有师保的教导和监护,也好像面对父母的教诲一样。首先要寻求辞的意义,然后揆度所指示的方向,把握事变的规律。

假如不遇到真正懂得《易经》的人,那么其道理无法凭空推论。

【原文】

《易》之为书也,不可远,为道也屡迁。

变动不居，周流六虚，上下无常，刚柔相易，不可为典要，唯变所适。

其出入以度外内，使知惧，又明于忧患与故。

无有师保，如临父母。初率其辞，而揆其方，既有典常。

苟非其人，道不虚行。

【译文】

《易经》这部书，以考察事物始终，作为本质特征。

一卦六爻相互错杂，只体现特定时态中的物象。初爻的象征难以知晓，上爻的象征容易把握——这是因为前有始、后有终。

初爻的爻辞比拟事物的开端，上爻的爻辞确定事物的结局。至于错杂各种物象，具列事物的性质，分辨它们的是非，要是没有中间四爻就不能完备。

啊！这样来迎受存亡吉凶，也就安然可知了。

智者只要看其卦辞，意思就领悟大半了。

第二爻和第四爻功能相同而位置有异，它们所表现的吉凶利害也不相同：第二爻爻辞多有美誉，第四爻爻辞多含警惕，因为它靠近君位。

阴柔的道理，不利于远人。要行无咎，必用柔中。

第三爻和第五爻功能相同而位置有异：第三爻爻辞多言凶险，第五爻爻辞多论功业，因为它们贵贱等级不同。

难道说阴柔会有危险、阳刚能够常胜吗？

【原文】

《易》之为书也，原始要终，以为质也。

六爻相杂，唯其时物也。其初难知，其上易知——本末也。

初辞拟之，卒成之终。若夫杂物撰德，辨是与非，则非其中爻不备。

噫！亦要存亡吉凶，则居可知矣。

知者观其彖辞，则思过半矣。

二与四同功而异位，其善不同：二多誉，四多惧，近也。

柔之为道，不利远者。其要无咎，其用柔中也。

三与五同功而异位：三多凶，五多功，贵贱之等也。

其柔危，其刚胜邪？

第十一章

【译文】

《易经》这部书，内容广大无所不包——含有天的道理，含有地的道理，含有人的道理。兼有天地人三大存在而各以两划代表，所以一卦有六爻。

六爻，不是别的，就是天地人三大存在。

天地人之道在于变动，所以称为爻；六爻各有贵贱差等，所以称为物；物象交互错杂，所以叫作文。

文理错综不一，所以吉凶就产生了。

【原文】

《易》之为书也，广大悉备——有天道焉，有地道焉，有人道焉。兼三才而两之，故六。

六者，非它也，三才之道也。

道有变动，故曰爻；爻有等，故曰物；物相杂，故曰文。

文不当，故吉凶生焉。

【译文】

《易经》的兴起，大概是在商朝末年，周国德业隆盛的时候吧？大概是在周文王受到殷纣王迫害的时候吧？所以卦爻辞多有忧患之义。警惕忧危可以使人平安，掉以轻心就会导致倾覆。

这个道理十分重大，任何事物都不例外。始终保持警惧，其要旨在善于补过，这就是《易经》的道理。

【原文】

《易》之兴也，其当殷之末世，周之盛德邪？当文王与纣之事邪？是故其辞危。危者使平，易者使倾。

其道甚大，百物不废。惧以终始，其要无咎，此之谓《易》之道也。

第十二章

【译文】

乾，是天下最刚健的象征，它的德行是永久平易，却告人以险难之事。

坤，是天下最柔顺的象征，它的德行是永久简约，却告人以阻塞之事。

因此，能悦人之心，能解人之虑，断定天下之吉凶，使天下人勤勉不息。

所以，遵循《易经》的变化之道有所作为，吉祥的事物就会出现。观察卦爻的象征，就能知晓制器的方法。占问事情的吉凶，就能预知未来的结果。天地各居上下之位，圣人成就其化育万物的功能。

无论人鬼谋，百姓赞助能者。八卦用卦象显示，卦爻辞有情态如言说。刚柔杂居于卦中，或吉或凶也昭然显现。

爻象的变动说明利害，吉凶的区别伴随情态。所以爱恨相争发生吉凶，远近相征发生悔吝，真情和假意互相感应而发生利害关系。

凡是《易经》所说之情理，相近而不相合必凶。或受其害，或悔恨而且羞辱。

将要反叛的人，言语一定惭愧不安；内心疑乱的人，言语一定分歧散乱；善良的人言语少，浮躁之人话语多；诬蔑好人者，言语必油滑；没有操守者，言语必然诡谲不直。

【原文】

夫乾，天下之至健也，德行恒易以知险。

夫坤，天下之至顺也，德行恒简以知阻。

能说诸心，能研诸侯之虑，定天下之吉凶，成天下之亹亹者。

是故变化云为，吉事有祥；象事知器，占事知来。天地设位，圣人成能。

人谋鬼谋，百姓与能。八卦以象告，爻象以情言。刚柔杂居，而吉凶可见矣。

变动以利言，吉凶以情迁。是故爱恶相攻而吉凶生，远近相取而悔吝生，情伪相感而利害生。

凡《易》之情，近而不相得则凶。或害之，悔且吝。

将叛者，其辞惭；中心疑者，其辞枝；吉人之辞寡；躁人之辞多；诬善之人，其辞游；失其守者，其辞屈。

论《尚书》①

一

《尚书》是我国古代政治文献中一部最古老的著作，包括公元前五千年到公元前两千年前间的许多政事记录和诰誓文令。其文献来源于华夏民族最古老的国家政典档案。

子夏曰："《书》之论事也，昭昭然若日月之代明。离离然若星辰之错行。上有尧舜之道，下有三王之义。"（《孔从子·论书第二》）

中国之成文史，以《尚书》记录为最始，因此其价值极其重要而珍贵。

先周时代，《尚书》本藏于王室宗社，包括所谓"三坟（藩／谱）、五典（政）、八索（绳）、九丘（州）"。（《左传·昭公十二年》）先周之诸邦各国皆有本邦国的王室档案，即所谓"春秋""梼杌"（鳄鱼古名。以鳄皮为图经，即传说中之"龙图"）、"乘"（即"册"之转语），是皆为各国之"尚书"。

春秋之际，战乱频仍，王室凌夷颠覆，周之王政亦不存，典籍档案失散。于是孔子将其收集整理，重新编辑，将一部分周王室所存的中央政治档案编为《尚书》，将鲁之王室档案编为《春秋》，用以传授子弟。

（《汉书·艺文志》："书之所起远矣。孔子纂焉。上断自尧，下迄于秦，凡百篇，而为之序。""左史记言，右史记事，事为《春秋》，言为《尚书》"。）

（《汉书·艺文志》记："《书》之所起远矣，至孔子纂焉，上至于尧，下记于

---

① 何新在本文中指出，《尚书》的"德政"与"亲民"思想，其实乃是原始的民主思想。民本、人权、民主和社会契约恩想皆并非起源于西方，而是起源于中国。以现代政治学眼光观之，"德"就是社会契约。所谓"天德"就是自然法。而荀子以民本论置于君本论之上的观念，其实就是中国政治中原生态的民主政治思想。近代西方的立法、司法、行政三权分立理论，萌芽于先秦儒家理论。

秦。"故《尚书》之古本，与《春秋》《诗经》一样，都是孔子给予系统编纂的。）

（《孔子世家》："周室微而礼乐废，诗书缺。追迹三代之礼，序书传，上纪唐虞之际，下至秦缪，编次其事。"）

二

"尚书"名称的由来，旧说以为即"上书"，"上古之书"。孔颖达曰："尚者上也。言此上代以来之书也。故曰《尚书》。"然此言实甚谬。

若准此，那么难道《易经》不是"尚书"——上古之书？《诗经》不是"尚书"——上古之书？

愚意以为，《尚书》者，即太尚（宗社）所藏华夏先祖之史传政典文献也。尚，古堂字。太堂，即"太尚"，亦即明堂太室，是上古国家宗社之所在（明堂太室，夏商周称"太社"，秦汉称"太常"或"太尚"。亦为九卿职官之名，主司典章制度、宗庙祭祀、礼乐及选才考试）。因先王政典存录于此，故尚堂之书乃称"尚书"，即"太尚之书"，亦即国家宗社所藏之史典（太尚藏书，不仅政典。《墨子》书中以"诗书"连言。《墨子·非命》"夏商王诗书"，以诗书连言。"明鬼"引《诗·大雅》"文王在上，于昭于天"，称之为"周书·大雅"）。此至，至明一义，而两千年间治《尚书》者，竟皆不得而明之。

值得注意的是，至秦汉时代，宫廷公文书，皆仍称"尚书"。敦煌武威汉简有"尚书臣"之称。汉制有"尚书令"之官职，与太史令、太乐令均隶属"太常"（汉称"太常"，秦称"奉常"）。《史记·三王世家》："三月乙亥……尚书令奏未央宫。"《汉书·张安世传》云安世"用善书给事尚书"。直到秦汉，仍以所谓"尚书"作为中央政治文件档案处之专称。秦汉法古制，下臣上奏皇帝之书称"上书"，皇家档案收藏之官文书则称"尚书"。此乃"尚书"之又一意义。

《汉书》"艺文志"有"高祖传十三篇"。班固自注："高祖与大臣述古语及诏策也。"可知古代本有记帝王古语及诏策一体裁，而《尚书》正是记录上古帝王"古语及诏策也"。

先秦著作引用《尚书》，多仅称为《书》。虞、夏、商、周四代之典，战国时总称为《书》，抑或称为《先王之书》。唯《墨子·明鬼》篇首见《尚书》一名，曰："故尚书：夏书，其次商、周之书。"清代王念孙说，此句文不成义，"尚"与上同，"书"当为"者"，言"上者为夏书，其次为商书、周书"。其说谬。此断句当如下："故《尚书》夏书；其次商、周之书。"或"故《尚书》，夏，商、周之书。"

又，我颇疑《逸周书》原也属于《尚书》，是《周书》之逸篇。说明先秦时期已有《尚书》之名称。

三

秦始皇统一中国后，采纳李斯建议，焚烧民间私藏诗书，其中《尚书》和《春秋》被列为查禁之重点。但宫中档案则仍存（即"中秘藏书"）。秦末人民起义反秦战争中，项羽占据秦都后火烧秦咸阳宫，多数宗社档案皆焚之于一炬。

吕后时代汉惠帝除禁书令，民间收藏之《尚书》复出。

汉文帝时，年过九十的故秦"博士"济南伏生（名胜，山东邹平人）公开传授《尚书》。司马迁记述云："秦时焚书，伏生壁藏之。其后，兵大起，流亡。汉定，伏生求其书，亡数十篇，独得二十九篇，即以教于邹鲁之间，学者由是颇能言《尚书》。""伏生教济南张生及欧阳生，欧阳生教千乘倪宽……"（《史记·儒林列传》，班固《汉书·儒林传》同）。

《艺文志》著录"经二十九卷、传四十一篇、欧阳章句三十一卷"当系伏生后学传本。其经文用当时通行的隶书写定，后世称《今文尚书》。

汉景帝、武帝间，鲁共王刘馀拆除孔子旧宅，于墙壁间发现孔氏后人藏书。（班固《汉书·艺文志》著录大致相同："刘馀得《古文尚书》及《礼记》《论语》《孝经》几数十篇，皆古字也。"按西汉末刘歆《移书让太常博士》云："鲁恭王坏孔子宅，欲以为宫，而得古文于坏壁之中，逸《礼》有三十九篇，《书》十六篇。天汉之后，孔安国献之，遭巫蛊仓卒之难，未及施行。"）

到汉武帝时代，又出现了几种不同的传本。并出现了以汉隶（"今文"）与先秦文字（"古文"）书写的两大系统不同传本。都陆续被收入中秘，列于学官，亦为民间学者所传习。

汉武帝年间，司马迁著《史记》称："孔氏有《古文尚书》，而安国以今文读之，因以起其家。逸《书》得十余篇，盖《尚书》滋多于是矣。"（《史记·儒林列传》）司马迁尝从孔安国问故，"孔安国者，孔子后也，悉得其书，以考二十九篇，得多十六篇。安国献之，遭巫蛊事，未列于学官"。

西晋遭永嘉之乱（307—312 年）后，王室倾覆，文物沦丧。"永嘉丧乱，众家之书并亡。"（《经典释文·叙录》）《尚书》亦再度亡散。

东晋政权南迁后，晋元帝时豫章太守梅颐（赜）采录收集到的《古文尚书》的一种传本，献上朝廷。此即《尚书》的今日传本（梅氏传本）。（江左中兴，元帝时豫章内史梅赜奏上孔传《古文尚书》，亡《舜典》一篇，购不能得，乃取王肃注《尧典》从"慎徽五典"以下，分为《舜典》篇以续之）。

关于梅赜，《世说新语·方正篇》刘孝标注云："《晋诸公赞》曰：颐字仲真，汝南西平人，少好学隐退，而求实进止。《永嘉流人名》曰：颐领军司马。颐弟陶字叔真。"

蒋善国曰："梅颐，据明袁氏嘉趣堂（刊）《世说新语》作梅赜，陆德明《经典释文·序录》作枚颐，《音义》作梅颐。朱骏声说：'古人名颐字真。晋梅颐字仲真，作梅赜者误。'"

但自《尚书正义》误作梅赜以来，清代学者多知梅赜，而不知梅颐。又云：梅颐传《古文尚书》和献《孔安国古文尚书传》的传授，是没有根据的。由郑冲把《古文尚书》传到梅颐，都在永嘉乱前，当时不但《古文尚书》传于民间，就是三家《今文尚书》，汉、魏《石经》，马、郑《书经》，都是极平常书。梅颐所献《古文尚书》计四十六卷（五十九篇），又附《尚书孔氏传》十三卷。其经文四十六卷，与壁古文相近，然内容殊异，实乃西晋学者收集当时传《古文尚书》经文暨《汲冢竹书》中有关文献（如《汉家周书》等），撰辑而成。

四

《尚书》体例，有典、谟及誓、诰、命五种（如"虞夏书"有"尧典""大禹谟""皋陶谟"。夏启伐益，有"甘誓"）。

典谟盟誓的时代，乃是华夏政治国家组织开始形成的滥觞时代。

"典"即政典，"谟"即谋议。"誓"，即盟誓约誓，是由自然法、神判法向刑法及刑罚演进的前身。誓有强制之义。誓体之演变，就是后世皇帝之"制"。蔡邕《独断》："制书者，制度之命也"，亦即法令。这些文体一直传沿到秦汉以下。

"诰"是言教，是帝王的演讲、言告之词。秦始皇改诰为"诏"，诏者，教也，诫也。命者，名也，故封授曰"命"，册封王侯曰"命"。孔子之所谓正"名"，要正的就是这种代表等级与身份的"命"。

《荀子·大略》云："诰誓不（言）及五帝。"誓、诰、命三种政治文体的形成，都在夏、商、周之际，标志着由神权国家走向政治制度化。

今传《尚书》各篇题下皆有短序。班固说：孔子"凡百篇而为之序，言其作意"。准此，则书"序"是由孔子所作。

传者，即训，指口传。"尚书"佚于秦火及秦末兵乱。今所见传世本的原型，都已并非原始文献，而是汉初朝廷向民间儒师征集记述之所得。但是，无论确有遗籍，或来之于口耳之传，或来之于汉晋间儒者纂辑之故典传说（难免有窜乱或附会己意)，《尚书》中收录的材料都是具有深远来历的。虽未必全出之于三代旧典，但无一不有所渊源。

其实，《尚书》就是远古历史，其包括两部分：一是古事传说，二是历史文献。司马迁著作《史记》时，充分使用了《尚书》中的史料。

汉初儒家以《尚书》为政治教科书。西汉初年两位最为杰出的政治思想家贾谊和晁错，都是治《尚书》之学出身。

对此书，汉武帝亦曾有所评论。元狩三年，武帝与倪宽论学，曰："吾始以《尚书》为朴学，弗好。"及闻宽说："可观。"（《汉书·儒林传》）武帝方重视此书，自此《尚书》对汉唐以下中国之政治意识形态的形成，影响至关重大。

五

《尚书》所录文献表明，自夏商以来，中国已是文明灿烂，政教严整，法规明确，具有成熟、系统的宗教政治思想和礼仪制度。

孔子以《尚书》作为其政治理想、政策及政德的范本，用以教授生徒。在儒家五经中，《尚书》始终被置于至尊的地位。以故，《尚书》实际是儒家的大宪之典。

《尧典》所谓："克明俊德（身），以亲九族（家）。九族既睦（族），平章百姓（国）。百姓昭明，协和万邦（天下）。"即由身而家，由家而族，由族而国，由国而天下，正体现了儒家"修齐治平"即修身、齐家、治国、平天下的系统化人伦政治理想。

一部《尚书》，可以认为乃是儒家政治理想最完整和最系统化的体现。因此，自汉代以后，《尚书》既是历代帝王所必须研习的基础政治教科书，又是从政的士大夫必读必遵的经宪大法。可以说，一部《尚书》，蕴含浓缩了作为中国五千年传统政治道德基石的一组核心价值。

贯穿整个《尚书》的核心理念，应该说主要有四：一是亲民，二是仁善，三是正德，四是中和。所谓亲民，就是相信国家兴亡系于民心。

"小民方兴，相为敌仇，今殷其沦丧，若涉大水，其无津涯。"（《尚书·微子》）

"民之所欲，天必从之。"（《尚书·多方》）

"天视自我民视，天听自我民听。"（《尚书·泰誓》）

"民，神之主也，是以圣人先成民而后致力于神。"（《左传·桓公六年》季梁语）

"国将兴，听于民；将亡，听于神；神，聪明正直而壹者也，依人而行。"（《左传·庄公元年》虢国史嚚语）

仁即善美与博爱。德即正行与正心。和即多元兼容的协调与统一。仁的思想后来为孔子所发挥而成为儒家之中心价值。"和而不同"的思想则被用于治国追求的理想境界。"德"，一是天德，二是民德，三是政德。《尚书》主张为治者必以德而不能依恃于暴力。认为天命无常予，暴力不足恃。有德则兴国，无德必失国。这是贯穿《尚书》德教的基本理念。

实际上，社会契约论或曰民约论的思想，民本、民（人）权与民主的思想，皆并非起源于西方、起源于罗马，而是起源于中国、起源于《尚书》。以民为本的政德的理念，就蕴含在《尚书》的亲民与正德之理念中。后来荀子概括说："天之生民，非为君也。天之立君，以为民也。"（《荀子·大略》）

六

伊尹、周公是商周政治统治经验的系统总结者，华夏政治文化的两位最初传道者。

周公用"以德配天"说在中国历史上首创了"天人感应论"。

他第一次把天的好恶与地上君主的行为联系起来，倡导"修人事以应天命"。他一方面承认天是监临下民、赏善罚恶、公正无私的人格神："我亦不敢宁于上帝命，弗永远念天威。"（《尚书·周书·君奭》）"敬之，敬之！天维显思，命不易哉！无曰高高在上，陟降厥土，日临在兹。"（《诗·闵予小子之什·敬之》）

另一方面，他强调"敬德保民"可以感动上天，使天命得以长保。周公是用"敬德"改造了早期宗教的天命论。德者，循也。循即规范。规范植规，即私德。私德来自修养，即修德。天之规范曰道。人群之规范曰循。个人之规范曰德。

"非予自荒兹德"，"予亦不敢动用非德"，"式敷民德，永肩一心"。（《盘庚》）

"曰命曰天，曰民曰德，四者以贯之。"（《观堂集林·周制度论》）

"民为邦本，本固邦宁"（《五子之歌》），"敬天保民"，"皇天无亲，唯德是辅。"（《尚书·周书·蔡仲之命》）为了长治久安，必须使百姓有一个良好的生产生活条件。周公旦最早提出"敬天保民"，要求国君"知稼穑之难，闻小人之劳"。

"君者，舟也；庶人者，水也。水则载舟，水则覆舟。""故君人者，欲安，则莫若平政爱民矣。"（《荀子·王制》）

七

以现代政治学眼光观，所谓"德"就是社会契约。"天德"就是自然法。

这些思想，在崇信暴力、以武力征服天下的秦始皇时代被抛弃。但秦亡后，汉初政治家总结暴秦速亡的历史教训，发现必须予以重申和重视。故以治《尚书》出身的贾谊论安国之道为九个字，云：

"民为国本"，"民治则国安"。

他指出：

"闻之于政也，民无不为本也。国以为本，君以为本，吏以为本。故国以民为安危，君以民为威侮，吏以民为贵贱。"

"闻之于政也，民无不为命也。国以为命，君以为命，吏以为命。故国以民为存亡，君以民为盲明，吏以民为贤不肖。"

"闻之于政也，民无不为功。国以为功，君以为功，吏以为功。国以民为兴坏，君以民为强弱，吏以民为能不能。"

"闻之于政也，民无不为力。国以为力，君以为力，吏以为力，故夫战之胜也，民欲胜也；攻之得也，民欲得也；守之存也，民欲存也。"

"民者万世之本……故自古至今，与民为仇者，有迟有速，而民必胜之。"（以上俱引自贾谊《新书·大政》）

关于刑杀（暴力）与德治之关系，董仲舒则提出，"德主刑辅""天之任德不任刑"，"国之所以为国者，德也"。（《汉书·董仲舒传》）

中国古典时代的帝王政治，原则上奉行君轻民重的治国原则。所谓"唯以一人治天下，岂能天下奉一人"即此义也。除秦皇、隋炀、朱温等少数被称为"独夫民贼"的暴君以外；中国帝王政治非常不同于中亚、西亚及罗马的暴君专制政治，我以为其根本原因，就因为奉行了《尚书》所总结的治国治民原则。

"立法、司法、行政"三权理论，西方近代首先由孟德斯鸠所表述，但在先秦儒家理论中已经萌芽。

荀子论"五道"（即治国之道），提出了礼、乐、刑、政的"四达"。这"四达"中，礼即"制度"，相当于立法权；刑即"司法权"；政即"行政权"；乐（"乐文"）不单指音乐；美学，"乐以宣情"，指的是控制人心、情感的意识形态。荀子说引《乐记》云："礼、乐、刑、政四达而不悖，则王道备矣。乐者为同，礼者为异，同则相亲，异则相敬……礼义立，则贵贱等矣。乐文同，则上下和矣……"（《礼记·乐记》）礼以别贵贱，乐文以沟通人心。

荀子政治思想，是儒家与法家的综合。儒以礼乐为本，而法以法制为具。其根源，皆来自《尚书》。

从尧、舜、禹、汤、文、武、周公以来，中国远古之政治中已总结出如此成熟的一套政治理念。

中国远古政治历史中之所以能形成数千年一系相承的华夏帝统，出现周汉唐宋明清这样数百年统一文明稳定的伟大帝国，中国文化之所以能百折不磨慎终追远而弘扬光大至今，显示出发达成熟高度的政治智慧，其政治奥秘也在于此。

八

在传世的古代典籍中，以《尚书》之纠纷为最多。历史上围绕《尚书》的文体及经义解释，围绕着其来源出处（所谓"真伪"）及传承问题，曾发生过若干次重大的学术论争和辩论。其中影响至大的即是汉代的"今文""古文"学派之争，以及宋、明、清以来关于其书"真伪"及"疑古"之争。

这种学术论争，都不单纯是学派或学术之争。意识形态之争实际反映着不同利益集团和不同阶级围绕实际政治和经济利益的斗争。在这种论争的表层语言现象背后，贯穿着为主导国家主流政治意识形态而发生的重大竞争。

一般来说，古文学派具有崇尚古典主义的贵族价值倾向，而今文学派则具有崇尚庶民本位的平民价值倾向。宋元明清以下，随科举取士建制及学术的普及，《尚书》之学乃由皇家贵族所垄断的官学，下降为世俗士民共享的经世之学，由之也发生了质疑其圣经地位的辨伪思潮。

九

在西晋永嘉年代天下大乱（311年）之后，今、古文《尚书》均告失散。

直到东晋之初（317—318年），豫章内史梅赜向朝廷献孔安国传述的《古文尚书》计四十六卷五十八篇。其中三十三篇内容与汉伏生旧传今文二十八篇略同，唯从"尧典"分出"舜典"，从"皋陶谟"分出"益稷"。"盘庚"篇则一分为二。又从"顾命"篇分出"康王之诰"。此外另有二十五篇也与汉传本有所不同。

梅氏所献之《孔传古文尚书》，当时即被国家视为瑰宝，立于学官。唐初孔颖达受太宗诏命为之作注，此后遂颁行天下。这个传本一直流传至今。

近十年来，随着地下典籍的大量出土，20世纪初盛行的疑古主义思潮本身也已受到怀疑和批判。〔1996年我在《诸神的起源》新版序中，最早点名批疑古思潮。后来有影响的考古学者李学勤《走出疑古时代》（1999）也提出了这样的主张。〕学术界对保存于各种典籍中的《尚书》片段与梅氏传本作严密对勘比较，发现其中大部分篇章是可靠的。因此，疑古者认为梅氏《尚书》纯粹出于梅赜伪造这种说法，被多数人认为是一种武断的臆测，现在已经很少有人重视了。

我个人认为，梅赜在古《尚书》久已失传之际，汇辑、保存了这批古籍材料，使当时久已失传的《尚书》得以再现，乃是他的重大历史功绩，而绝非罪过。

李友仁说："孔子用作教材的《尚书》是西周时规范整理过和新撰写的《尚书》，到孔子时又有不合当时语文规范之处，孔子又作规范整理，才用作教材，故有孔子整理《诗》《书》之说。秦火之后，《尚书》不存，是儒生凭记忆背诵记录而成的，因用的是汉代文字，称为《今文尚书》；后又在孔宅发现孔子所用《尚书》，因是孔子时文字，称为《古文尚书》；东晋梅赜又另献《古文尚书》，因是孔子时文字，称为《古文尚书》。

"今传《尚书》为《今文尚书》和伪《古文尚书》的合编，而真《古文尚书》反而失传。可见这是因为真《古文尚书》是春秋时的语文，已不合汉代以后的语文规范，难以阅读理解，梅赜做了规范整理，和《今文尚书》接近了，所以能和《今文尚书》合编流传至今。

　　"但后人却对梅赜的《古文尚书》冠以'伪'字，未免太轻率了。梅赜若无所据，岂能伪造一两千年前的历史文献？今人不是也在整理古籍，一两千年后原古籍不存，或存而不能阅读理解，或只能一知半解，对照书名或某些内容，多有不合，不也可以给整理之作冠以'伪'字？历史文献有民间传说和文物古迹可以参证，不要轻易冠以'伪'字，真正的伪作只有小说、戏剧，大家明知其伪，反而不言其伪，愿言其真，追求其生活的真实性，人的思维就是这样奇怪。今人都说《尧典》《舜典》《大禹谟》《皋陶谟》《禹贡》《洪范》等是后儒补充进去的。有关尧的传说和古迹不多，有关舜的传说和古迹不少，有关禹的传说和古迹几乎遍天下。传说的可靠性较差，但古迹的命名却是可靠的，因为地一旦命了名，叫开了，就会世世代代这样叫，即使统治者为了某种原因改了名，老百姓还会叫很长时间，而且在历代正史的《地理志》中有沿革记载，所以，地名，特别是古迹地名，多数是古代人物历史的有力佐证。"这些话讲得极好！（摘自《易学通解》第 372 页，李友仁著）

　　梅传本《尚书》与西汉孔安国传本有所不同。这种不同的产生原因是可以研究的。究竟是古事古典在流传中自然产生的变异，还是梅氏向壁虚构的捏造？现在看来，只能是前者。近世商周彝鼎金文大量出土，其文体用语与梅传《尚书》非常相似，一些史料互相印证，更证明了这一点。

　　朱熹虽对梅氏《尚书》存有疑虑，但他也指出："对《书》中可疑诸篇，若一齐不信，恐倒了六经。"

　　朱彝尊说："是书久颁于学官，其言多缀辑佚《书》成文，无大悖理。譬诸汾阴汉鼎，虽非黄帝所铸，或指以为九牧之金，则亦听之。""东晋所上之《书》，疑是王肃、束皙、皇甫谧所拟作。""其时未经永嘉之乱，古书多在，采摭缀辑，无一字无所本。特其文气缓弱，又辞意不相连属，时事不相对值，有以识其非真。而古圣贤之格言大训，往往在焉，有断断不可以废者。"

　　纪晓岚说："梅赜之书，行世已久，其文本采缀逸经，排比连贯，故其旨不悖于圣人，断无可废之理。"他们都在力争梅氏《尚书》作为一部经典的不可废弃。

总之，梅氏本虽然不是真正的孔壁古文，但实际可以看作古文《尚书》在西晋时代的一个汇纂辑逸本。其中有些章节也的确传自晚周，另一些则为两汉经师的转述，皆自有传承之源，绝不能称之为伪作。

<h1 style="text-align:center">十</h1>

宋代以后学术界怀疑主义思潮兴起。南宋吴棫著《书稗传》，开始怀疑梅氏献本《尚书》为伪作。南宋名儒朱熹亦表示疑惑。其立论的主要根据，是今、古文词句深浅难易似有不同。朱熹说：

"孔壁所出《尚书》，如《禹谟》《五子之歌》《胤征》《泰誓》《武成》《冏命》《微子之命》《蔡仲之命》《君牙》等篇皆平易，伏生所传皆难读。如何伏生偏记得难的，至于易记的全记不得？"（《朱子语类》卷七十八）

明代梅鷟著《尚书考异》，分析《孔传》和"晚出尚书"（简称"晚书"）的内容，从汉人记载的关于古文《尚书》传授情况、"晚书"的篇数、文体和来源等方面，推测此书应是魏晋间人所述作。

清代阎若璩在梅鷟论证的基础上，写《尚书古文疏证》，从《孔传古文尚书》中提出一百二十八条证据（今存九十九条），条分缕析。自其以后，《孔传古文尚书》并非汉儒孔安国原始传本这一结论得到了定案。20世纪初，胡适、顾颉刚的疑古学派兴起，梅氏《尚书》受到严重质疑，以至直指梅氏本为所谓"伪书"。

但20世纪中叶以后，现代学者根据考古材料及出土金文，对梅氏《尚书》做了重新研究，有了新的结论和认知。

陈梦家认为，梅氏《孔传古文尚书》五十八篇中有三十三篇确是伏生所传述，"晚书"二十五篇则来源或有可疑。《孔传》并不是西汉孔安国所传，而是东晋另一位治《尚书》的学者恰好也叫孔安国者所传。（此说详见陈梦家《尚书通论》。）

故利用《尚书》进行上古史研究，第一要明辨各篇来历，第二要分析著作时代，第三要理解经文意义。这是《尚书》研究中的一些基本工作。

十一

从西汉到近代，通过两千多年学者由怀疑到考实的反复研究，对于《尚书》之传授纂辑的演变过程已可以形成如下结论：

（1）《尚书》来自周王室所藏先周政典文献。春秋末孔子重新编纂并命名为"尚书"，列入五经用以传教子弟。

（2）遭秦火书劫后，《尚书》一度亡佚。西汉初期（高、文、景时代），济南的儒师伏生把这部书中之二十九篇口授记录保存下来。因为使用当时通行的汉隶书文字做记录，因此伏生这一系统传述的《尚书》，称《今文尚书》。

（3）汉武帝时代，悬赏征民间藏书，于是发现了《尚书》的几种古代写本。这几种文本都用先秦篆体古文书写，因而称作《古文尚书》。其中著名的如曲阜孔氏本、王朝中秘本、扶风杜林本等。

在古文当中，又有汉代东莱张霸伪造的"百两篇"本，已逸失不传。

以上《尚书》今、古文的两系传本，虽然内容大同小异，但却形成了讲授《尚书》的两大传统和学派，即今文学派与古文学派。

（4）尚书的传述中，各篇著作时代先后，有些是肯定明白的，有些则仍需要考证研究。

如《尧典》《皋陶谟》《禹贡》等篇，记载夏代以前的上古史事，但都不是当时的作品。实际是商周以后人纂辑、综述的古事传说。（"曰若""稽古"。）

（5）伏生口授流传下来的《今文尚书》，经过历代传写，文字多有讹误，甚至渗入一些后世才有的观念。因之后世之好卖弄聪明者，每每专挑剔于此类枝节，而指之怀疑其真伪。

（6）以古文传写被称为"隶古定"的《尚书》，祖本已多异同，内容亦有讹误。

于是，东汉熹平年间，朝廷将全部今文传本刻成"熹平石经"。曹魏正始年间，朝廷又将古文传本刻成"正始石经"。但这些石经多已不存，今日都已难窥全豹。

（7）永嘉之乱前，《尚书》仍有多种传本流行于世。既有汉代立于学官的今文《尚书》本，又有魏时立于学官的古文《尚书》本。还有河间献王本及（见《汉书·景十三正传》）杜林的漆书本（见《后汉书》的《儒林传》和《杜林传》）。

王国维认为，到梅赜时，这些传本在民间至少仍有若干残篇在周转流传（见王国维《汉时古文诸经有转写本说》），因此，梅氏本的编纂者不会不参考它们。

西晋初年汲郡出土《汲冢周书》和《汲冢周志》，是记载周代历史的真实资料。梅氏本的编写者也不会不重视、利用这些史料。

（8）大小盂鼎、毛公鼎的金文铭文，与梅传本中《周书》诸诰的语法，用语极相类似。

1976年陕西出土"利簋"，其铭词确证了武王伐商的"甲子"日期，与《尚书·武成》所记时日准确相符。而"武成"一篇，清儒以来疑古者多曾指其为"伪书"。可见被他们认为"伪书"的，内容实未必伪。

十二

关于梅氏本所附"孔传"，清儒及近世学者因多疑其非西汉孔安国所作，常诋其曰"伪孔传"。唯陈梦家先生考证指出,自汉至晋有两个为《尚书》作传的孔安国:一是西汉名学者孔安国,一是东晋学者孔安国。

宋清疑古诸儒不知道存在两个传治《尚书》不同的孔安国,因此列举证据指责梅氏《尚书》中的"孔传"并非汉孔安国所传,而诋之为"伪孔传"。殊不知孔传就是孔传,只是另有晋人孔安国,所以仍非所谓"伪孔传"也。

梅氏传本《尚书》复出后,徐邈为之注音,东晋之末行于民间,南北朝时立于学官,唐初立为国(官)学。

唐初陆德明、孔颖达将东晋孔安国与西汉孔安国及二者所传古文《尚书》相混讹。(孔颖达《尚书正义序》:"古文则西汉亦所不行,安国注之,时遭巫蛊,遂寝而不用。"言汉孔传本并未在世流行。)所以,梅氏的孔传本,也并不是什么"伪孔传"。东晋孔安国,字安国,会稽山阳人,少孤贫,以儒素见称,历侍中、太常、尚书,迁左仆射。受诏缀集古义,纪纲古训,传古文《尚书》。(详参陈梦家《尚书通论》第137～150页,河北教育出版社,2002年版)陈说考证翔实,是20世纪《尚书》及其传述系统研究的重大发现。但至今似未被学者所重视,一些人仍在剽袭清儒关于"伪孔传"的旧说。

实际上,宋清以来,所谓"伪"书之断案多属可疑及武断。疑古者的立论,往往是根据作者与成书年代的考查来否定书中内容的可信性。其实这两者在逻辑上并无必然之关系。作者之托名或成书年代之早晚,并不能证成书中内容之必然不可信。好辨伪者其所攻讦指摘不过只言片语一枝半节。但其结论却往往大而无当,在方法上惯用攻其一点,不及其余之术,片面性是极大的。而20世纪初叶在胡、顾一派所倡导的疑古风气下风靡一时的主观辨伪的结论,现在多数已被证明是靠不住的。如《六韬》一书,《汉书·艺文志》中不见此书名,而《隋书·经籍志》中则有此书名,撰写者为吕尚。但《汉书·艺文志》中"儒家类"有《周史·六弢》的书名,多数学者不同意《六弢》就是《六韬》,有人指出《六弢》出于秦汉人之手,也决非吕尚所作,清代学者姚际恒等人肯定《六韬》乃伪作,因为其文字内容俚鄙、浅薄,根本不相信它是先秦人的著作。还有《尉缭子》一书,过去也有很大争议:

《汉书·艺文志》中"兵形势家"类有"尉缭十三篇"。过去大部分学者均不相信《尉缭子》是先秦的著作。由于上述许多古籍真伪和时代问题得不到解决，所以对思想史中兵家著作和兵家思想研究，在长时期内进展不大。但是，银雀山一号汉墓出土竹简中出现了《六韬》和《尉缭子》等书。经过研究，人们发现：竹简《尉缭子》和《六韬》同现行本基本上是一致的，而竹简中的内容就是现行本中的一部分。过去被认为是俚鄙、浅薄的文字，恰恰是先秦的作品，这一事实给那些以主观想象评价先秦诸子的人一个教训，也是对疑古派的有力反驳。（林剑鸣《简牍概述》）《古史辩》学派至今仍能够站住脚的结论实在不多。

如王莽追溯其系谱，谓王氏出陈（田）虞，乃黄帝之后。顾颉刚著《五德终始说下的政治与历史》，以为王说纯出托古之伪造。然 20 世纪 30 年代出土齐威王时铜器陈侯因齐四器，上有铭文称田陈"绍从黄帝"，证明王莽此说非其伪造。

徐中舒说："丁山先生谓：'古帝王世系，必渊源有自，绝非晚周诸子所得凭空虚构。'商、周以前的古史，大概都可认为传说。传说中固有许多错误、重复、分化、演变种种；但传说总有若干史实为素地，绝不能凭空虚构。顾颉刚先生谓，中国古史系层垒的造成。中国古史确有时代愈后，所传古史时期愈古的情形。此皆中华民族逐次同化其邻近民族所致。凡一民族必有一民族之传说，其被同化者，又将其固有之传说携入，因此，此民族遂并此被同化民族之传说传给其子孙，其子孙当然不须再为别白，孰为本所固有，孰为后来携入。此如女子既嫁之后，既携有妆奁，复承受夫产，合两家资产，遗其子孙，其子孙亦当然不须再为别白，孰为父祖遗产，孰为外家妆奁。因此之故，中国古史乃由并行的传说，演为直系的系统。在长期演进中，其同化愈后者，其在古史系统中，转愈高而愈远。似此演成之古史，真既非是，伪亦不能。"

十三

实际上，疑古者之所谓"伪书"，不过是后代人所辑纂、编著的前代史传而已。若据疑古派所订之真伪标准，则今人所纂著关于前代之史书（如宋史、明史，包括"古史辩"派自身所著之先古史），皆可定为"伪作"，可谓天下无书不伪矣。（参阅杨向奎先生对疑古派的反思和批评，刊《中华文史论丛》第一辑。杨氏早年亦为疑古健将。）

"伪书"考证之结果，不过能证明成书年代之真伪，但却不能证明书中内容之真伪。例如唐尧之典非唐尧史官之所撰，但并不意味着其所记述之内容非唐尧时代事迹之传说也。疑古辨伪之妄，在于根本方法的错误，即以成书年代及作者之考辨，连类推证书中内容之应当摒弃否定。于是，抹杀否定了上古及古代众多极有价值之史籍、著作。

20世纪以来，地下出土的实物、甲金文，已提供日益增多的考古实证，不仅表明华夏文明之源远流长，而且为《尚书》等古史文献包括许多昔日被论为"伪书"者不断提供了其内容记述之可信性的坚实佐证。

20世纪初，以胡适为代表的疑古者的主观目的，无非是想证明华夏文献文明至商代以前都不可靠，认为中国之文明史没有传说中那样久远。然而现代的考古发现则证明，华夏文明之传统，实比《尚书》所记久远得多。

总而言之，梅氏传本《尚书》并不是什么伪书。今日所见《尚书》传本，是东晋学者梅赜所收集和纂辑、东晋学者孔安国所序传的。应该说，梅赜及晋儒孔安国对此具有重大历史功绩。如果没有他们为我们保存了这个晋代纂辑及序传本，华夏民族的这部伟大而重要的古代经典则早已失传。

从纯学术的角度看，虽然晋之《孔传》并非汉儒孔安国所著，但自有极其重要的价值。清儒焦循在《尚书补疏·序》中就曾对此《孔传》与"郑玄注"进行具体比较，他认为《孔传》在许多方面优于"郑注"。

焦循曾质疑当时（如崔述一类）的疑古者曰：《孔传》即使"论其为魏晋间人之传，则未尝不可与何晏、杜预、郭璞、范宁等先后同时。晏、预、璞、宁之传注可存而论，则此传亦何不可存而论？"

近人金德建在《司马迁所见古书考》中指出，《史记》所录虞夏商周古史，多直接取自《尚书》，而与梅氏传本可以互相参证。证明其书确有本源，绝非晋人向壁虚构之作。

十四

《尚书》历来号称难读。故韩愈曾说："周诰、殷盘，诘屈聱牙。"（《进学解》）

汉代以来，注家甚多。如清代江声、王鸣盛、孙星衍、王先谦之俦，博引旁征，汪洋浩瀚。前贤用功虽勤，其难读则如故。近世妄解古书风气大盛，我见到一些《易经》《尚书》《楚辞》《诗经》之今译本，信口开河，令人齿冷。

杨树达论《尚书》云："《尚书》文字古奥，读者每苦其难通，深求其故。实以通假之多，不易得其本字者。苟得其字，未尝不明白其解也。"

"如大诰'用宁王遗我大宝龟绍天明'，即'用文王遗我大宝龟兆天命'。"

王国维言："以弟之愚暗，于《书》所不能解者殆十之五。此非独弟所不能解也，汉魏以来诸大师未尝不强为之说，然其说终不可通，以是知先儒亦不能解也。"

我解读《尚书》，大体采取以下方法："流览成说。覆之以诂训，衡之以语法，求之以史实，味之以文情。去粗取精，惬心贵当。犹有未明，则益以私说。"在许多方面，彻底打破了对古传古家法的迷信，从而发现了一片新的天地。

解读古书难义的根本方法是训诂学。训诂，《汉书》中记作"训故"（《汉书·儒林传》："汉兴，北平侯张苍及梁太傅贾谊、京兆尹张敞，大中大夫刘公子皆修《春秋左氏传》。谊为《左氏传》训故，授赵人贯公。"）

训者，传也。诂古有"句"音，与讲、教音义相通。训诂即"传教""传讲"之古语，此为初始本义。后乃引申为传教古语故言［《说文》："训，说教也。川声。"又，"诂，训（传）故言也。"］

训诂学实际是一种语源学 Etymology，又是一种解释学。是中国上古文献的解译之学。其解译的主要方法是，根据古同音及古近音文字的类属线索，结合各种文献证据和历史证据，寻找其通贯的语文异义和歧义，从而打破古文献表层文字的直示意义之谜团，理解其真正的历史和文献的语言意义。

十五

训诂学的发明者是孔子。孔子向其弟子训授上古经典时，首先采用这一方法。汉代今古文经师如孔安国、郑玄均采用这一方法。

魏晋以后，学风转入主观，何晏、王弼一派玄论兴起，学者不屑于费力探求古书之本义，而主张"六经注我"，训诂学遂入衰微。

宋明以后，束书不观，游谈无根之风气大盛，导致经典古义几乎全部失传。钱大昕谓：宋后之儒者，"其持论甚高，而实便于束书不观，游谈无根之辈。有明三百年，学者往往蹈此失"。（钱氏《文集》卷33。"与晦之论《尔雅》书。"）

明末顾炎武倡导"实学"（即"实事求是"之学）以纠其弊，清初戴震、钱大昕、高邮二王、程瑶田、郝懿行诸大儒出，训诂学吸纳了语音学、古音学、古地理学及历史学的成果，复兴而发展到了一个面貌一新的阶段。

近代章太炎、黄侃、杨树达、沈兼士在方法论上承继清学而有所归纳突破。王国维、闻一多则以之为方法考史及解读上古文献，多启人新思之见。

但郭沫若、董作宾一派乃是20世纪上古史中的主流派，对训诂学基本忽视。他们解甲骨文、金文专注字形之比较，而解释文字造义则常趋主观。至康殷一流所谓"文字形义学"更陷入望文生义、走火入魔之以字形说妄义的符图障。

总体而言，20世纪后半期之训诂学，虽有陆宗达、徐复、刘又辛、王宁等黄派弟子沿守其绪，但其学始终未能入于研治古经、古史学方法之主流。此学殆未得到治上古史者应有之重视。

十六

中国古之训诂学相当于西方古典时代之语源学（Etymology）以及近代之语义学（Semantics）。语源学亦称"本义学"（希腊语 Etymon，本真，Logos，语义）。汉代的古文经学家将单纯的语源追索扩展到历史文化的求索，从而使之成为文化语源学，或解释学。西语"解释学"Hermencuties 赫尔蒙斯之学，得名于赫尔蒙斯（Hermens），希腊神话中宙斯之传信使者。中古以后指《圣经》历史意义之诠释及分析方法。

狄尔泰认为解释学从属于"生命哲学"，是研究人类文化历史，获取生命意识的途径。他认为解释活动就是通过解释者自身的生命体验，从作为客体的历史文献和历史过程中，重现人类的文化历史体验，从而寻找赋涵意义的普遍形式（meaning-full forms）。

我把训诂解释学看作从古典文献中提取、筛滤有效历史文化信息最根本的解读方法，透过语言去发现藏在语言背后的历史文化存在。这就是我所运用的新训诂学方法，我称之为文化语义训诂学的任务。

我对《易经》《楚辞》《尚书》《诗经》《老子》等先古著作的研究发现，如果通解训诂，找到正确的同位语义，会看到先古汉语与现代汉语事实上并没有人们想象的那样巨大的差别。

在语意深层结构上，今古语言基本相同。而许多表面上似乎晦涩已死的语词，至今仍在口语中被使用。屈原《橘颂》中的"橘徕服兮"，其"徕服"就是"斓斑"，义即"橘色杂驳斑斓"，至今仍为习用之语。而旧之解屈者，不解于此，乃对"徕服"两字之表层文义，始终莫知所云。《诗经》首篇"关关雎鸠"四字，历代异说奇出。殊不知"关关"即"咕咕"或"呱呱"（俗语"刮刮叫"）之语转。雎、姊古同音。鸠古音与归通。雎鸠即姊归，即子规，即杜鹃，乃历代诗词中习见而用以象征爱情之报春鸟也。

十七

我研读《尚书》，常惊讶昔贤对《尚书》读解之肤浅，不能说解而妄解之怪奇。而有些至关重要之问题，则实皆不得其确解。盛名如清治《书》之硕儒孙星衍，近世疑古派之主帅顾颉刚晚季亦以治《书》名世，亦皆不能破其蔽。兹略举数例以明之。

"大诰"周公自称"我幼冲人"，今人或谓此乃古周之怪语。按"冲"古从中音，读若"钟"，即今语"童"也。"幼冲"即"幼童"，今仍习用之语也。

又如"予不敢不极卒宁（文）王图事"，旧解者多不通训诂，以"极卒"为奇怪语，浪说奇出。殊不知"极卒"即孔明所言"鞠躬尽瘁"之"尽瘁"语转，其义谓周公不敢不"尽瘁"于文王之霸图大业。"尽瘁"／"极卒"一语，至今仍为习见之语也！

《书》中周初文告，诸王（武王、成王、周公）皆常自称"予小子"，旧解或以为"小子"即"小人"。但《康诰》周公称康封为"小子"（小子封），诰中又言"民情大可见，小人难保"，"小子"与"小人"何别？殊不知，小子之意上古与今完全不同。"子、好"在商周都为美称。贵族男性称"子"，妇女称"好"（音子，即姒本字，如殷商之名媛有妇好）。小，肖也。孝也。"小子"即本宗嫡子，即肖子，亦即"孝考"之"孝子"。旧说又或以为少年之称，亦非。

周公所作之"大诰""康诰"，篇中周公言多记"王曰"，篇首则称"王若曰"。"王若曰"与"王曰"究竟有何区别？今按：王，公也。（《尔雅·释诂》）王本有公意，"王曰"即"公曰"，亦即周公言语。而所谓"王若曰"，若，古音与"言"通，王若曰，即"王语曰"。王之代表说教，或代表周王说教，即其真义也。周公言告所称王，多可训为公。

十八

黄侃云："古人制字，义本于声，即声是义，声音训诂，同出一源。文字孳生，声从其类，故今曰文字声音训诂，古曰字读，读即兼孕声音，训诂二事，益声音即训诂也。故凡以声音相训者为真正之训诂，反是即非真正之训诂。"（《训诂释略》）

杨树达云："语源存乎声音，《说文解字》载了九千多字，形声字占七千多，占许慎全书中一个绝大部分；所以研究中国文字的语源应该拿形声字做对象，前清乾嘉以后，学者们盛倡义存乎声之说，高邮王氏念孙引之父子多所发明。一曰形声字中声旁往往有义。二曰文字构造之初已有彼此相通借的现象。三曰意义相同的字，它的构造往往相同或相类。四曰象形、指事、会意、形声四书的字往往有后起的加旁字。"

清儒王念孙言："训诂之旨在乎声音。字之声同声近者，经传往往假借。学者以声求义，破其假借之字而读本字，则涣然冰释，如其假借之字而强为之解，则诂屈为病矣。"

信然！沈兼士曾概括杨树达所发明之训诂方法，将其规律约之为三：（1）形声字声中有义；（2）声母同者相通假；（3）字义同，缘于名称来源同。

郭沫若怀疑训诂学因声求义的方法。其理由是："如子丑之同音字有一百，则可有一百种异说成立。"（《甲骨文字研究》，218～219页。）

郭氏此论是站不住的。杨树达云："读古书当通训诂，审词气，二者如车之两轮，不可或缺。"（《曾星笠尚书正读序》）

近儒吴国泰言："学者敬明此理则于讨治古籍之道思过半矣。虽然，欲明古字之假借又岂苟而已哉！有以双声而为假借者，有以叠韵而为假借者，有假借之字古音同而今音则异者，有假借之音此地合而彼地则否者，有假借之字后人不识而讹为他字遂愈不可解者，有假借之字失其本义，一旦明之而人不识反讥其立异者，其他复有种种，尚难一二更数也。"

"呜呼！此所以古籍之义日湮而世之真能读古籍明古义者日少也！"

这是深明训诂奥义的精覆之论。

唯训诂需重"凡例"，即寻找普遍性。这种通语之凡例，我会在卷二注释中尽量罗列，或提示语例。唯此书亦是十五年前索读之旧业，今日整理旧著，方得检出旧稿，重新整理。

《虞书·尧典》^①新译

古有帝尧，聪明斯文。光照天下。将逊退帝位，让给虞舜，因之作训典（即尧典）。

（典，《说文》："从册在几上。"尊之也。）

曰言：在古代，有古帝名尧，又称放勋。清明，斯文，安晏。谦恭肯让。光明四宇，至于上下。修明已德，而亲睦九族。九族和睦，平治百姓。百姓昭明，协和万邦。黎民于变时雍。

乃命令羲和，敬顺上天。历阅／观察日月星辰。教授人民时节。

又命令羲仲，居传于东夷，地名旸谷。守候礼聘太阳之出升。治理东极。以中春之日，观察鸟星，确定春季。赐名叫"析"（羲），利于鸟兽繁衍。

再命令羲氏之弟，居往在南极，地名明都。治理南方，敬候长日之至，以大火之星为标记，确定夏季。其名叫"因"，鸟兽只有皮革。

颁命和仲，居住西方，地名昧谷。守候礼聘太阳之归落。治理西域。在中元之夜，以虚（虎）星为辰，以确定秋季。其名叫"夷"，鸟兽长有美丽的毛皮。

再命令和氏之弟，居住在朔北，地名幽都。治理朔方胡狄。迎候短日之至，以昴星为标记，确定冬季。其名叫"隩"，鸟兽长有茂厚之毛皮。

于是，大帝说：来！你们羲与和。一年之期为六百六十（旬）又六日，以闰月确定四季，组成一岁。确定收敛之期。激励百工之族，诸业成绩兴旺。

尧帝问：有谁能够被重用？

放齐说：有您的嫡子丹朱，精明。

尧帝说：去吧，此人只会吵闹喧哄，怎么行？

....

① 《尧典》是关于华夏族政治起源的一篇优美的历史传说故事。

尧帝又说：还有谁，我可以采用？

骓兜说：共工（鲧）已筑堤完功。

尧帝说：去吧。这个人花言巧语，结果不是洪水滔天吗？

尧帝又说：喂，四岳啊，浩荡洪水无边无际，滔滔淹没了高山巨陵，浩浩淹没天地，老百姓遭殃，有谁能制住它吗？

大家都说：让鲧去干吧。

尧帝说：呀，不行吧！怕他会坏事毁了我们的家园。

四岳说：不会吧，不妨让他试试。

帝尧说：去吧，你去试试吧。

用了九年，鲧没有完成功业。

帝尧说：呀，四岳。我已在位七十年。你们能忠诚用命，继承朕位吗？

四岳说：我们无德啊，有辱您的圣位。

尧说：你们发挥光明吧，推举被埋没的人。

于是大师对帝尧说：有一个男子在民间，叫虞舜。

尧帝说：对，我听说过这人。他怎么样？

四岳说：他出身鼓史之家，父亲很无能，母亲很霸道，弟弟很傲狠，但他仍能与他们相处得很好。孝行昭昭，宽容而不与家人斗气。

帝尧说：我拿女人来试试他吧。可以观其行于女人。

于是下嫁两个女儿去妫汭水间，匹配给虞舜。

尧帝说：好啊！教诲他五典，他遵从五典行事。让他担任百官中的官职，他都做得井井有条。让他迎宾接待来使于四门，四门肃穆。把他放到山岭中，虽然遭遇狂风雪雨也不会迷路。

尧帝说：可以！你这舜。询问你事情、考察你的言论，你出言皆诚实可信。已三年了，你升陟我的帝位吧。

而舜则谦让认为自己的德行不配继位。

正月初一日，尧行冬礼于文祖之庙。主持旋机北斗，整治日月五星之七政。杀牲祭祀上帝，焚烟告拜天地四时（六案）。望祭山川，以至群神。

汇集五种瑞玉，择取满月之吉日，接见四方诸侯，颁发瑞玉给诸侯。

这年二月，尧向东方巡守。到达泰山岱宗，焚木祭天，望祭四方山川。

赐见东后，统一时月正日，统一度量衡及乐律。修制关于五种礼、五种玉、三种帛，以及二生一死的礼仪，一切如同五种祭器。事毕而归复。

这年五月向南方巡守，到达南岳，修治礼制如同在泰山。

八月向西方巡守，到达西岳，也如上。

十一月初巡守，到达北岳，修礼如同在西岳。归来后，致敬于农社祖庙，杀祭大牛。

此后每五年作一次巡守，各地诸侯来自四方朝拜，听取他们的进言，考核他们的政功，赏赐他们的车马。领土上有十二州、十二山、深浚的河川。

制定了刑典，主要有五种刑罚：官事用鞭，教育用朴，赎罪用金，对无知者赦免，一贯作恶则处以极刑。

圣明啊，圣明，对用刑要吝惜啊！

而后将共工流放到幽州，将骓兜流放到崇山，驱逐三苗到三危，杀死鲧于羽山。处理这四大罪人，天下人感到服气。

二十八年，尧帝去世。天下百姓如丧父母，守孝三年，四海静禁八种音乐。

论《诗经》

一

经典之所以是经典，就是因为它是永恒的。《诗经》正是汉语中一部永恒的作品。

这些诗篇的原型作品，产生于距今 3000—2500 年前。这个年代数字令人眩目。但是这些诗篇中所表达的意境、感情、感受、意识却极具现代性。在将其用现代语言进行重新诠释后，我惊讶地发现，它们仿佛仍是今天的作品。如《召南》卷中的《野有死麇》：

田野上有一头獐鹿死了

我为它裹上白茅

有一个少女春情动

美健少男忙去引诱

——树林中有小树婆娑

——田野中有死去的獐鹿

解开缠裹的白茅

那少女美白如玉

舒松地脱得光光

不要弄破我的围裙

不要招惹那长毛狗乱叫哇……

诗中描写一个青年猎人与一个少女在郊野幽会和野合。寥寥几十个字，用一种含蓄的象征笔法，将心情与情境描写得淋漓尽致。而这种自由的、以感受为至上的性爱抒情，谁能相信它是出自宗法主义（或说为奴隶制）的古典西周时代呢？

《诗经》中诗的表现形式，有写实主义，有象征主义，前人论诗之所谓"兴"，"先言他物以引起所咏之词"，其实就是象征。以一物喻一物，形态有所相似，谓之"比"，或"比喻"。如某人形瘦，谓其像一根竹竿，这是比喻。以一物喻一物，形态毫无相似而存在意设的联系，即"兴"或"象征"。如"昔我往矣，杨柳依依"。喻离别之相思，这种相思在形态上与杨柳并无任何相似关系，但以其飘摇之态喻己之情思，仅存在赋予和设定意义的联系，这就是象征。《诗经》中多用象征之描写。可以说，象征主义诗体是起源于《诗经》的。有结构主义，也有印象主义；其多样性，使得现代人的多数诗篇为之失色。

而对这些诗篇的重新解读，会使我们意识到，对远古中国的文化与文明确实需要有一种全新的解读和再认识。

二

《诗经》是如此著名，但是正如《易经》与《尚书》，几千年来基本上没有得到真切透彻的解读。

严格地讲，诗是无法翻译和诠释的。例如《东山》一诗，描写一个战士在久历沙场后回到阔别多年的家乡。原作仅用了十六个字描写当时的气氛：

> 我徂东山
> 慆慆不归
> 我来自东
> 零雨其濛

我将其译成：

> 我出征去东山
> 遥遥不得归来

我自东方归来

天上细雨蒙蒙

我已无法将其更加简化，字数比原文多了几乎一倍。但是原诗中的一个"徂"字，包含着到达、阻滞、滞留的多层含义。这个字在现代汉语中几乎找不到第二个可以替代之而同时兼容这样一种复杂语义结构的词。

又例如"零雨"二字，包含着冷雨、碎雨、细雨、雾雨的多种含义。"濛"字包含着"雾气""水气""迷茫""雨雾交集"的复杂意象。

在这种复杂意象之下所呈示的，是一个远征回乡的战士，在故乡土地上所嗅到的包括泥土气、雨湿气甚至青草气和粪土气在内的全部乡土气息，以及由此而唤起的全部情思——包含了忧思、喜悦、哀愁、悲凉相混杂的层层情绪、心理和意象。所有这些，是任何现代译者无论如何也无法以同位的现代语形式全面转达出来的。的确，好诗无法翻译。

就这一意义说，我是对《诗经》这部伟大经典进行一种主观的现代诠释。我解译和诠释的目的是为读者提供一道桥梁，或希望提供一种正确的向导而非误导——之所以如是说，是因为就我已读过的多种现代译本来说，那种不求甚解或一知半解、却极其勇敢而浅妄的误导、误释及误译，实在是太多了。王国维承认："《诗》《书》之不可解者十之二三。"胡适承认自己"还未到读经的水准"，此皆实事求是之言。

近几十年来，主流历史学家给我们描绘的商周时代是一个阴郁、黑暗、压抑的，所谓人吃人的"奴隶制时代"。然而在《诗经》中，我们看到的却是与此完全不同的图景，那是一个完全不同的自由、浪漫且充满诗情画意的时代。

正是由这些诗篇中，可以使现代人重新发现和体味。当3000—2500年前，即"周礼"和《诗经》那个时代的华夏民族，曾经有过多么活泼、多么清新、多么浪漫、多么自由、多么勇敢、多么幽默、多么智慧而又多么美丽的感情和抒情。

三

《诗经》是上古诗歌之总集，亦是中国最古老之个性化的自由文艺创作。其书包括十五国风（二南及十三风）、大小二"雅"、三"颂"；共计 305 篇诗歌。这些诗歌，产生于距今 3500—2500 年前，亦即约当西周至春秋中期的一千年间。

这 305 篇诗歌，被分为三体，即"风"（十五国风）、"雅"（小雅、大雅）、"颂"（商、周、鲁三颂）。

朱熹云，凡《诗》所谓风者，"民俗歌谣之诗也"。（朱熹《诗集传》，中华书局，上海编辑所，1958 年版，卷 1，第 1 页）"风"多数来自民间，是上古的情歌与民歌。"雅"是贵族士君子的献诗。"颂"则是歌颂先祖的史诗。

孔子云："《诗》言志。""志之所至，诗亦至焉。"《诗序》申释其义云："诗也者，志之所之也。在心为志，发言为诗。"

"风"者，放也，赋也。直言抒情曰"赋"，放情赋歌谓之"风"。"风"其实主要都是各国的民间歌曲。"雅"者，谣也，吟哦也。"雅"中多是贵族君子的创作。小雅多叙事抒情，大雅多论政议事。又雅者，正也，政事也。雅诗多咏政事。约略观之，小雅叙小政，大雅叙大政。《周礼》言诗有六体：风、雅、颂、赋、比、兴。

风，民歌。雅，正歌。颂，朗诵。直言曰赋（放言直抒），比言曰比（借此言彼曰比喻），征言曰兴（以此兴彼，托物寓言曰兴，象征也）。《毛诗序》："'雅'者，正也，言王政之所由兴废也。""小雅"即小的政事，"大雅"即大的政事。

雅者，咏也，咏言。咏者，独歌。贵族之歌曰雅。大雅，诸侯之咏。小雅，家臣大夫之咏。"《大雅》之变，作于大臣，召穆公、卫武公之类是也。《小雅》之变，作于群臣，家父、孟子之类是也。《风》之变也，匹夫匹妇皆得以风刺，清议在下，而世道益降矣。"

"颂"者，讼也，容也。讼者，群言。容者，舞容，表演也。颂就是史诗与上古之歌剧。《诗序》："颂者，美盛德之形容，以其成功告于神明者也。"此言是对的，"颂"中主要是于国家宗庙祭祀赞颂先祖的史诗，具有宗教性的神圣意义。

从时代内容看，"风"多数为东周春秋时诗。对孔子而言，"风"是现代诗。"雅"则是近代之诗。"颂"则是古诗及史诗。

四

传说古代先王之政有"采风"的制度。周代设有"酋人"（即"游人"）或"行人"，到民间去采诗。《汉书·食货志》记古代族社聚居："孟春之月，群居者将散，行人振木铎徇于路，以采诗，献之大师。比其音律，以闻于天子。"

《国语》中亦记有公卿列士献诗、太师陈诗的说法。《礼记·乐记》云："天子五年一巡狩……命太师陈诗，以观民风。"当时大量的民歌和贵族的诗篇，正是依靠王朝国家这种采诗献诗制度而保存下来。然后，由"太师"（大司乐）将其编纂成集，选择而教授学子。故《周礼·春官》中说："太师教六诗：曰风，曰赋，曰比，曰兴，曰雅，曰颂。"又说："大司乐以乐语教国子。"《周礼》一书，基本资料出自周代，但改纂之则为王莽、刘歆（徐复观语）。

《诗经》中今存的305篇诗歌，则是孔子从当时周王官及鲁太师（乐官）所保存的三千余篇诗歌和民歌中筛选编纂的。《史记·孔子世家》记：

"古者《诗》三千余篇。及至孔子，去其重，取可施于礼义，上采契、后稷，中述殷、周之盛，至幽、厉之缺。始于衽席，故曰'关雎之乱，以为风始；鹿鸣为小雅始；文王为大雅始；清庙为颂始。'三百五篇孔子皆弦歌之，以求合韶、武、雅、颂之音。"

今存的305篇的内容，归纳一下，大体分为三类：

第一类是民间歌谣：

1. 恋歌（例如：《关雎》《静女》《将仲子》《溱洧》诸篇）。

2. 婚姻之歌及祈子歌（例如：《桃夭》《螽斯》《苤苢》诸篇。）

3. 哀歌及悼亡之歌（例如：《蓼莪》《绿衣》诸篇。）

4. 农事歌曲（例如：《七月》《甫田》《行苇》《既醉》诸篇。）

5.时事讽刺歌曲（例如:《新台》《伐檀》《狼跋》诸篇。）

第二类是贵族诗人咏怀之创作。

（例如:《东山》《节南山》《正月》《十月之交》《崧高》诸篇。）

第三类是宗庙（閟宫）及宴会乐舞歌（所谓《升歌》）:

1.宗教乐舞歌（例如:《文王》《下武》诸篇。）
2.颂神祭祝乐舞歌（例如:《思文》《云汉》诸篇。）
3.宴会乐舞歌（例如:《庭燎》《鹿鸣》诸篇。）
4.田猎舞歌（例如:《常武》《兔置》《驺虞》诸篇。）
5.军旅之歌（例如:《击鼓》《无衣》《破斧》。）
6.教诲之歌（例如《鸤鸠》诸篇。）

五

近世疑古者无事不疑,蔑称商周文明为所谓"巫术文明"（张光直）、"巫史文明"云云。有人因此而怀疑上古文明中是否真有这种采诗及诗教之制。其实此事见诸典籍,毫无可疑。《国语·周语》及《史记·周本纪》中记有如下一件史事,可为参证:

周厉王时,王行暴虐侈傲。"国人谤王。召公谏曰:'民不堪命矣。'王怒,得卫巫,使监谤者,以告则杀之。其谤鲜矣,诸侯不朝。王益严,国人莫敢言,道路以目。

"厉王喜,告召公曰:'吾能弭谤矣,乃不敢言。'召公曰:'是障之也。防民之口,甚于防水。水壅而溃,伤人必多,民亦如之。

"'是故为水者决之使导,为民者宣之使言。故天子听政,使公卿至于列士献诗，瞽献典（曲），史献书，师箴，瞍赋，矇诵，百工谏，庶人传语，近臣尽规，亲戚补察，瞽史教诲，耆艾修之，而后王斟酌焉，是以事行而不悖。

"'民之有口也，犹土之有山川也，财用于是乎出；犹其有原隰衍沃也，衣食于是乎生。口之宣言也，善、败于是乎兴。行善而备败，所以产财用衣食者也。夫民虑之于心而宣之于口，成而行之。若壅其口，其与能几何？'

"王不听。于是国莫敢出言，三年，乃相与畔，袭厉王。厉王出奔于彘。"

召公指出，"为水者决之使导，为民者宣之使言。故天子听政，使公卿至于列士献诗"——古代先王之所以采诗于民间，正是为了察民意、知民心、料民情，以防止国家政治由于民怨壅积而突然在一个早晨崩溃。

采诗察民，即通过歌谣观测民心、民意、民情，实在是行之于上古的一种高明政治措施。

六

上古乐官本源于先秦宗庙閟宫中以职业歌舞而娱神者。男歌吟（讲史）者往往用"瞽人"或"瞽矇"，即盲人。《仪礼·燕礼》郑注："瞽矇，歌讽颂诗者也。"女乐舞者则为"巫"，或"倡"（娼）或"尼"（妮）。上古乐官亦名"乐正"。正者，政也。乐政，乐官也。乐官即儒师之本源，《周礼》称"乐胥"，《论语》称"太师"，师胥者，儒也。

《王制》篇云："乐正崇四术，立四教，顺先王诗书礼乐以造士。春秋教以礼乐，冬夏教以诗书。"又《经解》篇："孔子曰：入其国，其教可知也。其为人也温柔敦厚，诗教也；疏通知远，书教也；广博易良，乐教也；洁静精微，易教也；恭俭庄敬，礼教也；属辞比事，春秋教也。"

采诗之制，后来汉武帝立"乐府"而仿效之。

《汉书·礼乐志》记："至武帝定郊祀之礼……乃立乐府，采诗夜诵，有赵、代、秦、楚之讴。以李延年为协律都尉，多举司马相如等数十人造为诗赋，略论律吕，以合八音之调，作十九章之歌。"（十九章，即今传汉（古）诗十九首）

《汉书·艺文志》："自孝武立乐府而采歌谣，于是有代赵之讴，秦楚之风，皆感于哀、乐，缘事而发；亦可以观风俗，知薄厚云。"

但是，"乐府"一名，并非武帝始创。1977年陕西临潼秦始皇墓附近，出土秦代编钟上有秦篆"乐府"二字。《通典·职官》："秦汉奉常属官，有太乐令丞，又少府属官，并有乐府令丞。"乐官之制，其来已久，殷有"瞽宗"，周有"大司乐"，秦有"太乐令""太乐丞"，皆掌乐之官也。然"乐府"之名，则始见于秦。乐府之立为专署，应始于武帝。《两都赋·序》："大汉初定，日不暇给。至武、宣之世，乃崇礼官，尚文章。内设金马石渠之署，外兴乐府协律之事。"

汉武帝刘彻行事好仿古制。其制度多仿前秦与西周。刘彻博学多才，喜诗爱赋，其早年两位老师赵绾、王臧都出自当时传授齐派《诗经》之名儒申公门下，所以汉武帝立乐府而恢复了古代采诗之制。

七

《诗经》中篇幅最多的是情诗和抒情诗，这些诗篇主要集中在"国风"中。这种情诗，后世之道学家往往视之为"淫"。如清儒江永说："孔子未尝删诗，诗亦自有淫声。"而孔子当年则不以为然。他曾说："《诗》三百，一言以蔽之，思无邪。"可见孔子并不是不食人间烟火的禁欲先生。

"国风"的作者不一，有的是无名的民间男女，有的是王家乐师，有的是贵族君子。

朱熹关于"诗"也有一段高明之讲论，说：

"或有问于余曰：'《诗》何为而作也？'

"余应之曰：'人生易静，天之性也。感于物而动，情之欲也。夫既有欲矣，则不能无思。既有思矣，则不能无言。既有言矣，则言之所不能尽，而发于咨嗟咏叹之余者，必有自然之音响节奏而不能已焉，此《诗》之所以作也。'"（朱熹：《诗集传·序》，中华书局，上海编辑所，1958年版，第1页。）

孔子曾以《诗》为教。他说："诵《诗》三百，授之以政，不达，使于四方，

不能专对，虽多，亦奚以为？"（《论语·子路》）

又说："小子，何莫学夫《诗》？《诗》可以兴，可以观，可以群，可以怨。迩之事父，远之事君，多识于鸟兽草木之名。"（《论语·阳货》）

"人而不为《周南》《召南》，其犹面墙而立也与？"（《论语·阳货》）

又说："不学《诗》，无以言。"（《论语·季氏》）

八

《论语·子罕》记："吾自卫返鲁，然后乐正，《雅》《颂》各得其所。"

西周《诗经》藏于乐官，为乐官所用之曲调名及所歌诗之底本。徐中舒先生说："故易必出于大卜，书必出于大史，诗必出于大师。《汉书·艺文志》论诸子之学无不出于王官，其事与此先后实同一例。"（参见《徐中舒历史论文选辑》下册，中华书局，1988 年版第 634 页）《诗经》三百篇本来都是有乐调而配唱的，实际本来都是"歌"。《左传》记述季札至鲁观乐，鲁乐之所奏诸曲，其曲名皆《诗经》之诗名。《左传》谓周礼尽在鲁，当时诸侯都至鲁观殷周古礼。而且，《国风》中的有些作品似乎是根据固定曲牌所填写的歌词，如《扬之水》《羔裘》，在同一曲牌下都有多首不同歌词。

春秋时代，各国士大夫交往必要以诗导言，所以孔子云"不学《诗》，无以言"，不熟读《诗》，就不能说话。

徐中舒云："春秋之世去古未远，歌唱之风犹甚发达。《左传》载当时诸侯卿相宴飨会盟之际，犹以赋诗为交际上必需之仪节，如不答赋，则为失礼。

"如《左传·文公四年》云：'卫宁武子来聘，公与之宴，为赋《湛露》及《彤弓》，不辞，又不答赋，使行人私焉。'此因不答赋，而以为失礼。

"又如《左传·昭公十二年》云：'宋华定来聘，通嗣君也，享之。为赋《蓼萧》，弗知，又不答赋。昭子曰：'必亡！宴语之不怀，宠光之不宣，令德之不知，同福之不受，将何以在？'此以不答赋而以为国有必亡之征。由此可知，古人对诗乐与政治关系之重视。"

由此可知，在周代，《诗》乃是贵族士子们于青少年时代启蒙教育的必修课目。

当时各国贵族子弟自小即习诗、唱诗，所以成年以后，才能在各种交际场合，以诗代言赋志达情。

九

综合古典典籍的记载，可以推知《诗》在春秋时代大概有以下用处：

1. 宗教仪式——举凡祭祀神明、破除灾殃、丧葬等仪式，都有专门的诗歌诵唱。

2. 日常交际——祭祀、盟誓、射箭、宴宾、乡饮酒等重大聚会，都要诵唱诗歌。

3. 外交礼仪——"行人"之官（即外交官）出聘国外，往往赋《诗》以寄言。仅据《国语》《左传》记载，这一类的赋《诗》在春秋二百多年中即28次。可见当时的外交官都是精通于《诗》的。孔子所谓学《诗》则能"使于四方"，就是指此而言。

4. 以《诗》代言——春秋时之"君子"喜欢引用《诗》以代言。如果一个人不会引《诗》，一般人便会讥笑他不会讲话。所以孔子说："不学《诗》，无以言。""《诗》可以兴，可以观，可以群，可以怨，迩之事父，远之事君。"

古代人们进行个性化之创作，似以《诗经》所录为最古。故孔子云："诗言志"——志者，识知也，记忆也，抱持也（追求也）。诗之作者，一为贵族及士君子，一为民间游吟者。十五国风中主要是民歌，作者多为不知名之民间游吟者。

十

就《诗》学的传授而言，汉儒都说是由孔子传之于子夏，子夏传曾申，申传魏人李克（悝），克传鲁人孟仲子，孟仲子传牟根子，牟根子传赵人荀卿（前213？—前238年）。荀子以下，《诗》学分为四脉：

1. "赵诗"，荀子传鲁人大毛公，即毛亨，大毛公传小毛公，即毛苌。二毛传述《诗诂训传》，即"毛传"，这一系统流传的诗，于西汉首先流行于赵地（河间献王好之，乃私立毛苌为河间国之诗博士）。故所谓"毛诗"，实即"赵诗"，属于经学的古文学派。《汉书·儒林传》仅谓"毛公，赵人也。治《诗》，为河间献王博士"。此毛公《后汉书·儒林列传》称毛苌。郑玄《诗谱》云"鲁人大毛公为《诂（故）训传》于其家，河间献王得而献之，以小毛公为博士"。此较《汉书·儒林传》多出一大毛公，郑氏或别有所据。晋陆玑《诗草木虫鱼疏》序则谓"毛亨大毛公，苌小毛公"。《六艺论》："河间献王好学，其博士毛公善说《诗》，献王号曰《毛诗》。"是毛诗博士为河间献王所私立。

2. "鲁诗"，也为荀子所传。荀子传《诗》于齐人浮丘白，浮丘白传鲁人申培公。申培公传赵绾、王臧，赵、王曾为汉武帝刘彻师傅。

3. 此外，又有韩婴之"韩诗"，也是源于荀子。

4. 还有辕固生的"齐诗"，也是荀子所传。

总之，溯其总源，以上"赵诗""鲁诗""韩诗""齐诗"诸家，皆本于荀卿。而荀子所传之《诗》义，则上承于子夏、孔子。

韩、鲁、齐三家诗，属于西汉经学中的今文学派。今文学派的《诗经》传授（即《齐诗》《鲁诗》《韩诗》三家），在汉初特别是汉武帝时代，列于国家之官学，居于显学主流的地位。

西汉末王莽始崇古文之学。他将赵派之《毛诗》列入学官。王莽篡国失败，到东汉光武帝时，复将王莽时被列入学官的《毛诗》罢止，但民间传授则仍未中断。

要之，西汉时诗学盖有四传：韩、鲁、齐传及赵（毛）传。韩鲁齐三家属今文学派，赵（毛）传属古文学派。西汉时流行今文三家，东汉以后古文兴，三家诗说皆逐渐衰亡，"毛传"反而成为独传。

十一

在汉代，由于《诗经》成为国家圣学之经典。于是将《诗经》伦理化、神学化，成为一时风尚。本来《诗经》之作者，多是民间不知名之游吟者，但当时有说者硬要将作者一一考实，附会于贵族，以寄托所谓政治或伦理礼教之"微言大义"。于是诗解往往望文生义地攀缘比附政治史事，臆测诗中莫须有的伦理政治含义。其最妄诞者，即为托名"子夏""毛公"所撰的伪《诗序》。

托名毛传之《诗序》来历不明。后人或言"毛亨与子夏合写《诗序》"，事实上，子夏与毛亨相距数百年，何以能合写？《诗序》有"大序""小序"之分。所谓小序、大序，以字数之多寡言，字数少，故称"小序"；字数多，故谓"大序"。后人之所谓小序者，郑玄则称为大序；后人之所谓大序，郑玄则称为小序。他不是以字数定大小，而是以内容定大小，序的内容讲政教伦理者曰"大"，讲历史背景者曰"小"。郑玄说：出于子夏者为"大"，成于毛公者为"小"。

《诗序》作者的用心，是要防止人们以真情读《诗》，而要以《诗》设伦理礼教之"教"。

因此，《诗序》将《国风》中所有爱情诗篇，几乎无一例外地一并归结为对治国者政教之讽喻，成为一种关乎伦理政治的意识形态。如《关雎》大序云："国史明乎得失之迹，伤人伦之废，哀刑政之苛，吟咏性情以讽其上。"《静女》序："刺时也。卫君无道，夫人无德。"《桑中》序："刺奔也。卫之公室淫乱，男女相奔，至于世族在位相窃，妻妾期于幽远，政散民流而不可止。"《氓》序："刺时也。宣公之时，礼义消亡，淫风大行。"《溱洧》序："刺乱也。兵革不息，男女相弃，淫风大作，莫能救焉。"

总之，每一首《诗》，都有礼教的教诫用心在里面，此即所谓"藉序以明《诗》教"。

关于《诗序》的作者，郑玄说是子夏（"作大序"）和毛公（"作小序"）。但实际上这是明显伪托之说。子夏其人，生动活泼，富于权变，孔子曾诫子夏"毋为小人儒"。子夏绝不是孔门礼教的原教旨主义者。相反，子夏是战国初叶首先援儒入法的重要人物，是一位站在时代变革潮流前列的人物。子夏弟子之一是魏文侯，乃是战国时第一位发起变法改革的国君。此外，吴起、李悝、商鞅皆出子夏之门。因此，《诗序》中那种种僵化迂腐的伦理说教与实用主义的子夏大不相合。

十二

自宋代以来，《诗经》学之研究得到了重大突破。首先是欧阳修、朱熹突破《诗序》及汉儒传诗之家法，提出"以诗解诗"，寻求《诗》之本旨，从而摧陷廓清了《诗序》强加给《诗》的许多伦理枷锁。

北宋时，欧阳修在其《诗本义》中对《诗序》提出疑义，继而有苏辙的《诗传》、郑樵的《诗传辩妄》，及至南宋大儒朱熹在其《诗序辩说》中，对《诗序》之伪妄揭露殊多。

兹举一例。《诗序》中多用"后妃"一词，多数诗篇"大序"皆认为诗义乃是宣教所谓"后妃之德"。如谓："《关雎》，后妃之德也。""《葛覃》，后妃之本也。""《卷耳》，后妃之志也。""《樛木》，后妃之逮下也。""《螽斯》，后妃子孙众多也。""《桃夭》，后妃之所致也。""《兔罝》，后妃之化也。"云云。

按"后妃"一语，非两周习用之语。"后妃"一名，据我所见，先秦书中始见于《吕氏春秋》，乃战国晚期儒家之言也。春秋时，诸侯君后称"小君"或"夫人"，不称"后妃"。春秋以前之所谓"后"有君后、君主（男性）之意，而非专指君主之妻妾。《礼·王制》郑玄注："群后，公及诸侯。"而"妃，配也"，其实，妃即仆也、伏也，妇（执帚洒扫者）也。妃在《左传》中通于配字。《左传·成公八年》："士之二之子，犹丧妃耦。"《左传·昭公三十二年》："体有左右，各有妃耦。"《左传·隐公元年》："惠公元妃孟氏。"疏："妃者，匹配之言。"妃耦即今语配偶，盖普通之言也。则是男性主君之附庸。《左传·文公十四年》杜注："妃音配，本亦作配。""妃"指君主从婢，与母后地位不可相提并论。故"后妃"联言，非西周、春秋习用之语。

西汉一朝，后党与君党一直有激烈的政争。支持皇帝的君党人士欲贬抑母权、后权，故将"后"乃与"妃"连称为名，同沦于男权附庸之地位。"后妃"连称，正表明"母后"地位之沦降。《诗序》中常以"后妃"联言，仅此用语，已足可表明其产生当在汉世以后，故《诗序》不可能是孔子所传、子夏之作。

十三

所谓《诗序》的真正作者，其实在《后汉书》中有明确记载，乃是东汉之儒家原教旨主义者卫宏。

《后汉书·卫宏传》：

> "卫宏字敬仲，东海人也，少与河南郑兴俱好古学。初，九江谢曼卿善《毛诗》，乃为其训。宏从曼卿受学，因作《毛诗序》，善得风雅之旨，于今传于世。"

《后汉书》又记：

> "中兴后，郑众、贾逵传《毛诗》，后马融作《毛诗传》，郑玄作《毛诗笺》。"

由此可知，《毛诗序》乃卫宏托毛氏之名的伪作。

至于《毛诗传》即毛诗训诂，则传自卫宏的老师谢曼卿；以后又传于郑众（先郑）、贾逵及东汉之大儒马融。

《毛诗传》多采先秦"故训"。解释《诗》的文字用语，常可与《尔雅》（孔子、子夏所传）相发明，可能确与子夏、大小毛公所传授有所渊源。而《诗序》，则完全是卫宏伪托之作。

西汉自吕氏、窦氏以母权干政，政治中常现母后及外戚干政的阴影。在西汉末及东汉中晚期，儒家士大夫所拥戴之男系君权与外戚母权之党争十分激烈。因此东汉士人乐言后妃之女德（如西汉成帝时，外戚王氏一家"凡九侯五大司马。"宗室刘向上书斥王氏乱政，希望成帝远外戚，正女德。成帝任之为中垒校尉，掌控北军，以与王氏相制。刘向曾作《列女传》，讲述后妃之德）。而《诗大序》多从后妃女德角度曲解诗意，此实明显反映东汉人之价值观念也。故《诗大序》必为卫宏所作，而与春秋战国时代的孔子、子夏及秦汉之际之毛公毫无关系。

从《诗序》看，卫宏几乎完全读不懂或故意曲解《诗经》的诗义。其《大序》从其礼教伦理的立场，几乎对每一篇诗作的主题都作了妄诞的附会和曲意说解，其中一些序文与诗之本毫无关系。难怪连朱熹都要斥之为"妄"。尤可憎者，乃卫宏伪托子夏、毛公之名，竟使其谬种流传达两千年。

故读毛《诗》，必须将其"序"（"毛序"）与"传注"（"毛传"）离异分别。传注中多存古训诂之义，而《诗序》则皆系卫宏根据东汉礼教所伪造，基本上一无是处。

十四

朱熹云："吾闻之，凡《诗》之所谓风者，多出于里巷歌谣之作，所谓男女相与咏歌，各言其情也。"（朱熹《诗集传·序》，中华书局，上海编辑所，1958 年版，第 2 页。）

朱熹认为，《诗》中之风，多出于民间创作，是自由抒情之民俗歌曲，这是使《诗经》返璞归真的革命性见解。汉儒往往把情诗说成是王者"思贤若渴"，宋儒则揭开了这个面纱，指出情诗就是情诗。正是由于勇敢地摒弃《诗序》，才开辟了理解《诗经》的正确途径。

明代学者陈第、顾炎武又提出读《诗》当知《诗》之古音，从而以语言学的突破，逐渐寻求到《诗》义的重新阐释。

陈第著《毛诗古音考》指出："时有古今，地有南北。字有更革，音有转移。""以今之音读古之作，不免乖剌而不入。""魏晋之世，古音尚存，至隋唐渐尽矣。"因此读诗，首先应当寻辨古音和文字的本来语义。

到清代，新汉学兴起，诸儒进一步发明音韵之学。戴震继承顾炎武音学真谛，提出："疑于义者，以声考之。疑于声者，以义正之。"后钱大昕及高邮二王亦用此法解经，遂卓有发明。20世纪以来，则有章（太炎）黄（侃）之学复传其道。

以此方法解读《诗经》，常有出人意表之心得。兹举一例。

《诗经》首篇《关雎》诗句"寤寐思服"之"思服"二字，千古难解。而陈第考古音曾指出，"服古音当读为逼"。

【何新按："逼"即"彼"也，"彼"在汉以前古语中有第三人称之"他／她"意，如孙子名句"知己知彼"，彼即他也，对方也。则"思服"，即今语"思彼""思伊"（吴语"伊"即"她"）——在寤寐之中也思念她，其意义乃豁然贯通。】

20世纪以来，通过王国维、郭沫若、闻一多、孙作云等先贤的工作，将《诗经》研究纳入考古、历史、天文历法、民族学及人类学、语言学的广阔视野，从而更开拓了前所未有的新的诠释境界。

《唐风·扬之水》新解

【原诗】

扬之水，白石凿凿。素衣朱襮，从子于沃。既见君子，云何不乐？

扬之水，白石皓皓。素衣朱绣，从子于鹄。既见君子，云何其忧？

扬之水，白石粼粼。我闻有命，不敢以告人。

【何新按】

这是一首记叙一双贵族男女在水边偷情、幽会之诗篇。《毛诗故训传》、朱熹等以及今人则都以为此诗是政治诗篇，其实穿凿无据。盖解诗当以诗论诗。

兹新译及新解如下：

【何新译文】

激扬的流水，冲刷白石哗哗响。跟着你的白衣红领，与你来到泉水边。已经见到君子，心中能不高兴？

激扬的流水，冲得石块白又白。跟着你的白衣红绣，与你来到沼泽畔。已经见到君子，还有什么忧愁？

激扬的流水，流过白石闪亮光。我听到了你的叮咛，绝对不会告诉别人。

【注释】

1. 凿凿，旧说鲜明貌，不确。《说文》："凿，穿木也。"破石亦曰凿。凿凿，模拟凿之声音也。此模拟沃河流水声哗哗如凿。

2. 素衣朱襮，素衣朱绣，丝之未染曰素。朱，红色。襮、袖，闻一多说谓衣领、衣袖，周代贵族男子以丝绣物为标记。君子，贵族之称也。

3. 沃，旧说从《毛诗故训传》谓指曲沃，不确，未必。《尔雅》"释水"："沃，泉悬出。"刘熙《释名》"悬出曰沃"。悬挂的流水曰沃，但沃亦非瀑布，不如其高与大也。曲沃得名亦本此。清修《曲沃县志》："沃水潆回盘旋，是为曲沃。"

4. 鹄，通皋，沼泽地也。《毛诗故训传》释此字为："曲沃邑（名）也。"不确。清儒马瑞辰曾经详细考订，略云："鹄古通作皋。《（焦氏）易林·否之师》曰：'扬水潜凿，使石洁白，衣素表朱，戏游皋沃。'义本此诗。皋沃即此诗'从子于沃''从子于鹄'也。皋与鹄古同声，皋通作鹄，皋者，泽也。"《鹤鸣》诗《毛诗故训传》亦云："皋，泽也。"《韩诗》："九皋，九折之泽。"《易林》"游戏皋沃"，《豫》之《大过》又作"游戏皋泽"。皋沃、皋泽，皆古语之沼泽也。

5. 有命：命，《尔雅·释诂》："命，告也。"《玉篇》："教令也。"王令曰命，嘱告也曰命。此当释为嘱告。

【关于本诗的主题】

注释此诗的今人都追随《毛诗序》的说法，认为这首简单质朴的爱情诗是一首负荷有很多政治内容的阴谋之诗。

《毛诗序》云："《扬之水》，刺晋昭公也。昭公分国以封沃，沃盛强，昭公微弱，国人将叛而归沃焉。"

历代以来，说此诗者皆从毛说。例如朱熹《诗集传》云："晋昭侯封其叔父成师于曲沃，是为桓叔。其后沃盛强而晋微弱，国人将叛而归之，故作此诗。"严粲《诗缉》云："时沃有篡宗国之谋，而潘父阴主之，将为内应，而昭公不知。此诗正发潘父之谋。"近人陈子展《诗经直解》云："《扬之水》，揭露桓公既得封于曲沃，而阴谋叛乱之作。"诸如此类，云云。

余旧著《风与雅》亦尝从此说，唯近日重读清儒马瑞辰《毛诗传笺通释》乃有新知。因悟此诗未必与政治相关，实乃一纯粹爱情诗，盖描写一对贵族男女于水畔幽会、野合之快乐也，作者是一位年轻女性。

【附注】

马瑞辰（1782—1853年），字元伯。安徽桐城人。嘉庆十五年（1805）进士，官至工部都水司郎中。后遭陷害被罢职，流放黑龙江。数年后释归回籍，曾经于江西白鹿洞书院、山东峄山书院、徽州紫阳书院讲学，乡居数十年，以著述自娱。

马瑞辰是清代代表徽派朴学的重要学者，以治《毛诗序》成就卓著，精通训诂学，以古音、古义证明讹互，以双声、叠韵分别其通假，指出："《毛诗序》用古文，其经字多假借，类皆本于双声、叠韵，而《正义》又或有未达。"

马瑞辰著有《毛诗传笺通释》，书中收集训诂语言资料宏富，多能探赜达指。本文即得其启发耳。

《诗经》考据与乾嘉之学

一、关于《诗经》的考据类著作

乾嘉学派的《诗经》注疏，集大成者当以晚清王先谦著《诗三家义集疏》为著名。

王先谦（1842—1917 年），号葵园，湖南长沙人，晚清湘学之殿军人物，曾任翰林院编修、国子监祭酒、江苏学政等职，并曾主持南岳书院多年，校刊古籍文献多种。

乾嘉学派兴起在明末清初。其学术成就之集大成著作，则多出现在晚清。

王先谦的《诗三家义集疏》，收辑西汉以来齐、鲁、韩三家诗说，兼取宋元明清以下历代学者的疏解，折中异同，加以考核说明。故此书可谓乾嘉学派《诗经》研究的集大成著作。

但是对于现代不甚熟悉朴学的人，此书不好读。

属于现代继承朴学遗风而比较好读的，有高亨的《诗经今注》《听高亨大师讲诗经》。高亨，齐鲁人，民国后期、中华人民共和国成立初期著名学者。此外较为可读还有周振甫《诗经译注》、程俊英的《诗经译注》等。

但是老实说，《诗经》中有一些"老大难"篇章，正如《尚书》《周礼》《周易》等儒家经典，自汉唐以来从未被搞懂。我记得王国维信札曾说五经自古盲人摸象，《尚书》十之七,《诗经》十之五，没人能懂。诸家异说，无非仁者见仁，智者见智。

二、关于何新的《古经新解》

我 20 年前的旧作《风与雅：诗经新考》及《雅与颂·华夏上古史诗新考》，多有一些个人的发明及新义，自以为可以破解若干前人所未知。

举个例子：《诗经》第一篇"关关雎鸠"。雎鸠究竟是什么鸟？历来都以为是黑色的鱼鹰。鱼鹰是猛禽凶鸟，且貌丑，竟被诗人作为开篇起兴的男女爱情之象征，岂不奇怪？

而我考证则证明，所谓"雎鸠"非鱼鹰，其实就是杜鹃鸟，也就是杜宇、子规鸟、布谷鸟。华夏自古有以报春鸟之杜鹃作为爱情象征的习俗，所谓"春心托杜鹃"。自以为此论可破千古之覆。

又如《周南·兔罝》一篇，描写的是赳赳武士，而历代都解释兔罝为捕杀兔子的网笼。我指出古代江淮江汉的楚人称老虎为"于菟"，讹音即玉兔（所以月亮神话中吃月亮的虎神，汉代以后也变成了月神玉兔）。故诗中的兔罝不是兔子笼子，而是伏虎的网罗。

《诗经》中的许多语句，貌似很难懂。但是我的书中运用训诂（很少有人知道此学为孔子、子夏所创）的音近义通的原理，打通了许多语言障碍。

例如"关关雎鸠"的"关关"二字，其实就是现代语"咕咕"两字的转语，描写雎鸠的叫声。所谓"关关雎鸠"，不过就是"咕咕杜鹃叫"的意思，毫不深奥。

又如《大雅·荡》的名句"靡不有初，鲜克有终"，看起来难懂。其实"靡"就是"莫"的转字，无的意思。"鲜"就是稀少之"稀"字的转语，"克"就是"可"的转语。无不有初，稀（少）可有终——文从字顺，意思无非就是很难做到有始有终。

再如《诗经·小雅》中的"不敢暴虎，不敢冯河"，这两句在《论语》中被孔子简化为四个字"暴虎冯河"。貌似很难懂，历来聚讼纷纭，以致南怀瑾在他的《论语别裁》中望文生义，竟然解释成"发了疯的暴虎站在河边跳河"，遗笑于后人。

其实呢，暴虎之"暴"，就是搏斗的"搏"的通假字。冯河之"冯"，就是浮水之"浮"（古字为泅）的通假字。"不敢搏虎，不敢浮河"，就是不敢徒手搏斗老虎，不敢徒手浮渡大河——有何难懂？

【附注："暴"为"虣"（音 bào）的异文。《毛传》和《尔雅》释"虣"为"徒搏"，即徒手搏虎。"冯"（古音凭），段玉裁说为"泅"（音 píng）的假借字。《说

文》:"溯,无舟渡河也。"也就是游水,即浮河。溯、浮今音不同,古音通,是同源字。】

其实古代汉语与现代汉语并没有人们想象的那么大的悬隔,基本的语言结构并无不同。许多古语古字换个写法,今天仍然活着。所以诸如此类的成语,貌似艰深,一旦打通文字障碍,即晓畅明白如昼也。

在我的《古经新解》中此类新义颇多。我自认为何氏"古经新考"是效仿乾嘉余绪的考据之作,是我平生著作中很以为自豪的一套有趣之书。化深奥为简单,化幽深为平易,所以 20 年来已经多次修订和重印,发行量不小。

惭愧老何之谬种流布天下,此也其一,自然也会气杀某些专业人士,一笑。

三、关于刘大杰的《文学史》

关于古代文学史的著作,我认为目前最好的一部,仍然是刘大杰的《中国文学发展史》。此书写于 1939 年,成书于 1948 年。

此书是一部三卷本巨著,上起殷商,下迄晚清,全面地概述中国文学诗词歌赋、散文、小说及戏剧的发展历程。

作者效法法国人朗松(Lanson)(Gustave,1857—1934 年)的名著《法国文学史》,注重描述历史思潮和变迁,从诗人、作家的身世、性格与社会背景的结合,发现并阐发作品的个性。全书论述颇见精彩,文采焕然,集百家英华而成一家之言,在众多同类著作中独树一帜。

酷爱古代文学的毛泽东在中华人民共和国成立初期就读过此书,颇有好印象。1965 年,毛泽东曾经多次接见刘大杰,与之畅谈文学史及历代诗文。

【据朱永嘉说:毛泽东非常爱读刘大杰的《中国文学发展史》,说过你以后再版,一定要送我一部。刘大杰牢记毛泽东这句话,在修改此书时,曾多次写信给毛泽东,探讨韩愈散文技巧及李义山的无题诗。】

1975 年，此书新版竣工，8 月 3 日，刘大杰将此书邮寄给毛泽东。至次年（1976年）2 月 12 日，毛泽东写信给刘大杰曰：

> 送上海复旦大学刘大杰教授先生：我同意你对韩愈的意见，以一分为二为宜。李义山无题诗，现在难下断语，暂时存疑可也。奉复久羁，深以为歉。诗词两首，拜读欣然，不胜感谢。
>
> 毛泽东
>
> 二月十二日

这是毛泽东生前写给友人的最后一封信，足见毛泽东对其爱重之深。

四、关于乾嘉学术

新出版的《毛泽东年谱》记述 1965 年 6 月 20 日，毛泽东在上海与复旦大学的刘大杰、周谷城谈话，在谈话中，毛泽东谈到乾嘉学派的评价问题。

据《年谱》记：

刘大杰问："对清代乾嘉学派如何评价？"

毛泽东答："对乾嘉学派不能估价太高，不能说它是唯一的科学方法，但是它的确有成绩。

"雍正时代对知识分子采取高压政策，兴文字狱，有时一杀杀一千多人。到了乾隆时代改用收买政策，网罗一些知识分子，送他们钱，给他们官做，叫他们老老实实研究汉学。与此同时，在文章方面又出现了所谓'桐城派'，专门替清王朝宣传先王之道，迷惑人心。

"鸦片战争以后，中国面临亡国的危险，有一些进步的知识分子像龚自珍这些人，出来既反对乾嘉学派，又反对'桐城派'。前者要知识分子脱离政治，钻牛角尖，为考证而考证，后者替封建统治阶级做宣传，两者都要反对。后来又出来康梁变法，都没有找到出路。最后还是非革命不可。"

乾嘉学派创始者为明末清初鼎革之际的方以智、顾炎武，大成于戴震、钱大昕等，标榜复兴"汉学"（恢复汉儒之学），其实暗含不忘汉地民族本源的政治含义。

针对宋明理学玄谈心性、义理、纲常，"束书不观，游谈无根"的形而上风尚，汉学家转而提倡实事求是的考证方法，主张由研究文字音韵训诂的所谓"小学"考据入手，重新解读儒家经典，主张恢复汉代尊古、尚朴的学术精神，故也称为"朴学"（朴素之学）。

"乾嘉学派"虽以"乾嘉"表明其时代特征，但其学则并非仅在乾隆、嘉庆两朝。范文澜说："自明清之际起，考据曾是一种很发达的学问。顾炎武启其先行，戴震为其中坚，王国维集其大成，其间卓然成家者无虑数十人，统称为乾嘉考据学派。"（《范文澜历史论文选集》）

顾炎武是吴人，戴震是皖人，所以乾嘉考据学派兴起于吴学和皖学。

乾嘉学术中微观考据学（所谓"小学"）最著名，主张："求道者不必空执义理求之也。但当正文字、辨音读、释训诂、通传注，则义理自见，而道在其中矣。"所以乾嘉学术以文字、训诂学、《说文》研究为显学。

嘉庆时代爆发鸦片战争，以后中国逐渐开埠，思想界遭受西学、新学及新思潮的猛烈冲击。在北方及东南沿海，乾嘉学派遂趋衰落。

但在内地之湖南、四川则仍盛行，晚清出现湘学（王先谦等）、蜀学（廖平、蒙文通等）。毛泽东早年从学时代，也曾受乾嘉余绪之湘学影响，故一度也对考据学短暂地产生过兴趣。

五、考据学其实多为语言猜谜游戏

乾嘉学派的考据学，许多研究对象不过是一些有趣的语言猜谜游戏。

譬如，无论"雎鸠"是鱼鹰或是杜鹃，"关关"之拟声是咕咕或者呱呱，于国计民生又有何益？就算南怀瑾把"暴虎冯河"解释成"发了疯的暴虎站在河边跳河"，也不是什么了不起的大错。

胡适声称勘破一个字的新意义如同欧洲人发现一颗新星。

曾国藩曾经批评考据学说："嘉道之际，学者承乾隆季年之流风，袭为一种破碎之学，辨物析名，梳文栉字，刺经典一二字，解说或至数千万言，繁称杂引，游衍而不得所归，张已伐物，专抵古人之隙。"（《曾文正公集》卷一）

梁启超在 1904 年发表《新史学》也批判乾嘉考据学风，说其："知古而不知今，谓之陆沉。"

但是，乾嘉学派中特有一派（钱大昕、赵翼、王鸣盛等）比较注重历史及地理（如阎若璩、顾祖禹的历史地理学），至晚清代表人物则有王国维。

这一派由史学考据转入历史的清算总结，研究华夏历史地理的古今沿革与变迁，至今仍然颇有实际价值。

此派证古者之学术成果、实用意义高于治语言、文字、版本的考据一派。

《九歌》新论

一

宗教崇拜有两大起源：

1. 太阳崇拜（自然与人）——与经济生产、畜牧和农业有关。
2. 生殖崇拜（人与人）——与人的生产、繁殖有关。

太阳与生殖的合一，即自然与生命的合一，其创造与主宰者，就是神灵和上帝。宗教活动包括两大领域：一是体验和实践的领域，一是超越即思辨的领域。前者的典型升华物是宗教性艺术，后者则演化为哲学（"形上学"）和科学（"形下学"）。

古代祭神之礼，概而言之，可有四大要素：

1. 献纳活动（交换），古称祭、献。
2. 性活动（模拟），古称交（郊）、祀（上巳）、御。
3. 艺术活动（赞赏、暗示、操纵），古称祝观巫（舞）。
4. 叙述与记录（绘画、记事），古称祠、誓、志。

赞美诗、歌、舞蹈、音乐，以及人体装饰，可以看作艺术的起源。在这个意义上，艺术起源于宗教。

在古代中国，生殖神常被寄托于几种神秘动物身上，以之作为生命图腾：

鳄鱼、龟、鸵鸟、羊、蛇。

二

《九歌》，即櫂歌、酒歌，又称郊歌（郊祭之歌），即祭祀之歌。古又称"升歌""登歌"，本为明堂祭天神的古代礼仪。

九字通纠。（《庄子·天下》："禹九杂天下之用。"注：九读纠，纠合错杂也。）纠，交也。故《九歌》又可释为交歌——郊祀之歌与交会之歌。所以九歌即乐府古歌，九歌起源于与神灵交通之歌。

升歌、登歌，升、登，蹈也，即舞蹈而歌。古音韵的研究表明，九古音有高音。高古音与京、城、登、升可相通转，故九歌亦即升歌也。

《礼记·明堂位》："升歌清庙。"《尚书·大传》："古者帝王升歌清庙之乐。"《礼记·祭统》："夫大尝升歌清庙，大管象朱干玉戚以舞大武，八佾以舞大夏，此天子之乐也。"《文王世子》："天子视学，登歌清庙。"

这里所谓"登歌""升歌"，亦即"九歌"。

三

古《九歌》是祭祀太阳神、太阴神和四季神之歌舞。《明堂·月令》："四时迎气，荐寝庙，大饷帝，祈天宗。"《周礼·大司乐》："以乐舞教国子，舞云门、大卷、大咸、大磬、大夏、大濩、大武。以六律、六同、五声、八音、六舞、大合乐。以致鬼神示，以和邦国，以谐万民，以安宾客，以说远人，以作动物。"

古印度教有不止一位太阳神，中国亦然。中国的四方神，即四季神，也就是东西南北的四位太阳神，其配神则是四位季风之神（四太阳神，阳性。四风神，阴性。）

东君，青阳——雨神——其配偶：（《河伯》）伏羲；

湘君，赤阳——火神——其配偶：（《湘夫人》）祝融；

少司命，白阳——霜神——其配偶：（《大司命》）蓐收（黎母）；

山鬼，黑阳——冰神（夜神）（玄冥）——其配偶：（《国殇》）蚩尤。

李嘉言指出："原始社会对于神及性的信仰，根本分不开。《汉书·地理志》说楚地信鬼，重淫祀，其根即在此。人神恋爱是人祭的变相。河伯娶妇是人神恋爱，又是人祭。"其说甚是。《九歌》的功能，是人与神的会合，其会合的方式是音乐，是诗歌与性活动。在中国古代宗教中，"礼乐"二字至为重要。所谓"礼"，履也，而履的本义是舞蹈。

"若乐六变，则天神皆降，（'六代'，《山海经》）若乐八变，则地示出，九变，则人鬼可得而礼（朋）。"这段神秘语言的奥秘，即在于暗示了伴随音乐歌舞之后的人神恋爱。

四

九歌演奏之地在清庙，即宓宫、太庙、明堂、辟雍、大社坛（春台、桑台）。亦即汉代所谓乐府（大司乐之所主），所谓"秘馆"，其变名又称宓宫、春宫、春台（《考古》，1991.11）。

山洞溶岩喀斯特常被看作是自然形成的宓宫，悬挂着天然形成的石钟乳。因此"郊宗石室"——神秘山洞，被古人看作汲取天地自然灵气的处所。石室修道被认为是能获取自然生命的所在。

汉儒或曰，宓室得名于闭门。然《吕览·慎大》曰："周明堂，外户不闭，示天下不藏也。"

《汉书·郊祀志》："黄帝时明堂图，明堂中有一殿四面无壁，以茅盖，通水，水环宫垣，为复道，上有楼。"这表明宓室并不神秘，并不封闭。

古代祭祀，一曰郊，交也，"与神交通"。《御览》卷820引《史记》："皋陶曰吉而必同，与神交通。""吉"即喜，"同"即通，是古代性活动的通用隐语。《文选·甘泉赋》李善注："祭天曰郊。郊者，神交接也。祭地曰祀。祀者，敬祭神明也。"（祀通祠、饲、司也。以血肉贡神之祀，曰祭。）这种与神交接，是通过女巫师进行的，女巫师即神女，其所居称阳台、春台，亦即乐府，正是后世秦楼、楚馆、青舍的起源。从《楚辞》与《史记·封禅书》的内容看，直到西汉，祭神活动中仍然包含着性的活动。这是极可注意的一种古文化现象。①

五

屈原所作《九歌》，承袭古"九歌"传统，但已运用战国后期出现的"五方十神"天文哲学观念。

《尚书·帝命验》："帝者，承天立五府，以尊天重象，赤曰文祖，黄曰神斗（即北斗），白曰显纪，黑曰玄矩，苍曰灵府。"（《御览·帝命验》注："天有五帝集居，大一降精以生圣人，故帝者承天立五帝六府，是为天府。"）

《尚书·帝命验》："五府皆祀五帝之所也，文祖者文章之祖，周曰明堂。神斗者斗建也，四行之宅。周曰大室。显纪者法法也。周曰总章。玄矩者矩法也，周曰玄堂。灵府者，周曰青阳。"《素问》五运行大论："黄帝生明堂，始正天纲，临观八极，考道五帝。""夏曰世室，商曰重屋，周曰宗庙（即明堂）。"世室，王国维说即大室、重屋，即神屋。

《礼记·明堂阴阳录》："阴阳者，王者之所以应天也。明堂之制，周旋以水。水行左还，以象天内。有大室，象紫宫。南出明堂，象大微。西出总章，象五潢。北出玄堂，象营室。东出青阳，象天帝。上帝四时，各治其室。"

六

宓宫神庙是女神主之所居也。"姜嫄履大迹，感神灵而生后稷。"是周之先母也（称"巫先"，舞仙），周立庙而后稷为始祖。"姜嫄无所配，是以特立庙而祭之，

---

① 例如以下信手拈来的两则记载：《周礼·地官》："中春之月，令会男女，于是时也，奔者不禁，若无故而不用令者罚之。司男女之无夫家者而会之。"《礼记·月令》：季秋之月，"是月也，申严号令，命百官贵贱无不务内，以会天地之藏，无有宣出"。仲冬之月，"是月也，命阉尹，申宫令，审门闾，谨房室，必重闭，省妇事，毋得淫，虽有贵戚近习，毋有不禁"。

谓之宓宫，宓神也。"（宓，匕，姓也）

古代巫觋，可称"巫祝"。巫皆舞女，祝即诵祝（咒），诵诗者也。侍神庙之男性，称阉寺（被宫刑者）与神女。此即寺人（侍者）、宦官之起源。中国远古的帝王起源于大巫祝，故其居所在"乐府"，侍者为宦官。侍神之女性，或称神君（君，尹也，即化神画符、扶机者）。《汉书》记："神君者，长陵女子。产乳（子）而死。见（降）神于妯宛若。宛若祠之。"

寺宫中设有火坛，拜火，称"祠社"。

《封禅书》："帝师少翁，求仙，始宗祠灶。少翁言于帝曰：祠灶即可致物。物，鬼也。致物而丹砂可化为黄金。"（此表明炼丹术起源于拜火之古教）

又《封禅书》记武帝设"五帝祠"，皆有圣火之坛。

七

《九歌》文辞优美，虽然古今爱之者多、注释者多，但实际上存在的问题亦很多。基本尚未得到真正合于古义的解释。

晋王逸论《九歌》起源谓：

"《九歌》者，屈原之所作也。昔楚国南郢之邑，沅湘之间，其俗信鬼而好祠（一作祀），其祠，必作娱乐鼓舞以乐诸神。屈原放逐……出见俗人祭祀之礼，歌舞之乐，其词鄙陋，因为作《九歌》之曲。"

此说有三点值得注意：

1. 认为《九歌》起源于楚地民歌；

2. 是为祭祀鬼神之用；

3. 经屈原改造之。

众人多赞同王说中的第一、三两点，而摒弃其第二点。宋朱熹则以为：

"楚俗祠祭之歌，今不可得而闻矣。然计期间，或以阴巫下阳神，或以阳主接

阴鬼。则其辞之亵慢淫荒，当有不可道者。故屈原因而文之，以寄吾区区忠君爱国之意。"（《楚辞辩证》）

此说中有两点可注意：

1.暗示《九歌》来源中有原始两性关系的含义，"或以阴巫下阳神，或以阳主接阴鬼。"此说甚具灼见。这种人神恋爱，亦即古人所谓"神媒""神妓""神交""野合"。

2.指出屈原在改编《九歌》时寄托了忠君爱国的思想。

第一点，从文化人类学角度看是令人饶有兴趣的。

第二点，我们从《九歌》的内容中可以体会：（1）对楚人先祖的崇敬（《东皇太一》）；（2）对战场死难烈士的崇敬（《国殇》）。

由王、朱之说中，可以找到《九歌》的三层意义：

1.民俗人文意义。

2.宗教哲学意义。

3.政治意义。

朱熹指出：

"篇名《九歌》，而实十有一章。盖不可晓。旧以九为阳数也，尤为衍一说。或疑犹有虞夏《九歌》之遗声，亦不可考。今姑阙之，以俟知者。"

《九歌》之名，我们可以从三层意义上确切解释：

1.九，交也，交变之歌。九歌歌诵十神，五男性五女性，交错为诵，故可称交歌。

2.交，通作郊。郊天神之祭祀歌舞，名曰九歌。

3. 九，九天宫。九歌十神是九宫之神，九宫神歌，故称九歌。

其名皆与其篇数无关。（后人凡以九附会者，皆谬说也。如闻一多以为有衍篇，亦误。）

八

由上所论，九歌，实即楚国之"房中乐"。"房中乐"别称享神歌。

魏侍中谬袭奏："元旦祭祀娱神，登堂歌先祖之德，下堂歌咏燕享，无事歌后妃之化也，宜依其事以名其乐，改安世歌曰享神歌。"

《汉书·礼乐志》："房中祠乐，高祖唐山夫人所作也。周有房中之乐，至秦名为寿人 [①]。孝惠二年使乐府令夏侯竟备其箫管，更名曰安世乐。"

"歌咏燕享"，《礼乐志》作"神来燕娱"。师古注："娱，戏也。言庶几神来燕戏听此乐也。"

《周礼·大司乐》："二至以乐降神，一变而致羽物及川泽之示，再变而致赢物及山林之示，三变而致鳞物及丘陵之示，四变而致毛物及坟衍之示，五变而致介物及土示，六变而致象物及天神。"又云："乐六变则天神皆降，八变则地示皆出，九变则人鬼可得而礼。"此皆言礼行于明堂。

明堂闭雍之所有桑林，又有蚕室，此在古代是一种女子秘密会社。（参看《通典》卷四十六先蚕）

《逸周书》世浮：

"王不革服，格于庙，秉黄钺，语治庶周，龠人九终。……

"癸丑，荐殷俘王士百人。龠人造。王矢琰秉黄钺，执戈。王入，奏庸，大享，一终。王拜手稽首，王定，奏庸，大享，三终。甲寅谒戎殷于牧野，王佩赤白旗，龠人奏武。王入，进万，献明明。三终。乙卯龠人奏'崇禹生开'三终，王定。"

---

① 寿人，即仇人。仇，古训偶也，与寿音通。

"终"通成。箫韶九成，即九终、九钟，九鼓也。九歌，明堂乐、"房中乐"，又称合欢之乐舞。

《后汉书·陈禅传》："古者合欢之乐舞于堂，四夷之乐陈于门。"

合欢之乐，即古乐府中相和歌之体，亦可证"九歌"，即交歌之义。

以上的考证，虽只引证了不完全的资料，但已可以揭示《九歌》的真正性质。这个问题的破解，关乎中国古代文化的研究极大。

何新著作年表

1. 培根论人生（第一版），上海人民出版社，1983

2. 诸神的起源（第一版），三联书店，1986

3. 人生论，湖南人民出版社，1986

4. 神龙之谜，延边大学出版社，1987

5. 艺术现象的符号文化学阐释，人民文学出版社，1987

6. 诸神的起源，台湾木铎出版社（盗版），1987

7. 中国远古神话与历史新探，黑龙江教育出版社，1988

8. 何新集，黑龙江教育出版社，1988

　　（注：收入开放丛书·中青年学者文库，本文库何新任主编）

9. 人性的探索，黑龙江人民出版社，1988

10. 中外文化知识辞典，黑龙江人民出版社，1988

11. 中国文化史新论，黑龙江人民出版社，1988

12. 龙：神话与真相（第一版），上海人民出版社，1989

13. 谈龙，香港中华书局，1989

14. 诸神的起源（韩文版）洪熹译，韩国东文堂，1990

15. *Democracy And Socialism Form the Eyes of*，NEW STAR PUBLISHERS，1990

16. 世纪之交的中国与世界——何新与西方记者谈话录，四川人民出版社，1991

17. 东方的复兴（第一卷），黑龙江人民出版社、黑龙江教育出版社联合出版，1991

18. 东方的复兴（第二卷），黑龙江教育出版社，1992

19. 反思与挑战，台湾时代风云出版社，1991

20. 巨谜的揭破，台湾时代风云出版社，1991

21. 爱情与英雄，四川人民出版社，1992

22. 何新政治经济论文集（白皮书，内部发行），四川人民出版社，1993

23. 论何新（内部发行），四川人民出版社，1993

24. 何新政治经济论集，黑龙江教育出版社，1995

25. 何新画集，亚洲画廊，1992

26. 中华复兴与世界未来（上下卷），四川人民出版社，1996

27. 诸神的起源（新版），光明日报出版社，1996

28. 培根人生随笔，人民日报出版社，1996

29. 危机与反思（上下卷），国际文化出版公司，1997

30. 为中国声辩，山东友谊出版社，1997

31. 致中南海密札，香港明镜出版社，1997

32.《新战略论·何新战略思想库》（三卷），四川人民出版社，1999

33. 孤独与挑战（第一卷），山东友谊出版社，1998

34. 诸神的起源（日文版），后滕典夫译，日本东京树花舍，1998

35. 中华的复兴（韩文版），白山私塾，1999

36. 龙：神话与真相（第二版），上海人民出版社，2000

37. 大易通解，澳门出版社，2000

38. 大易新解，四川人民出版社，2000

39. 思考：我的哲学与宗教观，时事出版社，2001

40. 思考：新国家主义的经济观，时事出版社，2001

41. 艺术分析与美学思辨，时事出版社，2001

42. 何新古经新解（七卷），时事出版社，2001

43. 培根人生论，国际友谊出版社，2002

44. 培根人生论，陕西师大出版社，2002

45. 美学分析，中国民族摄影出版社，2002

46. 论中国历史与国民意识，时事出版社，2002

47. 全球战略问题新观察，时事出版社，2002

48. 论政治国家主义，时事出版社，2003

49. 圣与雄，金城出版社，2003

50. 何新集（第二版），时事出版社，2003

51. 风·华夏上古情歌，时事出版社，2003

52. 孔子论人生·论语新解，时事出版社，2003

53. 培根人生论，中国友谊出版公司，2004

54. 谈龙说凤，时事出版社，2004

55. 泛演化逻辑引论，时事出版社，2005

56. 何新国学经典新解系列（十四卷），时事出版社，2007

57. 我的哲学思考：方法与逻辑，时事出版社，2007

58. 思与行·论语新解，北京工业大学出版社，2007

59. 天行健·易经新解，北京工业大学出版社，2007

60. 宇宙之道·老子新解，北京工业大学出版社，2007

61. 诸神的起源，北京工业大学出版社，2007

62. 我的哲学思考·方法与逻辑，时事出版社，2008

63. 何新国学经典新考系列（十五卷），中国民主与法制出版社，2008

64. 何新论金融危机与中国经济，华龄出版社，2008

65. 反主流经济学（上下卷），时事出版社，2010

66. 哲学思考（上下卷），时事出版社，2010

67. 何新国学经典新考丛书（精），中国民主法制出版社，2010

68. 汇率风暴·中美汇率战争真相揭秘，中国书籍出版社，2010

69. 汇率风暴，中港传媒出版社，2010

70. 谁统治着世界·神秘共济会与新战争揭秘，中港传媒出版社，2010

71. 何新论美，东方出版社，2010

72. 何新论中国经济，东方出版社，2010

73. 统治世界·神秘共济会揭秘，中国书籍出版社，2011

74. 手眼通天·世界历史中的神秘共济会，中港传媒出版社，2011

75. 奋斗与思考，万卷出版公司，2011

76. 孔丘年谱长编，同心出版社，2012

77. 论孔学，同心出版社，2012

78. 圣者·孔子传，同心出版社，2012

79. 希腊伪史考，同心出版社，2012

80. 统治世界 2·手眼通天共济会，同心出版社，2013

81. 哲学思考，万卷出版公司，2013

82. 新国家主义经济学，同心出版社，2013

83. 新逻辑主义哲学，同心出版社，2014

84. 老饕论吃，万卷出版公司，2014

85. 心经新诠，同心出版社，2014

86. 《夏小正》新考，万卷出版公司，2014

87. 希腊伪史续考，中国言实出版社，2015

88. 何新仿名家画集，上海高诚创意科技集团，2015

89. 内圣外王·世界历史中的神秘共济会，中港传媒出版社，2015

90. 有爱不觉天涯远·何新品《诗经》中的情诗，中国文联出版社，2016

91. 温柔敦厚雅与颂·何新品《诗经》中的史诗，中国文联出版社，2016

92. 野无遗贤万邦宁·何新品《尚书》，中国文联出版社，2016

93. 举世皆浊我独清·何新品《楚辞》，中国文联出版社，2016

94. 道法自然天法道·何新品《老子》，中国文联出版社，2016

95. 大而化之谓之圣·何新品《论语》，中国文联出版社，2016

96. 天地大美而不言·何新品《夏小正》，中国文联出版社，2016

97. 兵法之谋达于道·何新品《孙子兵法》，中国文联出版社，2016

98. 路漫漫其修远兮·何新品《离骚》，中国文联出版社，2016

99. 奇书推演天下事：何新品《易经》，中国文联出版社，2016

100. 何新画传，中港传媒出版社，2016

101. 覆雨翻云·神秘共济会研究之四，中港传媒出版社，2017

102. 神鬼莫测·神秘共济会研究之五，中港传媒出版社，2017

103. 统治世界 3：世界历史中的神秘共济会，辽宁人民出版社，2018

104. 诸神的起源（增订版），民主与建设出版社，2018

关于何新的评论与研究

1. 何新批判，四川人民出版社，1998

2. 中国高层智囊，陕西师范大学出版社，2001

3. 中国高层文胆（西隐著），浙江人民出版社，2008

4. 中南海幕僚和中国智库（刘子长著），香港哈耶出版社，2009

5. 何新批判与研究（倪阳著），北京师范大学出版集团，2016

6. 何新学术年谱（四卷）（黄世殊编撰），中港传媒出版社，2018